Christian Mölling

Fragile Sicherheit

Christian Mölling

Fragile Sicherheit

Das Ende des Friedens und
die neue Konfliktordnung

FREIBURG · BASEL · WIEN

Die Abbildung „Die vier Dimensionen des erweiterten Sicherheitsbegriffs"
auf S. 48 wurde mit freundlicher Genehmigung von Professor Dr. Christopher Daase zur Verfügung gestellt (© Christopher Daase).

Satz: ZeroSoft SRL, Timişoara
Herstellung: GGP Media GmbH, Pößneck
Printed in Germany

ISBN Print: 978-3-451-39511-6
ISBN E-Book (EPUB): 978-3-451-83158-4

Inhalt

Kapitel 1
Das Ende des deutschen Friedens

Entscheidende Phase für Deutschland und Europa

Seit 75 Jahren hat sich Europa nicht mehr in einer so entscheidenden Phase befunden, wie es gegenwärtig der Fall ist. Der Krieg Russlands ist dabei ein Grund, aber weder der einzige noch der wichtigste. Vielmehr wiesen die langfristigen Entwicklungen der global wichtigsten Faktoren, sogenannter Megatrends wie etwa der Klimawandel, bereits vor dem 24. Februar 2022 auf das wachsende Potenzial für Konflikte der globalen sicherheitspolitischen Ordnung hin. Der Krieg hat aber neben seinem direkten Effekt, nämlich der Zerstörung der sicherheitspolitischen Ordnung Europas, diesen Wandlungsprozess der globalen Ordnung entschieden beschleunigt. Auf diese Beschleunigung und die Unsicherheit, wie der zukünftige Wandel aussieht, gilt es nun zu reagieren und die Zukunft zu gestalten. Davon hängt ab, wie weit Europa sein Schicksal künftig selbst bestimmen kann oder ob es von anderen gestaltet wird.[1]

Deutschlands Rolle

Dies definiert zugleich eine Phase schwerster Prüfungen für die deutsche Sicherheitspolitik seit Gründung der Bundesrepublik: Deutschland wird unweigerlich zur Handlungsfähigkeit Europas beitragen. Entweder positiv durch seinen aktiven Beitrag oder negativ durch die Abwesenheit dieses Beitrages.

Während alle nationalen Regierungen Antworten auf die bevorstehenden Krisen finden müssen, kommt der deutschen Regierung eine Schlüsselrolle bei den anhaltenden europäischen Bemühungen zur Unterstützung der Ukraine und zur Gestaltung der europäischen Ordnung zu. Deutschlands große Wirtschaft ist in Europa und weltweit von Bedeutung, aber der Krieg in der Ukraine hat ihre Verwundbarkeit deutlich gemacht: Die deutsche Regierung muss sich mit Abhängigkeiten auseinandersetzen und neue Energiequellen finden, Lieferketten diversifizieren und neue Märkte erschließen. Politisch ist Berlin noch dabei, sich an seine neue Rolle zu gewöhnen: Der Krieg in der Ukraine zwang die Bundesregierung, eine aktivere Rolle in der europäischen Sicherheit und Verteidigung zu spielen. Deutschland ist ein wichtiger Partner, sowohl aus wirtschaftlichen als auch aus sicherheitspolitischen Gründen, aber es bleibt verwundbar und zögert, entscheidende Maßnahmen zu ergreifen.

Deutschland hat sich in den letzten 30 Jahren ein eigenes Bild über die Welt gezeichnet, statt seine Sicht immer wieder mit der echten Welt abzugleichen. Deshalb ist nun ein Wandel notwendig, bei dem lieb gewonnene Bilder und Überzeugungen im Abgleich mit der Realität angepasst oder zum Teil der Geschichte erklärt werden müssen. Das betrifft zum Beispiel das Verhältnis zu Russland und das Friedensverständnis. Zugleich zeigen die Debatten seit Beginn des Krieges, wie groß der Wunsch bei vielen in Deutschland ist, doch noch ein wenig länger in der alten Idylle und Illusion zu verharren. So gefährdet Deutschland selbst gegenwärtig seine Sicherheit am meisten.

Denn der Weg zurück ist ohnehin verbaut. Das ist nicht nur so, weil Russland auf lange Sicht kein Partner mehr sein kann. Die tektonischen Verschiebungen durch den russischen Angriffskrieg gegen die Ukraine reihen sich in die großen Trends in Politik, Wirtschaft, Sicherheit und Technologie ein, die ohnehin die entscheidenden Herausforderungen für die heutige und die nächste Generation definieren.

Herausforderungen und Debatten

Für einen aktiven Beitrag müsste Deutschland in dieser Phase zwei Herausforderungen als zentral anerkennen. In beiden bedeutet eine Zeitenwende vor allem eine Hundertachtziggradwende bisheriger Politik. Weil die Entscheiderinnen und Entscheider den politischen Kurs jahrzehntelang nicht hinterfragten, sind heute nur wenige alternative Konzepte und Visionen in der Diskussion anzutreffen.

Der eine Bereich ist die Verteidigungspolitik. Auch wenn der Schock des russischen Angriffs die Rolle von militärischer Sicherheit deutlich gemacht haben mag: einen belastbaren Plan, was Verteidigungsfähigkeit für Deutschland bedeutet und wie sie herzustellen wäre, gibt es bislang nicht. Die tiefgehenden Fragen, was militärische Macht kann – und was sie darf –, werden jedoch im Zentrum stehen.

Der andere ist die deutsche Sicherheitspolitik. Sie war, entgegen der deutschen Selbstbeschreibung, zweigeteilt: Einerseits gab es die öffentlich präsentierte Außenpolitik, die zivile Mittel, Prävention und Menschenrechte in den Vordergrund rückte. Andererseits gab es eine sehr aktive Außenwirtschaftspolitik – um das exportbasierte sozioökonomische Modell Deutschlands aufrechtzuerhalten. Diese blieb in Deutschland getrennt von der öffentlich präsentierten, sichtbaren Außenpolitik. Und es gab Politikbereiche wie etwa Inneres oder Justiz, in denen kümmerte man sich um die öffentliche Sicherheit und Verteidigung des deutschen Rechtsstaates – dies fein säuberlich getrennt von den Bereichen äußerer Sicherheit. Diese klare Trennung der Zuständigkeiten setzt sich fort: zwischen Bundesministerien, Bund und Ländern sowie Staat und privaten Akteuren (wie Betreibern von Kraftwerken oder IT-Infrastruktur). Horizontale Kooperation und integrierte Ansätze, die diese Trennung überwinden, blieben die Ausnahme. Gleichzeitig wuchs die Rhetorik, die genau diese horizontale Kooperation als Markenzeichen deutscher Ansätze anpries, von dem Begriff der vernetzten Sicherheit bis zum heutigen Begriff der integrierten Sicherheit in der nationalen Sicherheitsstrategie.

Deutschlands bisherige Sicherheits- und Verteidigungspolitik bietet gerade wegen dieser Säulenstruktur keine Antwort auf den globalen Ordnungswandel und die Fragen, die Europa in Zukunft umtreiben und die die Sicherheit Deutschlands bestimmen werden. Die größte Herausforderung für Deutschland liegt daher darin, Sicherheitspolitik neu zu denken und über den russischen Krieg gegen die Ukraine hinaus und für zukünftige Herausforderungen aufzustellen. Die äußere Zeitenwende erfordert also auch eine innere Zeitenwende. Und die europäische Zeitenwende erfordert eine erfolgreiche deutsche Zeitenwende.

Die Gestaltung der entstehenden europäischen und globalen Ordnung ist für die Sicherung der europäischen Lebensweise von existenzieller Bedeutung. Dafür müssen drei Schlüsselfragen beantwortet werden. Erstens: Wie sieht eine gute Ordnung aus? Zweitens: Wie kann sie aufgebaut werden? Und drittens: Wie kann sie erhalten werden?

Deutschlands Zukunft verhandeln wir jetzt

Gute Antworten auf diese Fragen können nicht gelingen, ohne die Gesellschaften Europas an den Antworten zu beteiligen. Denn sie müssen sie tragen und mit Leben füllen.

Die Debatte darüber, wie wir in Zukunft leben können und wollen, hat in der deutschen Gesellschaft und Politik mit dem Kriegsbeginn erheblich an Fahrt aufgenommen. Das ist gut, denn es macht den notwendigen Wandel möglich. Damit diese Debatten zu einem guten Ende kommen können, möchte ich mit diesem Buch vor allem zur Diskurs- und Themensouveränität in der deutschen Debatte beitragen. Dabei bitte ich Sie, meine Vorschläge mehr als Anregung für diese Debatte zu nehmen: Welche Punkte sind warum wichtig? Ich möchte Ihnen nicht vorschreiben, zu welchen Schlüssen Sie zu kommen haben.

Als ein Kind der 1980er Jahre, das unbekümmert in der westdeutschen Provinz aufwachsen durfte, habe ich vielen Ereignissen, die bis heute wichtig sind, wenig Aufmerksamkeit geschenkt. Der Kalte Krieg war in der individuellen Wahrnehmung gleichzeitig eine Zeit der Sorglosigkeit und des Friedens. Ich kann verstehen, wenn viele sich auch heute die Frage stellen, was die aktuellen Entwicklungen mit ihnen zu tun haben.

Trotz meines später berufsbedingt kritischen Blicks auf deutsche Sicherheits- und Verteidigungspolitik blieb mein Grundvertrauen in die Stabilität Europas, bis Russland 2014 die Krim annektierte und einen anhaltenden gewaltsamen Konflikt im Donbass verursachte. Doch nach Gesprächen mit militärischen Praktikern in Berlin, Brüssel und anderswo war klar: Die alte Welt vergeht. Die neue wird erst mal nicht besser. Heute, auch mit dem Ausblick, den dieses Buch bietet, können wir unseren Kindern wohl keine so komfortable Zukunft bieten. Aber wir können und müssen das gestalten, was gestaltbar ist.

Das ist die gesellschaftliche Verhandlung, die wir nun führen müssen. Welche Welt wollen die Deutschen ihren Kindern und Enkeln hinterlassen? Mit diesem Buch habe ich die Gelegenheit erhalten, Angebote und Argumente in diese laufende Verhandlung einzubringen. In diesen Diskussionen geht es um etwas: Wir verhandeln gerade, wie die Zukunft gestaltet werden soll. Oder ob wir in der Gestaltung keine Rolle spielen.

Für den öffentlichen Diskurs gibt es für mich sehr einfache Grundsätze: Meinungen sind gut – begründbare Meinungen sind besser. Und: Der gesellschaftliche und politische Diskurs kann vor allem gelingen, wenn wir zumindest Gemeinsamkeit und Transparenz bei den Begriffen haben: Was meine ich, wenn ich von Dingen wie Sicherheit oder Frieden rede? Welche Annahmen stecken dahinter?

Was ich mit dem Buch erreichen möchte

Deshalb biete ich in diesem Buch neben Fakten und hoffentlich verständlichen Beschreibungen und Analysen auch Interpretationsangebote für bestehende Konzepte an, ebenso wie meine Einsichten in die Problemlandschaft, die politische Entscheidungen erst notwendig macht und zugleich auch ihre Bedingungen zum Teil definiert: den Raum möglicher Entscheidungen. Keiner muss diese Angebote übernehmen. Aber jeder kann sich dazu positionieren und eigene Interpretationen entwickeln. Wenn ich dazu beitragen kann, dann hat dieses Buch seinen Zweck erfüllt.

Dieses Buch erklärt die Faktoren einer neuen Sicherheitspolitik, zu denen Deutschland sich verhalten muss, um überhaupt eine gestalterische Rolle ausüben zu können. Dazu gehört nicht nur das neu thematisierte Verhältnis von Krieg und Frieden und die Rolle von Militär als Mittel der Sicherheitsvorsorge und Politik. Es geht auch um die entscheidende Rolle von Technologie und Klimapolitik, die nur international erfolgreich sein können. Auch unser Wirtschafts- und Technologiemodell, das so lange Wohlstand generierte, müssen wir an die neue Sicherheitsordnung anpassen. Doch am Ende geht es nicht um die Priorität des einen oder anderen Themas, sondern um den richtigen Mix von Politik in den unterschiedlichen Feldern, der Deutschland sicherer macht.

Dieses Buch beschreibt den Ausgangspunkt der Sicherheitspolitik im Jahr 2023. Für den Weg nach vorn wirft es zunächst den Blick zurück: es zeigt, woher Deutschland kommt und wie groß die Lücke zwischen deutscher Innenwahrnehmung und der Realität in der Welt ist, aber auch, dass sich diese Realität nicht mehr verdrängen lässt. Vielmehr drängt die Realität sich in das gesellschaftliche und politische Leben Deutschlands.

In diesem Buch werden zudem die innergesellschaftlichen und politischen Bremsklötze analysiert, die bislang Veränderung verhindert haben und nun aus dem Weg geschafft werden müssen, damit Wandel gelingt. Hieraus entwickelt das Buch eine Agenda für die sicherheitspolitische Dekade 2023–2033: 10 Punkte, in denen Deutschland sich ändern muss, damit Sicherheit in Europa wieder möglich wird. Es greift bis zum Sommer 2023 wichtige Ereignisse auf, wie die erste Nationale Sicherheitsstrategie Deutschlands, die im Juni 2023 nach monatelangen Verhandlungen von der Bundesregierung beschlossen wurde, und die China-Strategie, die von der Bundesregierung im Juli 2023 beschlossen wurde.

Dieses Buch ist kein Fachbuch für die Wissenschaftsgemeinde. Kolleginnen und Kollegen finden keinen 200 Seiten starken wissenschaftlichen Aufsatz, der sich einer unerforschten Frage in der Fachdebatte meiner Disziplin widmet und hier neue Erkenntnisse liefert. Viele der einzelnen Argumente hier habe ich früher schon öffentlich gemacht. Neben einigen neuen Punkten liegt der Mehrwert dieses Buches in der Gesamtschau und der Ausbreitung von Argumenten und Darstellungen, für die sonst in Publikationen kein Platz ist. Ich wiederhole und zitiere mich also auch selbst – sogar teilweise ausgiebig.

Ich versuche in dem Buch, einen Teil der Aufgabe von Thinktanks oder wissenschaftlicher Politikberatung zu erfüllen, nämlich Schnittstelle und Transmissionsriemen zwischen drei Debattenräumen zu sein: der Fachdebatte, den Diskussionen unter politischen Entscheidungsträgern und der öffentlichen Debatte. Das Buch soll aus meiner Sicht wichtige Themen dieser drei Diskursräume für Menschen aufbereiten, die sich nicht acht Stunden am Tag professionell mit all diesen Fragen befassen können – und die trotzdem Antworten suchen und verstehen möchten. Es gibt Endnoten dort, wo ich es wichtig fand, dass Zahlen und Fakten, aber auch interessante Literatur und Ideen von Kolleginnen und Kollegen nachvollziehbar sind. Zugleich biete ich hier nur eine Auswahl von Themen statt eines Rundumschlages: Punkte wie Cybersicherheit, die Rolle von Entwicklungspolitik und viele andere, die zu Recht auf der sicherheitspolitischen Agenda stehen, habe ich nicht behandelt. In meiner Auswahl beschränke ich mich auf jene Themen, von denen ich denke, dass sie gerade jetzt und in Zukunft für die öffentliche Debatte entscheidend sind. Einige greife ich dabei an unterschiedlichen Stellen des Buches immer wieder auf, um Verbindungen und Facetten sichtbar zu machen und nicht ständig auf die Teile im Buch zu verweisen, an denen ich das Argument schon einmal ausgeführt habe.

Ich habe, wie so oft, wenn ich etwas Neues angehe, viel gelernt, seit ich zu diesem Buch ja gesagt habe: Wie ein Verlag arbeitet, wie ich an einem so langen Text arbeite und was ich beim nächsten Mal anders machen möchte. Für diese Reise und die Geduld mit mir danke ich dem Herder Verlag, der sich auf das Abenteuer mit mir eingelassen hat – und vor allem für Rat und Tat und eine tolle Betreuung durch Patrick Oelze und Florentine Schaub.

Dies ist für mich die Gelegenheit, meine Erfahrung und mein Wissen der letzten Jahre kohärent aufzuschreiben. Das bedeutet auch, auf die gemeinsame Arbeit von Kolleginnen und Kollegen zurückzugreifen, von denen ich unschätzbar viel gelernt und mit denen gemeinsam ich viel erarbeitet habe: vor allem Sören Helmonds, Claudia Major, Torben Schütz, Daniela Schwarzer – es war ein großes Vergnügen. Noch größer ist die Zahl der Menschen in politischer Verantwortung, Verbänden, Zivilgesellschaft und Unternehmen, die ihr Wissen und ihre Ansichten über die Jahre mit mir geteilt haben und mir so ein gutes Bild ihrer Maschinenräume mit deren Regeln, Zwängen, aber auch Potenzialen gezeigt haben. Den

Maschinenraum dieses Buches – mit Recherchen und Literatur – hat Noah Heinemann betrieben.

Vor allem aber hat die Arbeit Lust gemacht, noch viel mehr von den guten Stücken meiner Kolleginnen und Kollegen zu lesen und in mein Wirken in Richtung Politik und Gesellschaft einzubauen – der Stapel „Noch lesen" ist durch viele neue Impulse eher gewachsen. Es gibt also Stoff für neue Forschung, Vermittlung und Interaktion mit Menschen – vielleicht auch für ein neues Buch.

Kapitel 2
Die Welt am Wendepunkt

2.1 Eine entscheidende Phase deutscher und europäischer Geschichte

Inmitten einer Vielzahl von sich überlagernden Krisen verändert sich die Welt. Der Krieg Russlands gegen die Ukraine ist dabei, wie schon eingangs erwähnt, ein Grund, aber weder der einzige noch der wichtigste. Vielmehr zeigten die Entwicklungen der global wichtigsten langfristigen Faktoren, sogenannter Megatrends wie etwa dem Klimawandel, schon länger eine Verschiebung und Verschärfung der weltweiten sicherheitspolitischen Ordnung an. Gleichzeitig befindet sich schon länger das globale Wirtschaftssystem in einem dauerhaften Wandel, der auch eine Aushöhlung der Finanz- und Wirtschaftsinstitutionen beinhaltet. Politische Gemeinschaften und Gesellschaften in Europa sind sowohl durch ausländische Einflussnahme als auch durch eine innenpolitische Polarisierung (wachsende Ungleichheit, Ideologisierung) unter Druck geraten.

Die neue Unordnung
Russlands Krieg gegen die Ukraine entfaltet in dieser ohnehin angespannten Phase drei wichtige Wirkungen:

- Er verändert die Sicherheitslage und die direkten Bedingungen, unter denen Sicherheit in Europa zukünftig möglich ist.
- Er ist zugleich ein Beschleuniger für Entwicklungen in den Bereichen Sicherheit, Technologie, Wirtschaft und Politik sowie für den Kampf gegen die weltweit größte langfristige Bedrohung, den Klimawandel. Diese Bereiche können auch als Ordnungen bezeichnet werden, die sich entlang großer Trends ständig weiterentwickeln.

- Für diese Ordnungen wirkt der Krieg wie eine Explosion, der die Verlaufsbahnen der großen Trends verschoben hat. Es entstehen neue Konstellationen der Ordnungen zueinander. Wir wissen aber nicht genau, mit welchen Folgen, und ob die Explosion selbst oder die Konstellationsveränderungen die Trends ändern.

Unter dem Strich muss man es sich so vorstellen: Trends sind sichere Entwicklungen von Ordnungen oder Themenbereichen. Ein besonders sicherer Einzeltrend sind z. B. Bevölkerungszahlen. Man kann nicht genau sagen, was passiert, wenn Trends aufeinandertreffen – wie sie aufeinander wirken; was passiert, wenn eine alternde Gesellschaft auf technologische Innovationen trifft: Wird sie die Chancen nutzen oder aus Sorge vor den Risiken diese Chancen ziehen lassen. Es entstehen also Unsicherheiten oder besser Ungewissheiten über den Fortgang der Geschichte, trotz sicherer Trends – diese ungewissen Räume zwischen den gewissen Räumen bedeuten Risiken und Chancen. Mit dem Krieg stellt sich aber die Frage, wie viel der alten Ordnungen und ihrer Konstellation noch besteht und wie viel Neues hinzugekommen ist: welche ungewissen Räume es also gibt und wie groß sie sind.

Die entscheidenden Jahre der Neuordnung

Die neuen Ordnungen werden in den nächsten fünf Jahren entstehen – und die Rolle Europas bestimmen. Lassen wir es sieben Jahre sein – oder nur drei. Wichtiger als eine genaue Zahl, die keiner messen und wissen kann, ist: Es geht rasant schnell im Vergleich zu dem Wandel, den wir sonst gewohnt sind.

44 Staaten Europas und 13 der G20-Staaten wählen bis 2027 neue Parlamente oder Staatsoberhäupter. Hinzu kommen die Europawahlen 2024 und infolgedessen eine neue Europäische Kommission in Brüssel, die ein neues Arbeitsprogramm entwickeln muss. Dies wird unerlässlich sein, um die Kraft der EU-Staaten zu bündeln, aber auch, um einen politischen Kompromiss unter den Staaten zu schaffen.

In dieser Zeit werden die Sicherheitsallianz mit der der Ukraine und ihr Verhältnis zur Europäischen Union sowie die Bedingungen für ihren Wiederaufbau weiter gestaltet werden müssen. Die europäische Politik wird auch den Kurs bestimmen, den sie einschlagen kann – im Hinblick auf ihre Handlungsfähigkeit in der sich entwickelnden globalen Ordnung, aber auch wie sie in Zukunft politische Entscheidungen trifft und wie mit den neun Beitrittskandidaten umgegangen werden soll.

Das bedeutet zweierlei:

1. **Quantität:** In Europa und sonst wo werden viele Dinge entschieden, die die neue Ordnung im Werden beeinflussen.
2. **Unsicherheit:** Diese Entscheidungen beruhen oft auf Annahmen, wie diese Ordnung aussehen könnte und sollte – jede wichtige Entscheidung kann die Annahmen verändern und zur Neubewertung der Optionen führen.

Europa und Deutschland müssen und können Akteure sein
Um die entstehende Ordnung in ihrem Interesse zu gestalten, werden Deutschland und Europa in sehr kurzer Zeit Entscheidungen treffen müssen. Diese Entscheidungen werden langfristige Auswirkungen haben und müssen unter einem hohen Maß an Unsicherheit bei vielen gegenseitigen Abhängigkeiten getroffen werden.

Viele Entscheidungen werden sich als Dilemmata darstellen: Eine Option, für die man sich entscheiden kann, verursacht ähnlich hohe (politische) Kosten und Nutzen wie die Alternative, aber es sind unterschiedliche Akteure von den Vor- und Nachteilen betroffen. Ein komplexes Dilemma ist die Klima- und Wirtschaftspolitik (siehe auch Kapitel 8.2, S. 178 ff.): Nach derzeitigem Stand erhöht eine grüne Wende zunächst unsere Abhängigkeit von Rohstoffen aus China. Genau diese Abhängigkeit wollen wir aber reduzieren. Wenn es um die Kosten sowohl der Klimawende als auch der Zeitenwende in der Verteidigung geht, dann erzeugt dies auf der finanziellen Seite erhebliche Dilemmata: Unter den Parteien ist politisch kein Spielraum für eine schuldenbasierte Finanzierung. Kommt diese aber nicht, dann werden die Wenden weniger ihr Ziel erfüllen und die politischen und finanziellen Kosten zu einem späteren Zeitpunkt höher sein. Gleichzeitig bedeutet eine schuldenbasierte Finanzierung eine Lösung, die

die nächste Generation belastet. Die Alternative einer steuerfinanzierten Lösung würde hingegen die heutige Generation mehr belasten.

Demokratien unter noch mehr Druck

Diese Entscheidungen werden auf dem politischen und gesellschaftlichen Zusammenhalt in den europäischen Staaten beruhen müssen. Doch Anzahl und Bedeutung der Entscheidungen werden insbesondere demokratische Entscheidungsfindungen unter weiteren Druck setzen:

* Entweder Demokratien stellen schnell ihre Entscheidungsmodi um, und können mit den Zeithorizonten mithalten,
* oder sie akzeptieren mehr Macht und Entscheidungen der jeweiligen Exekutive (oder der EU),
* oder akzeptieren, dass andere, nichtdemokratische Kräfte ihre Interessen in die Gestaltung der Ordnung einbringen.

Deutschland: Schlüsselstaat

Alle nationalen Regierungen müssen Antworten auf die Krisen und bevorstehenden Entscheidungen finden, doch ist Deutschland in einer besonderen Situation:

Auf der einen Seite wird ihm eine Schlüsselrolle zugeschrieben bei den Bemühungen zur Neugestaltung der europäischen Ordnung sowie aufgrund seines politischen und ökonomischen Gewichts in Europa und weltweit. Deutschland wird unweigerlich zur Handlungsfähigkeit Europas beitragen. Entweder positiv, indem es aktiv ist, oder negativ durch keinen Beitrag.

Auf der anderen Seite aber ist für Deutschland diese Rolle fremd und unangenehm. Der Krieg in der Ukraine zwang es, eine aktivere Rolle in der europäischen Sicherheit und Verteidigung zu spielen. Deutschland ist ein wichtiger Partner, sowohl aus wirtschaftlichen als auch aus sicherheitspolitischen Gründen, aber es bleibt verwundbar und zögert bislang, weitreichende Maßnahmen zu ergreifen.

Die wesentliche Herausforderung für die deutsche Sicherheitspolitik hat Bundeskanzler Olaf Scholz sehr klar in seiner „Zeitenwende-

Rede" umrissen: „Viele von uns haben noch die Erzählungen unserer Eltern oder Großeltern im Ohr vom Krieg, und für die Jüngeren ist es kaum fassbar: Krieg in Europa. […] Wir erleben eine Zeitenwende. Und das bedeutet: Die Welt danach ist nicht mehr dieselbe wie die Welt davor. Im Kern geht es um die Frage, ob Macht das Recht brechen darf, ob wir es Putin gestatten, die Uhren zurückzudrehen in die Zeit der Großmächte des 19. Jahrhunderts, oder ob wir die Kraft aufbringen, Kriegstreibern wie Putin Grenzen zu setzen. Das setzt eigene Stärke voraus."[2]

Deutschlands Stunde null der Zeitenwende

In der Stunde null der Zeitenwende existierten Krieg und radikaler Ordnungsverlust in Europa nicht in der deutschen Gedankenwelt. Möglich war dies durch die Historisierung von Krieg – also seine Verbannung in die Vergangenheit zusammen mit der deutschen Erzählung, wir hätten den Krieg überwunden.

Aufgrund dieser Unbedarftheit oder Ignoranz fehlen in der Politik jegliche seriösen Vorüberlegungen zum Einsatz von Gewalt und Macht und zu einem Vorgehen, das nicht auf Kooperation, Überzeugung oder Beispiel beruht. Das unterscheidet Deutschland fundamental von vielen anderen Staaten in Europa. Unsere Partner kennen viele der Dynamiken und Dilemmata, die der Einsatz von Gewalt mit sich bringt.

Damit wird diese Zeit der Neugestaltung der europäischen Ordnung die Phase schwerster Prüfungen für die deutsche Sicherheitspolitik seit Bestehen der Bundesrepublik: Sie muss ohne eigene Vorstellung und historische Erfahrung, wie es denn gelingen kann, nach außen ihre politische Macht richtig einsetzen. Nach innen muss sie der deutschen Gesellschaft vermitteln, dass man sich fundamental geirrt hat und wesentliche Züge und Prämissen deutscher Sicherheitspolitik falsch waren. Krieg ist wieder nach Europa zurückgekehrt und er oder seine Abwehr oder die Abwehr seiner Folgen stellen Wohlstand, Errungenschaften und das Lebensmodell Deutschland und der EU (Friede durch Recht) infrage. Auch wenn der Schock des russischen Angriffs die Rolle von Militär kurz unterstrichen haben mag: Einen belastbaren Plan, was das für die Verteidigungsfähigkeit für Deutschland bedeutet und wie diese herzustellen wäre, gibt es bislang nicht.

Die größte Herausforderung für Deutschland liegt daher darin, Sicherheitspolitik neu zu denken und über den russischen Krieg gegen die Ukraine hinaus für zukünftige Herausforderungen neu aufzustellen.

Die tektonischen Verschiebungen durch den russischen Angriffskrieg gegen die Ukraine reihen sich ein in die großen Trends in Politik, Wirtschaft, Sicherheit und Technologie, die ohnehin die entscheidenden Herausforderungen für die heutige und die nächste Generation definieren. Mit anderen Worten: Der Ukrainekrieg zwingt uns nur sehr viel schneller einzusehen, dass die alte Welt nicht mehr existiert. Wie aber sieht die neue Welt aus und was an ihr können wir beeinflussen? Die Besonderheit dürfte sein, dass eine neue Politik in der Zukunft auch eine neue Auseinandersetzung mit der deutschen Vergangenheit und den gezogenen Schlüssen erfordert, um zu gesellschaftlich akzeptierten Lösungen für die Zukunft zu kommen.

2.2 Welche Faktoren beeinflussen die zukünftige Ordnung?

Das sicherheitspolitische Umfeld, in dem Deutschland und Europa in Zukunft agieren müssen, wird von Trends und Unsicherheiten geprägt. Erstere zeigen die Richtung langfristiger Entwicklungen an, die sich wesentlich auf Gesellschaft, Wirtschaft und Politik auswirken. Diese Entwicklungen können als sicher angesehen werden und ändern sich nicht über kurze Zeit. Sie bestimmen die Lebensbedingungen vieler Menschen, Gesellschaften und politischer Systeme. Damit sind Trends bedeutsam für die Gründe von Konflikten und auch für ihren Verlauf. Unsicherheiten und Risiken über die Zukunft aber bleiben bestehen. Das gilt allein schon, weil nie genau vorhersehbar ist, wann Trends aufeinandertreffen, wie diese Trends sich dann zueinander verhalten und welche unvorhersehbaren Ereignisse es unabhängig davon geben kann: Bestes Beispiel ist das Zusammenfallen der Klimakrise mit der Covid-Pandemie.

Sechs Ordnungsbereiche und die Entwicklungen ihrer wesentlichen Elemente (Megatrends) bilden den Rahmen, in dem sich der Krieg Russlands gegen die Ukraine entfaltet und in dem die wichtigsten Akteure darauf reagieren werden.[3] Obwohl der Krieg ihre Bedeutung verändert hat, waren sie schon vorher präsent und werden auch in Zukunft einflussreich bleiben.[4]

2.2.1 Geopolitik

Geopolitik befasst sich mit der Wechselwirkung von Geografie, nationaler Politik und internationalen Beziehungen. Sie untersucht, wie geografische Faktoren wie Landmasse, natürliche Ressourcen, geografische Lage, Topografie und kulturelle Identität die politischen und strategischen Entscheidungen von Ländern und Regionen beeinflussen.

Geopolitik betrachtet die Beziehungen zwischen Staaten, ihre Machtausübung, ihre territorialen Ansprüche und ihre geopolitischen Interessen. Sie analysiert die Auswirkungen geografischer Faktoren auf die Außenpolitik, den Zugang zu Ressourcen, den Handel, die Sicherheit, den Einfluss und die Machtstrukturen. Geopolitische Analysen betrachten auch den Wettbewerb zwischen Staaten und Regionen um politische, wirtschaftliche und militärische Macht sowie um Einfluss und Hegemonie. Hierbei spielen Begriffe wie geopolitische Dominanz, geopolitische Rivalitäten und geopolitische Konflikte eine Rolle.

Trend: Russische Rivalität, systemischer Konflikt mit China und US-Neuorientierung
Wichtige Bezugspunkte für die europäische Sicherheits- und Verteidigungspolitik sind die bisherige und künftige Rivalität mit Russland. Darüber hinaus hat sich der seit Langem prognostizierte Wirtschaftskonflikt zwischen den USA und China zu einem Systemkonflikt gewandelt: In diesem Konflikt geht es nicht nur um das Streben nach Dominanz in der internationalen Landschaft, sondern auch um die

Frage, welches politische System sich als überlegen erweisen und durchsetzen wird. Die sich daraus ergebende Ausrichtung der US-Außen- und Sicherheitspolitik, wie in der Nationalen Sicherheits- und in der Verteidigungsstrategie verankert, auf den indo-pazifischen Raum beeinflusst (fast) alle anderen Trends.

Drei geopolitische Entwicklungslinien konfrontieren Deutschland und Europa mit sicherheitspolitischen Herausforderungen. Diese gehen weit über den Verteidigungsbereich hinaus – mit systemischen Konflikten, also solchen Auseinandersetzungen, die über viele Bereiche hinweg ausgetragen werden und deshalb auch Einfluss auf die Verteidigung haben: Chinas Aufstieg zur Großmacht und seine geopolitischen Ambitionen ist die bedeutendste strategische Entwicklung bis 2045.[5] Weil die USA China als Rivalen sehen, hat die Möglichkeit eines US-chinesischen militärischen Konflikts Folgen für die Verteidigungsplanung in Deutschland und Europa. Gleichzeitig war schon vor der russischen Invasion klar, dass Europa Russlands Politik der ständigen Konfrontation, seine hybride Kriegsführung in Friedens- und Krisenzeiten und sein wachsendes gegen Europa gerichtetes konventionelles und nukleares Arsenal nicht ausblenden darf.[6] Weil Europa bis auf weiteres allein keine ausreichende militärische Antwort bieten kann, bedarf es der militärischen Präsenz Amerikas in Europa sowie seiner erweiterten nuklearen Abschreckung. Die USA sind jedoch nicht in der Lage, gleichzeitig Russland abzuschrecken und China einzudämmen. Die US-Regierung überprüft derzeit seine globale Streitkräfteaufstellung. Wahrscheinlich wird es seine militärische Präsenz im asiatisch-pazifischen Raum verstärken. Daher müssen die Europäer viel mehr für die transatlantische Sicherheit tun. Dies ist umso bedeutsamer, als sich die Anzeichen für eine russisch-chinesische Entente mehren, die die westlichen Demokratien vor zwei gleichzeitige strategische Herausforderungen stellt – im euro-atlantischen Raum und in der indo-pazifischen Region.

Auswirkungen von Russlands Krieg

Mit dem aktuellen Angriffskrieg und seiner imperialen Rhetorik ist noch deutlicher geworden, dass Russland die europäische Sicherheit langfristig herausfordern wird, unabhängig davon, ob es stärker oder schwächer wird. Europa hingegen dürfte über kurz oder lang mehr Unabhängigkeit von Russlands Rohstoffen und Energie gewinnen und damit Moskaus politischen Einfluss auf dem Kontinent verringern. Angesichts der großen wirtschaftlichen, politischen und sozialen Umwälzungen wird die innere Ordnung Russlands in jedem Fall eine schwache sein.[7] Gleichzeitig hat der Krieg die Dreieckskonstellation Russland-China-USA stark verändert. Die USA und China wurden gezwungen, ihre Eventualplanungen durch konkrete Unterstützung für Europa bzw. Russland umzustellen. Gleichzeitig wird der Konflikt auf dem europäischen Kontinent mit Blick auf seine Auswirkungen auf den Konflikt zwischen den beiden Staaten geführt. Als Brennglas für die gesamte Entwicklungsdynamik eignet sich die derzeitige Diskussion um einen Konflikt in der Straße von Taiwan (vertiefend dazu: Kapitel 2.3).

2.2.2 Geoökonomie

Geoökonomie beschreibt die Nutzung wirtschaftlicher Interaktionen, d. h. des Handels und des Flusses von Waren und Dienstleistungen, Finanzprodukten und Ressourcen, zur Erreichung politischer Ziele: Regierungen oder Staaten tun dies entweder durch die Unterstützung oder Lenkung privater Unternehmen unter ihrer Kontrolle oder durch eine direkte Form der Opposition gegen ausländische Wirtschaftsaktivitäten.

Wichtige Faktoren oder Elemente der (Geo-)Ökonomischen Ordnung sind

- Ressourcenreichtum: Die Verfügbarkeit über und die Kontrolle von natürlichen Ressourcen wie Öl, Gas, Mineralien oder Wasser können den Wohlstand und die Sicherheit von Staaten beeinflussen. Gleiches gilt auch für Technologien oder Daten.
- Handelsströme und Transportwege: Diese haben Einfluss auf die wirtschaftliche Entwicklung und die politische Macht von Ländern. Die Kontrolle von Handelswegen kann politische Vorteile bieten.

- Wirtschaftliche Abhängigkeiten: Wechselwirkungen und Abhängigkeiten zwischen verschiedenen Volkswirtschaften. Dies beinhaltet Fragen der wirtschaftlichen Integration, der Handelsbeziehungen und der Interdependenz von Staaten.
- Wirtschaftliche Macht und deren Auswirkungen auf politische Entscheidungen und geopolitische Dynamiken: Große Wirtschaftsmächte können ihren Einfluss durch Investitionen, Entwicklungshilfe oder Sanktionen ausüben.

Trend: Abhängigkeiten von globalen Lieferketten wachsen weiter

Geoökonomie bedeutet, dass Staaten ihre Kontrolle über Ressourcen und Technologien nutzen, um sich international politische Vorteile zu verschaffen, etwa über Exportkontrollen. Die Europäische Union und die Vereinigten Staaten haben in der Vergangenheit ihre Marktmacht genutzt, um ein globales Handelssystem zu gestalten, in dem Konkurrenten den Zugang zu Ressourcen und Innovationen gemeinsam nutzen konnten. Dieses System wird jedoch durch den Antagonismus zwischen den USA und China auf die Probe gestellt – genau zu dem Zeitpunkt, an dem technologische und weitere große Herausforderungen anstehen.[8]

Diese Entwicklung lässt die globalen Lieferketten, auf denen auch Europas Industrie beruht, fragiler werden. Staat und Industrie versuchen daher, Produktionsrisiken durch Unterbrechung der globalen Supply Chains zu minimieren. Das zeigt sich in der Tendenz, Lieferketten stärker regional auszurichten und als strategisch wichtig erachtete Produktionskapazitäten wieder national oder europäisch aufzubauen (Reshoring).[9] Eine grundsätzliche Abkehr vom Modell globaler Lieferketten ist jedoch kurz oder langfristig nicht zu erwarten. Dies liegt zum einen daran, dass es schwierig ist, Lieferketten vollständig national abzubilden. Zum anderen müssten private Unternehmen die Mehrzahl der Reshoring-Entscheidungen tragen. In vielen Fällen beruht deren Geschäftsmodell jedoch auf Niedrigkostenstrukturen in der eigenen Produktion und/oder bei Zulieferern, welche bei einer Relokalisierung nach Europa und Nordamerika schwer aufrechtzuerhalten sind.[10] Insgesamt wird die internationale Vernetzung auch in den nächsten zwei Jahrzehnten eher noch zunehmen (wenn wohl auch weniger schnell als bisher).[11]

Auswirkungen von Russlands Krieg

Der russische Krieg hat einmal mehr bestätigt, dass die Lieferketten unter immensen Druck geraten können.[12] Erst jetzt wird das ganze Ausmaß der Globalisierung der Energie- und Lebensmittelströme sichtbar und damit auch die starke Abhängigkeit von ukrainischen und russischen Produkten, die die Globalisierung für viele Länder geschaffen hat.

Die gegen Russland verhängten Wirtschaftssanktionen verändern diese wirtschaftlichen Abhängigkeiten. Da letztere in erster Linie mit Energie und Rohstoffen zusammenhängen, wirken sie sich auch direkt auf die Umsetzung der europäischen und internationalen Klimapolitik aus. Um seine Abhängigkeiten anders zu strukturieren, ist Europa nun auf der Suche nach neuen Partnern und alternativen Technologien, entweder durch Reshoring, d. h. Produktion in Europa, oder durch eine Diversifizierung seiner Lieferanten. Die Dynamik des politischen Multilateralismus und der Finanz- und Handelsströme wird dadurch verändert: Kurz gesagt, die Geoökonomie lenkt die Waren- und Finanzströme um.

Russland wird langfristig wahrscheinlich massiv unter den Sanktionen und Strafmaßnahmen leiden, doch die hohen Kosten und Wohlfahrtsverluste, die dadurch verursacht werden, schwächen auch Europa. Darüber hinaus sind Grad und Art der Abhängigkeit von Russland sowie die Ansichten über Sanktionen und künftige Interaktionen mit Moskau zwischen den EU-Mitgliedstaaten sehr unterschiedlich.

Vor diesem Hintergrund wird Chinas Position für die weitere Entwicklung besonders relevant sein und viele Fragen aufwerfen: Inwieweit wird es Russland unterstützen? Inwieweit wird es dessen freiwerdende Marktanteile als Lieferant übernehmen, insbesondere gegenüber Europa?

2.2.3 Technologien und technologische Ordnung

Technologien sind von Menschen geschaffene Instrumente oder Verfahren, die die Erfüllung von Aufgaben erleichtern sollen. Die technologische Ordnung sagt, auf welche Art Technologien entwickelt, eingesetzt und in Gesellschaften oder anderen Bereichen verwendet werden. Sie bezieht sich auf die Regeln, Normen und Prinzipien, die das Erstellen, Funktionieren und die Anwendung von Technologie bestimmen. In der Regel geht es bei der Diskussion um Technologien nicht um deren naturwissenschaftliche Funktionsweise, sondern darum, wie ihr Einbringen in soziale Kontexte diese Kontexte verändert, welche Risiken und Chancen dabei entstehen und für wen. Technologien können politische und wirtschaftliche Machtverhältnisse beeinflussen, neue Wirtschaftsmodelle ermöglichen und soziale Beziehungen und Interaktionen verändern.

Technologische Ordnungen lassen sich über folgende Dimensionen beschreiben:

- Technologische Entwicklungen – wie neue Technologien entstehen und voranschreiten: Das beinhaltet Innovationsprozesse, Forschung und Entwicklung, die Verbreitung von Wissen und die Zusammenarbeit zwischen verschiedenen Akteuren wie Unternehmen, Wissenschaftlern und Regierungen.
- Technologieanwendung – wie Technologien in verschiedenen Bereichen angewendet werden: Dies kann die Verwendung von Technologien im Transport, in der Kommunikation, aber auch bei der Überwachung, Spionage oder Kriegsführung sein.
- Regulierung und Politik – welche rechtlichen und politischen Rahmenbedingungen für den Einsatz von Technologie bestehen: Gesetze, Vorschriften, Normen und Standards werden entwickelt, um sicherzustellen, dass Technologien sicher, ethisch und verantwortungsvoll eingesetzt werden.
- Soziale Akzeptanz und Auswirkungen – welche Auswirkungen von Technologien auf die Gesellschaft es gibt und ob diese sozial

akzeptiert sind: Dies umfasst Fragen der Privatsphäre, der Ethik, der Arbeitsplätze, der sozialen Ungleichheit, der Umwelt und anderer sozialer und kultureller Aspekte.

Weil Technologien nur über ihre Einbindung in soziale Kontexte relevant sind, sind Diskussionen über technologische Ordnungen oder einzelne Innovationen eng mit anderen Ordnungen verbunden, wie der politischen, wirtschaftlichen oder sozialen Ordnung.

Trend: Neu entstehende disruptive Technologien (EDTs) gefährden Wohlfahrt und die technologische Überlegenheit
EDTs (Emerging and Disruptive Technologies) sind ein weiterer Bereich, in dem sich das Umfeld und die Bedingungen derzeit ändern. EDTs umfassen eine recht heterogene Familie von Technologien. Sie haben gemeinsam, dass sie bedeutende Verbesserungen für die Gesellschaft und den wirtschaftlichen Wohlstand versprechen. Gleichzeitig stellen sie eine Quelle ernsthafter Risiken dar, nicht zuletzt, weil sie so weit verbreitet sind und dadurch Abhängigkeiten für Gesellschaften, öffentliche und politische Institutionen und die Wirtschaft entstehen, aber auch unbekannte Lücken in digitalen Sicherheitsarchitekturen, von Hintertüren zum Umgehen von Firewalls bis zu Desinformationskampagnen in den sozialen Medien. Die jüngsten Entwicklungen im Kampf um die globale Ordnung haben die Technologien zu einem Hauptfeld des Wettbewerbs gemacht, was die künftigen Entwicklungen erheblich beschleunigt und komplexer macht und damit auch die Risikolandschaft, mit der die Demokratien in naher und ferner Zukunft konfrontiert sein werden.

Mit Blick auf einzelne Technologien haben u. a. diese hier an Bedeutung gewonnen:

1. Künstliche Intelligenz (KI): KI hat enorme Fortschritte gemacht und findet in verschiedenen Bereichen Anwendung, einschließlich maschinellem Lernen, Spracherkennung, Bildverarbeitung und Robotik. KI wird voraussichtlich in Zukunft noch weiter wachsen und unsere Interaktionen mit Technologie verändern.

2. Internet der Dinge (IoT): Das IoT bezieht sich auf die Vernetzung von Alltagsgegenständen und -geräten über das Internet. Dadurch können diese Geräte Daten sammeln, austauschen und ferngesteuert werden. Das IoT hat Auswirkungen auf Bereiche wie Smart Homes, Industrieautomation, Verkehrssysteme und Gesundheitswesen.

3. Blockchain-Technologie: Die Blockchain ist eine dezentrale und transparente Datenbank, die Transaktionen sicher und fälschungssicher aufzeichnet. Sie wird häufig mit Kryptowährungen wie Bitcoin in Verbindung gebracht, hat aber auch Potenzial in Bereichen wie Supply Chain Management, Vertragswesen und Identitätsverwaltung.

4. 5G-Konnektivität: Die Einführung von 5G ermöglicht eine schnellere und zuverlässigere drahtlose Kommunikation. Dies eröffnet neue Möglichkeiten für das Internet der Dinge, autonomes Fahren, Virtual Reality, Augmented Reality und Cloud Computing.

5. Automatisierung und Robotik: Fortschritte in der Robotik haben zu automatisierten Systemen geführt, die Aufgaben in verschiedenen Bereichen übernehmen können. Roboter finden Anwendung in der Fertigung, Logistik, Medizin, Landwirtschaft und anderen Branchen.

6. Virtuelle Realität (VR) und Augmented Reality (AR): VR erzeugt eine immersive virtuelle Umgebung, während AR digitale Informationen in die reale Welt einblendet. Beide Technologien haben Anwendungen in den Bereichen Gaming, Bildung, Training, Tourismus und Design.

7. Biotechnologie und Gentechnik: Fortschritte in der Biotechnologie und Gentechnik ermöglichen die Entwicklung neuer Behandlungen und Therapien, wie z. B. personalisierte Medizin, Genomeditierung und regenerative Medizin.

8. Nachhaltige Technologien: Es besteht ein wachsender Fokus auf nachhaltige Technologien, um Umweltauswirkungen zu verringern und erneuerbare Energiequellen zu nutzen. Dies umfasst Bereiche wie erneuerbare Energien, Elektromobilität, energieeffiziente Gebäude und Kreislaufwirtschaft.

Der Zugang zu neuen Technologien und der souveräne Besitz dieser Technologien sind sowohl für die Sicherheit als auch für das künftige Wohlergehen entscheidend.[13] Der militärische Sektor wird nicht notwendigerweise die treibende Kraft sein, sondern hauptsächlich zivile Innovationen übernehmen. Gleichzeitig wird die technologische Überlegenheit, der Eckpfeiler der westlichen Streitkräfte und der Kriegsführung, dadurch gefährdet, dass andere Staaten in ihrer Entwicklung aufholen und dadurch den Westen zu überholen drohen. Umwälzende Auswirkungen werden höchstwahrscheinlich durch Kombinationen von EDTs und die komplexen Wechselwirkungen zwischen ihnen entstehen.[14]

Auswirkungen von Russlands Krieg
Infolge des Krieges haben die USA die wichtigsten Tech-Demokratien zusammengebracht, um Russland umfassende Exportkontrollen aufzuerlegen. In internationalen Foren – insbesondere in den Bereichen Internet-Governance und Cyberkriminalität – werden die Fronten zwischen den liberalen Demokratien und Russland und China, einschließlich der Länder, von denen sie unterstützt werden (z. B. Belarus oder Syrien), verhärtet. Mittelfristig droht eine regelrechte Spaltung in verschiedene Technologiesphären mit politisch beeinflussten unterschiedlichen technischen Standards und Vorschriften. Dies würde den Wettbewerb auf dem Markt und die Interoperabilität zwischen ihnen erheblich behindern. Außerdem planen die EU und die USA, sich über die russischen Lieferungen hinaus den Zugang zu seltenen Erden und Rohstoffen zu sichern, um ihre technologische Souveränität zu festigen.[15]

2.2.4 Verteidigung und militärische Ordnung

Die militärische Ordnung bezieht sich auf die strukturellen und organisatorischen Elemente, die die militärische Macht und das Potenzial eines Landes oder einer Region bestimmen. Sie umfasst die Gesamtheit der Streitkräfte, deren Aufbau, Ausrüstung, Ausbildung, Strategien und Taktiken sowie die Beziehungen zwischen den verschiedenen militärischen Einheiten und deren Führung.

Die militärische Ordnung kann auch die Machtbalance zwischen verschiedenen Staaten beeinflussen und somit Auswirkungen auf die internationale Sicherheit haben. Die Stärke und Zusammensetzung der Streitkräfte eines Landes können Einfluss auf sein Ansehen, seine Verhandlungsposition und seine Fähigkeit zur Verteidigung oder Durchsetzung von Interessen haben.

Trend: Wachsende Bedeutung militärischer Mittel

Der langfristige Trend in der Verteidigung ist gekennzeichnet durch eine wachsende Bedeutung militärischer Mittel als Instrument im lokalen oder geopolitischen Wettbewerb. Der Krieg gegen die Ukraine hat diese Beobachtung unterstrichen. Die globale Bewertung des Nutzens von Gewalt – oder zumindest von Erpressung – wird jedoch vom Ausgang des Krieges und den Anstrengungen des Westens abhängen. Der Einmarsch Russlands in die Ukraine im Februar 2022 hat einen dramatischen Wandel in der europäischen Sicherheitslandschaft ausgelöst – die europäische Verteidigung tritt in eine neue Ära ein. Die Veränderungen sind jedoch bei Weitem nicht überall auf dem Kontinent gleich.

Auswirkungen von Russlands Krieg

In Europa hat der Krieg begonnen, die militärische Ordnung zu verändern: Die russische Armee wird aus dem aktuellen Konflikt geschwächt hervorgehen. Unabhängig davon werden in anderen Teilen Europas bereits neue Investitionen in die Verteidigung ins Auge gefasst, ein Effekt, der in den EU- und NATO-Ländern noch stärker ausgeprägt ist. Der Einmarsch Russlands in die Ukraine hat den politischen und militärischen Zusammenhalt der NATO gestärkt. Die NATO erhält als wichtigste Verteidigungsinstitution, auf die sich die europäischen Staaten verlassen, immer mehr Aufmerksamkeit. Südliche Staaten wie Italien und Spanien, die sich traditionell entweder auf ihre eigene Peripherie oder auf die EU konzentrieren, haben ihr Engagement für die Verteidigungsplanung der NATO und den Schutz ihrer Ostflanke nicht verstärkt. Zugleich verliert die europäische strategische Autonomie an

Schwung und Bedeutung. Selbst Frankreich, das die Verteidigungs-anstrengungen der EU traditionell unterstützt, schenkt der NATO als dem Rückgrat seiner Sicherheit nun mehr Aufmerksamkeit.[16]

Bislang bleibt abzuwarten, inwieweit die EU und die NATO die Ukraine und andere Staaten wie die Republik Moldau in ihre politi-schen und militärischen Strukturen integrieren werden.

2.2.5 Klimakrise – Auswirkungen und Anpassungsmaßnahmen

Die Klimaordnung oder das Klimaregime umfasst eine Vielzahl von Aspekten, darunter internationale Klimaabkommen wie das Pariser Abkommen, die Schaffung und Umsetzung nationaler Klimaschutz-maßnahmen, die Förderung erneuerbarer Energien, die Reduzierung von Treibhausgasemissionen, die Anpassung an den Klimawandel und die Bereitstellung finanzieller Ressourcen für Entwicklungsländer, um ihnen bei der Bewältigung des Klimawandels zu helfen.

Die Klimaordnung beinhaltet auch die Förderung von Forschung und Entwicklung im Bereich sauberer Technologien, den Austausch von Informationen und bewährten Verfahren, die Schaffung von Me-chanismen zur Überwachung und Berichterstattung über den Fort-schritt bei der Emissionsreduzierung sowie die Unterstützung von Anpassungsmaßnahmen in den besonders verwundbaren Regionen der Welt.

Insgesamt zielt die Klimaordnung darauf ab, den Klimawandel einzudämmen und eine nachhaltige und widerstandsfähige Zukunft für die Menschheit zu schaffen.

Die Auswirkungen der Klimakrise werden im Zeitraum bis 2045 verstärkt sichtbar werden. In der internationalen Debatte um das Verhältnis von Klimaveränderung und Konflikt wird die Klimakrise vor allem als threat multiplier verstanden.[17] Veränderungen des Kli-mas können sowohl existierende Konflikte befeuern, unterschwellige Spannungen zum Konflikt eskalieren lassen, als auch zur Entwicklung neuer Konfliktursachen beitragen. Vermehrt auftretende Extremwettereignisse, der Anstieg des Meeresspiegels, Bodendegradation und sich verknappende Ressourcen führen u. a. zu Migrationsbewegungen, Konflikten um Ressourcen, Verlust von Territorium und Grenzstreitigkeiten. Diese Entwicklungen können besonders fragile Staaten weiter destabilisieren.[18]

Trend: Sicherheitspolitischer Wandel im Umgang mit der Klimakrise
Die Klimaordnung hat das Ziel, den globalen Klimawandel einzudämmen, den Temperaturanstieg auf deutlich unter 2 Grad Celsius gegenüber vorindustriellem Niveau zu begrenzen und Anstrengungen zu unternehmen, um eine Erwärmung auf 1,5 Grad Celsius zu erreichen.

Sicherheitspolitisch verändert die Klimakrise den Ort und die Art des Handelns, gesellschaftspolitisch verstärkt sich der Druck, schneller zu handeln und angemessene Vorkehrungen zu treffen. Auch wenn die Auswirkungen der Klimakrise immer sichtbarer werden, bleibt sie bis auf weiteres eine „schleichende Krise".[19]

Auswirkungen von Russlands Krieg
Die Dringlichkeit des Krieges droht den Druck zur Bekämpfung des Klimawandels zu überlagern. In der internationalen Debatte über die Beziehung zwischen Klimawandel und Konflikten wird letzterer in erster Linie als Bedrohungsmultiplikator[20] betrachtet. In der Tat kann der Klimawandel bestehende Konflikte anheizen, zugrundeliegende Spannungen zu Konflikten eskalieren lassen und zum Entstehen neuer Konfliktursachen beitragen. Das zunehmende Auftreten extremer Wetterereignisse, der Anstieg des Meeresspiegels, Bodendegradation und schwindende Ressourcen führen unter anderem zu Migrationsbewegungen, Konflikten um Ressourcen, Gebietsverlusten und Grenzstreitigkeiten. Diese Entwicklungen können fragile Staaten weiter destabilisieren.

2.2.6 Konflikte

Der Begriff „Konfliktordnung" bezieht sich auf die Struktur und Organisation von Konflikten zwischen verschiedenen Akteuren. Eine Konfliktordnung legt die Regeln, Normen und Mechanismen fest, die den Umgang mit Konflikten bestimmen. Sie bildet das Rahmenwerk, innerhalb dessen Konflikte entstehen, ausgetragen und gelöst werden. Das können beispielsweise rechtliche Rahmenbedingungen, politische Institutionen, Verfahren zur Konfliktbewältigung, soziale Normen und kulturelle Praktiken sein. Die Konfliktordnung definiert, wie Konflikte erkannt, analysiert und behandelt werden sollen und welche Mechanismen zur Verfügung stehen, um sie zu lösen oder zu regulieren.

Eine gut funktionierende Konfliktordnung hat das Potenzial, Konflikte zu minimieren, Gewalt einzudämmen und eine friedliche Koexistenz zu fördern. Sie kann Mechanismen wie Mediation, Verhandlungen, Schlichtung oder rechtliche Verfahren umfassen, um Konflikte auf konstruktive und gerechte Weise zu lösen. Eine stabile Konfliktordnung trägt zur Aufrechterhaltung von sozialer Ordnung, Stabilität und Gerechtigkeit bei und kann zur Prävention von Gewalt und Eskalation beitragen.

Die Formen und das Ausmaß von Konflikten erweitern sich zunehmend und überschneiden sich. Kennzeichnend für neu entstehende Konfliktformen ist, dass Krieg und Frieden nicht mehr ihre einzigen Stadien darstellen werden. Stattdessen werden Konflikte unterhalb der Schwelle zum offenen Krieg zur Norm. Es ist daher notwendig, das binäre Verständnis von Krieg zu überwinden: Das Gegenteil von Frieden ist nicht mehr unbedingt Krieg, sondern Rivalität und Konflikt. Dies gilt sowohl für lokale Konflikte als auch für systemische Rivalität oder Konkurrenz. Darüber hinaus sind lokale Konflikte und geopolitischer Wettbewerb immer stärker verflochten. In solchen Konflikten wird sich derjenige durchsetzen, der in der Lage ist, verschiedene Bereiche miteinander zu verbinden und seine Handlungsintensität entsprechend anzupassen.

Trend: Ausweitung von Konflikten auf alle Lebensbereiche

Russland und China, aber auch die USA könnten die Konflikte auf alle Lebensbereiche ausweiten. Statt diese Konflikte militärisch auszutragen, werden die Ziele der Angriffe Politik, Gesellschaft und Individuen sein, mit der Absicht, die inneren Strukturen des Westens zu schwächen, d. h. den sozialen Zusammenhalt, die demokratischen Institutionen, Freiheit und Pluralismus sowie kritische Infrastrukturen. Cyberangriffe auf Parlamente und Wirtschaftsinstitutionen, Fehlinformationen, die Übernahme kritischer Infrastrukturen wie Häfen oder die Unterwanderung von Forschungseinrichtungen gehören zu den Mitteln, mit denen die beabsichtigte Schwächung erreicht werden kann. Dass die schützenswerten kritischen Infrastrukturen nicht nur technischer Natur sind, wie z. B. Elektrizitätswerke, sondern auch politisch-sozialer Natur, wird immer deutlicher. Demokratische Strukturen sind dabei zu berücksichtigen.

Auswirkungen von Russlands Krieg

Nach dem russischen Angriff auf die Ukraine im Jahr 2014 und der Annexion der Krim hat es zwar keinen offenen, groß angelegten Krieg gegen die Ukraine gegeben, aber auch keinen Frieden. Vielmehr hat Russland das Land in einen Dauerkonflikt gestürzt, der über Fake News, Cyberattacken, wirtschaftlichen Druck und kleinere militärische Zusammenstöße an der Kontaktlinie ausgetragen wurde.

Der Krieg Russlands gegen die Ukraine im Jahr 2022 ist also nur eine weitere Verlagerung des Konflikts in die militärische Sphäre. In diesem Sinne wird das Ende des Krieges nicht der Frieden sein, sondern eine weitere Verlagerung des Konflikts in einen anderen Bereich der Auseinandersetzung. Die neue geopolitische Ordnung in Europa wird also eine sein, in der sich die Abgrenzung von Russland nicht unbedingt als friedlich erweisen wird. Im Rahmen einer potenziell konfrontativen Ordnung des Kontinents sollten sich die Europäer auf eine Situation einstellen, in der sie sich in einem Dauerkonflikt befinden werden, sei es mit Russland oder mit China.

2.3 Die neuen Zusammenhänge: Der Konflikt um Taiwan als Beispiel

Doch schon heute, 2023, sind diese komplexen Interaktionen mit ihren Risiken und Chancen Realität. Ich benenne deshalb ein plausibles Beispiel in der Gegenwart, mit dem Ziel, vor allem die Komplexität und Interaktion von Ordnungen oder Systemen greifbarer zu machen.[21]

Derzeit ist die westliche Welt, vor allem Europa, besorgt über den russischen Angriffskrieg in der Ukraine. Gleichzeitig spielt in der Öffentlichkeit ein anderer möglicher Konflikt eine Rolle, nämlich ein Krieg um Taiwan. Bisher wurden diese beiden Themen separat diskutiert. Man ist sich zwar bewusst, welche Auswirkungen ein Konflikt um Taiwan auf Europa haben könnte, aber man berücksichtigt nicht die Interaktion mit dem Krieg in der Ukraine und ihrem Wiederaufbau als wichtigen Bestandteil einer zukünftigen europäischen Sicherheitsordnung. Zentrale Akteure argumentieren wie der französische Präsident Macron, dass man diese Themen voneinander trennen könne, um den Folgen zu entgehen und sich nicht in einen möglichen Konflikt um Taiwan zwischen den USA und China verwickeln zu lassen.[22]

Bei genauerer Betrachtung ergibt sich jedoch das Gegenteil. Ich zeige im Folgenden: Der aktuelle Krieg in der Ukraine und seine Folgen haben direkte Auswirkungen auf die politischen, militärischen und wirtschaftlichen Konsequenzen eines möglichen Konflikts um Taiwan. Diese Situation verdeutlicht die Herausforderungen, denen politische und wirtschaftliche Entscheidungsträger in einer äußerst volatilen Phase der Weltpolitik gegenüberstehen: Sie müssen die Risiken und Chancen einer komplexen Interaktion über verschiedene Regionen und Themenfelder hinweg einschätzen können.

Die verknüpfte Sicherheit Europas

Beginnt man mit der Prämisse, dass auf absehbare Zeit keine stabile Sicherheitsordnung in Europa mit Russland zu machen ist, wird man diese Ordnung ohne und wahrscheinlich sogar gegen Russland organisieren müssen. Aus Gründen der eigenen Sicherheit werden Europa und Nordamerika eine starke ukrainische Armee aufbauen und das Land in die transatlantische technologisch-industrielle Verteidigungsbasis einbeziehen. Gleichzeitig müssen die NATO-Staaten ihre eigene Verteidigungsfähigkeit wiederherstellen. Diese Ziele sind bereits miteinander verbunden. Die kombinierte Leistung der transatlantischen Verteidigungsfähigkeit und der Ukraine muss ausreichen, um Russland von weiteren Versuchen abzuschrecken, seine Ziele militärisch erreichen zu wollen. Die Frage, wie viel die NATO-Länder dafür tun werden, sowohl für sich selbst als auch für die Verbündeten und die Ukraine, muss in den nächsten Jahren beantwortet werden. Dies schließt auch zukünftige Sicherheitsvereinbarungen ein, wie etwa die Frage, ob die Ukraine Mitglied der NATO wird.

Verteidigung und Sicherheit
Ein wichtiger Aspekt ist die Wechselwirkung zwischen der militärischen Dimension und anderen sicherheitspolitischen Bereichen. Der Krieg in der Ukraine verdeutlicht erneut, dass die Verteidigung in militärischer Hinsicht hohe Anforderungen an Politik und Gesellschaft stellt, insbesondere in demokratischen Systemen. Dabei steht insbesondere die Fähigkeit im Fokus, die oft als Resilienz bezeichnet wird. Resilienz bedeutet die Widerstandsfähigkeit von Politik und Gesellschaft, mit einer Vielzahl von Bedrohungen und Handlungen umzugehen. Diese reichen von militärischen Aktionen über Terrorismus und Erschöpfung bis hin zu Desinformation und Polarisierung. Es beinhaltet auch den Umgang mit Verlusten und dem Tod.[23] Während die Ukraine diese Widerstandfähigkeit bislang zeigt, versuchen viele westliche Staaten diese erst wiederzuerlangen über verschiedene Konzepte der umfassenden Verteidigung.[24]

Die USA zwischen Europa und Asien
Im Zusammenhang damit steht die zukünftige Rolle der USA in der europäischen Sicherheit. Unabhängig davon, wer der nächste US-Präsident sein wird, müssen die USA entscheiden, wie stark sie sich für ein sicheres Europa engagieren wollen. Es besteht die Möglichkeit, dass sie

ihre strategische Ausrichtung weiterhin Richtung Indo-Pazifik verschieben und somit möglicherweise in einen Konflikt mit China geraten. Bei dieser Überlegung wird sicherlich auch die zukünftige Kapazität Russlands und dessen Partnerschaft mit China berücksichtigt, da sie Einfluss auf die Gestaltung der europäischen Sicherheitsordnung haben. Selbst wenn der Wille zur Unterstützung der Europäer seitens der USA vorhanden bleibt, sehen sie ihre Ressourcen für ein glaubwürdiges sicherheitspolitisches Engagement auf zwei Kontinenten schwinden.[25]

Militärische und wirtschaftliche Sicherheit

Die Sicherheitsordnung in Europa wird eng mit der Wirtschaftsordnung verbunden sein. Ein zentrales Thema wird dabei der Wiederaufbau der Ukraine sein, der bereits teilweise begonnen hat. Europa unterstützt derzeit die Ukraine in vielerlei Hinsicht, um das Land finanziell stabil und die Infrastruktur am Laufen zu halten – dies sind ebenfalls Beiträge zur Widerstandsfähigkeit. Allerdings muss Europa bereits jetzt darüber nachdenken, welches Engagement es aufbringen kann, wenn die Kampfhandlungen beendet sind und das gesamte Land wiederaufgebaut werden muss. Die geschätzten Kosten für den Wiederaufbau belaufen sich bereits jetzt auf 383 Milliarden Euro, laut einer gemeinsamen Schätzung der Weltbank, der ukrainischen Regierung und der EU-Kommission.[26] Um diese immense Summe aufzubringen, sind auch private Investitionen notwendig.[27]

Solche Investitionen bergen finanzielle Risiken, insbesondere die Gefahr eines erneuten Kriegsausbruchs. Je effektiver Russland abgeschreckt werden kann, desto sicherer sind auch die finanziellen Investitionen. Diese Verbindung hat direkte Auswirkungen auf die Zinssätze, die Investoren und Regierungen zahlen müssen, um Geld von den Kapitalmärkten aufzunehmen, um den Wiederaufbau zu finanzieren. Russland wird voraussichtlich versuchen, die Ukraine permanenten Risiken auszusetzen, um das Vertrauen der Investoren zu untergraben und damit die Bemühungen zum Wiederaufbau zu behindern.

Die wirtschaftliche Leistungsfähigkeit der europäischen Länder beeinflusst auch die zukünftige militärische Leistungsfähigkeit. Der Umfang und das Tempo der militärischen Anstrengungen werden teilweise durch die Preise bestimmt, die die Europäer bereit sind für Ausrüstung sowie deren Qualität zu zahlen. Öffentliche Mittel, die für den Wiederaufbau verwendet werden, können nicht mehr für die militärische Absicherung aufgewendet werden.

Innere Widerstandsfähigkeit der Demokratien

Die Gleichung wird noch komplexer: Der Krieg in der Ukraine hat bereits Auswirkungen auf den Wohlstand europäischer Länder. Laut Marcel Fratzscher, dem Präsidenten des DIW, beliefen sich allein im Jahr 2022 die Kosten für die deutsche Wirtschaft auf rund 100 Milliarden Euro.[28] Die Kosten zur Bewältigung nationaler Folgen des Krieges sind sogar noch höher. In Deutschland belaufen sie sich unter anderem auf etwa 200 Milliarden Euro für die Unterstützung der Privathaushalte.[29] Im Verteidigungsbereich kommen zu den bisherigen 100 Milliarden Euro für den Wiederaufbau der Bundeswehr noch zusätzliche Ausgaben für die kurzfristige Auffüllung der militärischen Arsenale hinzu. Diese Kosten betreffen lediglich einen europäischen Staat. Hinzu kommen noch die Hilfen, die die EU und ihre Mitgliedstaaten direkt an die Ukraine geleistet haben, insgesamt fast 62 Milliarden Euro (finanzielle, humanitäre und militärische Hilfe).[30]

Diese Mittel stehen weder für die Stärkung der zukünftigen Widerstandsfähigkeit zur Verfügung noch zur Linderung weiterer sozialer Härten in den Staaten. Gleichzeitig ist eine öffentliche Unterstützung für nachhaltige Wiederaufbaubemühungen erforderlich. Daher ist es wichtig, die innere Widerstandsfähigkeit auch nach dem Ende der Kampfhandlungen aufrechtzuerhalten. Die inländische Resilienz, einschließlich der zivilen Infrastrukturen, wird auch der Schlüssel für ein erfolgreiches Abschreckungs- und Verteidigungskonzept sein.[31] Die europäischen Gesellschaften werden externen Bedrohungen besser standhalten können, wenn die grundlegenden Funktionen des öffentlichen Lebens auch in Krisen und Konflikten gewährleistet werden können. Dies erfordert Investitionen in die Stärkung vieler Infrastrukturen und in deren Redundanz. All diese Anstrengungen werden einen finanziellen und politischen Preis haben, den die Gesellschaften bereit sein müssen zu tragen.[32]

Klimawandel zwischen langfristigem Kontext und kurzfristigem
Problemkomplex

Die größte sicherheitspolitische Bedrohung mit weitreichenden zivilisatorischen Folgen ist zweifelsohne der Klimawandel. Seine Bewältigung stellt eine eigenständige Herausforderung dar, da er eng mit Sicherheits- und Wirtschaftsfragen verknüpft ist. Die Notwendigkeit, sich von fossilen Brennstoffen zu lösen, und die Kosten für industrielle Produktion sind nur einige Aspekte, die den Klimawandel mit der Sicherheits- und Wirtschaftsagenda verbinden.[33]

Es ist sehr wahrscheinlich, dass die Klimaagenda und die damit verbundenen Herausforderungen weiter an Bedeutung gewinnen werden. Jedoch hat der russische Angriffskrieg vorübergehend die Aufmerksamkeit von dieser komplexen Interaktion abgelenkt. Darüber hinaus binden die notwendigen Reaktionen der Staaten auf den Krieg Ressourcen, die dann für Maßnahmen gegen den Klimawandel fehlen. Dies zeigt sich sowohl kurzfristig, wenn beispielsweise mehr Braunkohle verbrannt wird, um den Mangel an Gas- und Ölimporten aus Russland auszugleichen und die Energiewende zu verzögern.[34] Gleichzeitig führen erhöhte Verteidigungsausgaben in vielen europäischen Ländern zu Investitionen in fossile Technologien, da militärische Geräte hauptsächlich mit fossilen Brennstoffen betrieben werden.[35]

Langfristig belasten die staatlichen Maßnahmen im Bereich Sicherheit und Wirtschaft die kommenden Generationen zusätzlich mit hohen Schulden, während sie nur wenig zur Bekämpfung des Klimawandels beitragen, der wiederum von entscheidender Bedeutung für die Sicherheit und das wirtschaftliche Wohlergehen der nächsten Generationen ist.[36]

Zusätzliche Komplexität: Die möglichen Auswirkungen eines Konflikts in
Asien

Die möglichen Auswirkungen eines Konflikts in Asien auf die komplexen Interaktionen in Europa werden bisher kaum berücksichtigt, was überraschend ist, da immer mehr Stimmen darauf hinweisen, dass ein militärischer Konflikt zwischen den USA und China in den nächsten Jahren wahrscheinlicher wird.[37] Ein Szenario, das intensiv diskutiert wird, ist eine chinesische Intervention in Taiwan, das als Beispiel für die Auswirkungen eines Konflikts in Asien auf die ganze Welt und insbesondere auf die europäische Sicherheit steht.[38] Die direkten Folgen für die Volkswirtschaften und die allgemeine Sicherheit wären verheerend, da weltweit Umsatzeinbußen von bis zu 1,6 Billionen Dollar pro Jahr allein durch den Ausfall von Halbleiterexporten aus Taiwan entstehen könnten.[39]

Was jedoch in den aktuellen Debatten und Analysen fehlt, ist eine Betrachtung der kollateralen Auswirkungen, die sich aus der komplexen Interaktion des Ukrainekriegs und seinen Folgen mit einem Konflikt in Asien ergeben. Diese gehen weit über die Unterbrechung von Lieferketten für die europäische Industrie hinaus. Selbst das erhöhte Risiko eines ernsthaften Konflikts in Asien würde politische Entscheidungen beeinflussen, da die Finanzmärkte wahrscheinlich schnell und negativ reagieren würden, was schwerwiegende Auswirkungen auf viele Bereiche des sozialen und politischen Lebens der europäischen Bürgerinnen und Bürger hätte.[40] Diese Schockwellen würden sich auch auf China, die USA und Russland auswirken und somit auch die chinesische Unterstützung für Russland beeinflussen.

Auf der militärischen Seite ist zu erwarten, dass die USA ihr Engagement von Europa nach Asien verlagern. Das US-Militär geht schon länger davon aus, dass es nicht in der Lage ist, zwei große Kriege auf zwei Kontinenten gleichzeitig zu führen.[41] Die verringerte militärische Präsenz der USA in Europa würde die Unsicherheit für die europäische Sicherheitsordnung erhöhen und die Absicherung des Wiederaufbaus der Ukraine gefährden. Darüber hinaus steigen die Risiken für die europäische Wirtschaft.

Ein Konflikt würde sich nicht nur auf den militärischen Bereich beschränken. Umfangreiche Cyberangriffe, Sanktionen und unterbrochene Seeverbindungen hätten wahrscheinlich verheerende Auswirkungen auf die europäischen Bemühungen zur Unterstützung der Ukraine, da auch Rohstoffe und Komponenten, die für den Wiederaufbau benötigt werden, von einem Zusammenbruch des internationalen Handels betroffen wären.

Engagement in Asien schützt Europa

Ein wichtiger Faktor, der das Ausmaß der Auswirkungen und Interaktionen bestimmt, ist die zeitliche Nähe der beiden Konflikte zueinander. Je näher die Auswirkungen eines Taiwan-Konflikts an den
frühen Phasen des Wiederaufbaus der europäischen Sicherheits- und
Wirtschaftsordnung in Europa liegen, desto anfälliger wären diese Bemühungen und Europa insgesamt.

Daher erhält ein europäisches Engagement, das China daran hin-
dert, Taiwan anzugreifen, eine hohe Priorität. Um die Handlungsfähigkeit Europas bei der Gestaltung der europäischen Sicherheits- und
Wirtschaftsordnung entlang europäischer Interessen zu gewährleisten,
muss man bereits jetzt diesem wachsenden Risiko begegnen. Gleichzeitig sollte klar sein, dass ein „Heraushalten" oder „Nicht-hereinge-
zogen-Werden" keine realistischen Optionen mehr sind, es sei denn,
man möchte sich politisch, militärisch und wirtschaftlich von anderen
Akteuren entkoppeln – und dann die Folgen dieser Entkopplung tragen.

Daher liegt es im unmittelbaren Interesse der wirtschaftlichen und
politischen Entscheidungsträger, die Widerstandsfähigkeit bei der Gestaltung der neuen europäischen Ordnung effektiv zu stärken, umfassende Verteidigungsanstrengungen außerhalb der Ukraine aufrechtzuerhalten und einen Taiwan-Konflikt aktiv zu verhindern.

Gute Pläne sind erforderlich

Dieses Schlaglicht ist aber nur ein plausibles Bild. Es ist ebenso plau-
sibel, dass China eher versucht, seine Interessen mit Blick auf Taiwan
und seinen Einfluss auf Europa und die USA ohne den Einsatz militärischer Mittel zu wahren, über die Erhöhung und Umgestaltung der
Abhängigkeiten. Eine dritte Alternative ist es, sich beide Optionen
offenzuhalten.

Diese Vielzahl der Optionen soll vor allem zwei Dinge hier zeigen:

1. Dass Europa seine eigenen Ziele definieren und umsetzen muss,
    unter Einbezug der möglichen Ziele und Strategien andere Akteu-
    re, die gleiche oder konträre Ziele verfolgen.

2. Dass eine Festlegung, was denn wohl die wahrscheinlichste Strategie der anderen Akteure ist, dazu führt, dass man sich selbst Handlungsfähigkeiten beraubt.

Es tut mir leid, wenn am Ende des Kapitels die Dinge komplizierter erscheinen sollten als zuvor. Aber es ist hoffentlich jeder und jedem klar geworden, dass die Dinge in den nächsten Jahren nicht einfacher werden – und auch, das Entscheiderinnen und Entscheider Fehleinschätzungen unterliegen und schlechte Entscheidungen treffen werden.

Um gute Überlegungen anzustellen, sind Zeitpläne und das Verständnis der Auswirkungen von großer Bedeutung. Je enger die Verbindung zwischen einem Taiwan-Konflikt und den sicherheitspolitischen und wirtschaftlichen Bemühungen in Europa ist, desto verwundbarer wären diese Bemühungen und Europa als Ganzes. Es ist wichtig zu erkennen, dass der Konflikt nicht nur den militärischen Bereich betrifft. Cyberangriffe, Sanktionen und unterbrochene Seeverbindungen könnten verheerende Auswirkungen auf die europäischen Unterstützungsbemühungen für die Ukraine haben. Zudem würde das erhöhte Risiko eines ernsthaften Konflikts in Asien politische Entscheidungen beeinflussen, da die Finanzmärkte wahrscheinlich schnell und negativ reagieren würden. Dies hätte schwerwiegende Auswirkungen auf verschiedene Bereiche des sozialen und politischen Lebens der europäischen Bürgerinnen und Bürger. Die Auswirkungen würden auch China, die USA und Russland betreffen und somit auch die chinesische Unterstützung für Russland beeinflussen.

Es liegt im direkten Interesse der wirtschaftlichen und politischen Entscheidungsträger, die Widerstandsfähigkeit bei der Gestaltung der neuen europäischen Ordnung effektiv zu stärken, um umfassende Verteidigungsanstrengungen außerhalb der Ukraine aufrechterhalten und einen Taiwan-Konflikt aktiv verhindern zu können.

Kapitel 3
Europa – Krisen verändern
die Sicherheitsordnung

Die bis 2022 akzeptierte sicherheitspolitische Ordnung in Europa stand schon länger unter Druck. Unabhängig vom russischen Angriff auf die europäische Sicherheitsordnung – viele der Probleme in und um Europa sind bis heute geblieben. Sie werden chronisch, aber rutschen unter die Wahrnehmungsschwelle der immer stärker krisengetriebenen Politik: Das gilt allem voran für den Balkan.

Doch die aktuelle Fülle von Krisen in Europa ist dennoch anders: Neu ist jetzt, dass die globale Dynamik Europa heute stärker beeinflusst als Europa die globale Dynamik. Das Kräfteverhältnis hat sich umgekehrt. Europa und Deutschland bestimmen in immer geringerem Maße die Gestaltung der Sicherheit in Europa und auf dem Globus. Hinzu kommen die Trump-Jahre: Hier nimmt der Schock innerhalb der Ordnung seinen Ausgang, im Zentrum des Westens. Bis dahin lag der Fokus auf Russland und China, die eine andere Ordnung anstrebten. Nun könnte es auch die USA sein.

3.1 Sicherheits- und Konfliktordnung – Einordnungen

Konfliktordnung

Eine Konfliktordnung ist zunächst nichts anderes als die Beschreibung der Konstellation von Akteuren, den Konflikten unter ihnen (politischer, territorialer, ethnischer, religiöser oder wirtschaftlicher Art) und den wesentlichen Elementen, die den Konfliktverlauf beeinflussen. Das können gemeinsame und unterschiedliche Regeln sein, Vereinbarungen zur Eskalationsvermeidung, aber auch Gewaltpotenziale auf den Seiten der Akteure oder in den Händen Dritter. Der Begriff der Konfliktordnung – statt dem der Friedensordnung – erscheint vor allem dann sinnvoll, wenn eine Lösung des Konfliktes und damit auch das Anstreben einer kooperativen Beziehung nicht besonders wahrscheinlich erscheint. Es ist die Annahme dieses Buches, dass das für das Verhältnis Europas zu Russland der Fall sein dürfte. Russland und Europa sind in einer dauerhaften Konfliktordnung zu denken.

Sicherheitsordnung

Eine Sicherheitsordnung umfasst jene Elemente, mit denen Akteure Sicherheit herstellen und erhalten wollen angesichts von Herausforderungen, Bedrohungen, Konflikten oder Konfliktpotenzialen. Diese Elemente können Vereinbarungen, Institutionen und Verfahren sein, aber auch Streitkräfte, etwa, wenn ich dem Gegenüber nicht vollständig vertraue. Ebenso kann es zur gemeinsamen Bereitstellung von Mitteln und Ressourcen kommen. Es lohnt sich also bei Sicherheitsordnungen zu differenzieren, z. B. nach konfrontativ und kooperativ. Ebenso hilfreich ist, zu betrachten, welcher Themen genau sich die Sicherheitsordnung annimmt. Die Liste der Felder (politische, militärische, wirtschaftliche oder soziale Elemente) und Themen ist beliebig lang: Terrorismus, nukleare Nichtverbreitung oder Klimawandel, Schutz der Souveränität, der territorialen Integrität und der Menschenrechte. Eine weitere Differenzierung ist, welche Mechanismen zur Kooperation und Konfliktbearbeitung die Sicherheitsordnung bereithält: Vertrauensbildung, Rüstungskontrolle, Diplomatie oder sogar gemeinsame Regeln und gemeinsames Recht inklusive deren Einführung – dann wären wir bei der EU.

Eine Sicherheitsordnung kann zudem die regionale, nationale oder internationale Ebene umfassen. Hier spielen dann oft nationale oder regionale Gegebenheiten wie das politisch-administrative System, aber auch historische Erfahrungen eine Rolle.

Von einer starken Sicherheitsordnung kann man sprechen, wenn sie dazu beiträgt, Vertrauen und Stabilität zu erhalten, Konflikte zu minimieren und einzuhegen und die gemeinsame Sicherheit aller beteiligten Akteure zu fördern.

Der Sicherheitsbegriff scheint auf der einen Seite allgegenwärtig, auf der anderen Seite sehr unbestimmt. Was Sicherheit ist, ist sicher nicht für alle und überall von vornherein festgelegt. Deshalb ist der Begriff aber nicht beliebig. Es bedeutet nur, dass Gesellschaften, politische Gemeinschaften oder Regionen definieren, um welche Sicherheit es geht, und dies nicht von außen festgelegt werden kann. Man spricht deshalb bei Sicherheit von einem relationalen Konzept.

Was ist Sicherheit? Baldwins sieben Fragen und die komplexeren Antworten
Deshalb muss man, um sinnvoll über Sicherheit sprechen zu können, eine ganze Reihe von Fragen klären. Eine mögliche Kombination hat David Baldwin aufgezeichnet, insbesondere mit dem Anspruch, das Konzept von Sicherheit zu entwirren von den oft mit ihm verbundenen normativen Argumenten (was sollte geschützt werden) und den empirischen Beobachtungen zu einzelnen Bedrohungen:[42]

1. Sicherheit für wen?
2. Welche Werte sollen sicher sein?
3. Gegenüber welchen Bedrohungen/Risiken?
4. Durch den Einsatz welcher Mittel?
5. Wie viel Sicherheit soll erreicht werden?
6. Zu welchen Kosten?
7. Über welchen Zeithorizont?

Ein Blick auf diese Fragen und der Versuch, sie für zwei Akteure oder zwei Epochen zu beantworten, dürfte zeigen, dass wir schnell von sehr unterschiedlichen Dingen in Sachen Sicherheit reden, wenn es konkret sein soll, also es um politische Probleme und Lösungen geht.

Einen systematischen Überblick, wie sich die Antworten vor allem für die ersten drei Fragen von Baldwin im Laufe der letzten Jahrzehnte verändert haben, liefert Christopher Daase.[43] Dabei ist der Begriff nicht unschärfer, aber immer komplexer geworden, und das über vier Dimensionen:

1. Die Art der Gefahren (Gefahrendimension),

2. der Raum, der betrachtet wird (Raumdimension),
3. das Referenzobjekt(wer oder was soll sicher sein?) (Referenzdimension),
4. die Quelle der Gefahren (Sachdimension).

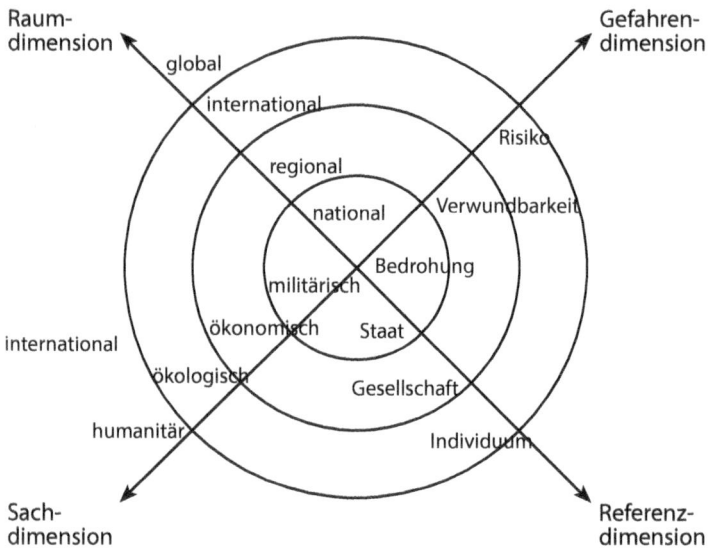

Die vier Dimensionen des erweiterten Sicherheitsbegriffs (C. Daase)

Das Dilemma der wachsenden Sicherheitsagenda

Diese Differenzierung erlaubt es, neuere Entwicklungen wie etwa eine feministische (Außen-)Politik im Konzept von Sicherheit und dessen Weiterentwicklung zu verorten. Doch jenseits der analytischen Übersichtlichkeit wird hier ein wachsendes Dilemma deutlich: Diese Vielzahl von Themen auf der Sicherheitsagenda ist das Ergebnis einer pluralistischen Sicherheitskultur. Die Agenda erweitert sich. Sie ist das Gegenteil einer Prioritätenliste.

Die so tendenziell ständig wachsende politische Sicherheitsagenda wird zunehmend zum Dilemma: Das Sicherheitsbedürfnis pluraler Gesellschaften ist hoch, womöglich so hoch, dass staatliche und internationale Akteure diese Sicherheit nicht mehr herstellen können. Dies führt zu politisch handfesten Entscheidungszwängen, wenn Baldwins Fragen fünf bis sieben beantwortet werden sollen: wie viel Sicherheit, zu welchem Preis und für wie lange. Dann wird die bis dahin egalitäre Agenda priorisiert werden müssen. Dieses Problem wird uns in den nächsten Kapiteln begegnen.

3.2 Europäische Sicherheitsordnung in historischer Perspektive

Heutzutage denken viele Menschen bei der europäischen Sicherheitsordnung oder -architektur sicherlich an das umfangreiche Geflecht von Vereinbarungen, Prinzipien und Institutionen, das in Europa geschaffen wurde, um Sicherheit sowohl in Europa als auch für Europa zu gewährleisten. Diese Errungenschaft wurde vor allem seit dem Ende des Zweiten Weltkriegs in den letzten Jahrzehnten erzielt. Es ist jedoch wichtig zu erkennen, dass die Ordnung in Europa einem ständigen Wandel unterliegt. Krieg und Krisen sind in Europa keine Seltenheit, sondern prägen die Geschichte des Kontinents. Beispielsweise erinnern wir uns an Ereignisse wie die Kreuzzüge, den Dreißigjährigen Krieg oder den Zweiten Weltkrieg.[44]

Obwohl Europa in den letzten 80 Jahren längere Friedensphasen (im Sinne von kriegsloser Zeit) erlebt hat, waren diese letzten Endes mit der Bedrohung der gegenseitigen Vernichtung durch nukleare Waffen sowie der Präsenz von Millionen von Soldaten auf beiden Seiten des Eisernen Vorhangs erkauft.

Die Sicherheitsordnung, die hauptsächlich von Sicherheitsinstitutionen geprägt ist, entstand als Ergebnis des Zweiten Weltkriegs, insbesondere weil sich die USA bereit erklärten, ihre Macht teilweise durch internationale Regeln und Institutionen zu begrenzen.

Diese regelbasierte Ordnung konnte nicht alles regeln, aber sie unterscheidet sich grundlegend von einer Ordnung, die auf Macht- oder Einflusssphären basiert. Letztere teilt die Welt in exklusive Zonen auf, in denen die Handlungsfreiheit der Staaten und die Organisation der

Sicherheit allein von der Machtbalance zwischen den Staaten, sowohl militärisch als auch wirtschaftlich, abhängen. In einem regelbasierten System werden diese Machtverhältnisse hingegen durch internationales Recht und Regeln begrenzt. Dieses System wurde von den Staaten in den letzten 100 Jahren schrittweise entwickelt. Dabei lag der Schwerpunkt auf der Ausweitung und Vertiefung der regelbasierten Ordnung, die oft als „Stärke des Rechts" im Gegensatz zum „Recht des Stärkeren" beschrieben wird.

Zuvor galt das Westfälische System als Errungenschaft, das hauptsächlich das Prinzip der Souveränität etablierte: die alleinige Zuständigkeit eines Staates für seine inneren Angelegenheiten. Erst der Briand-Kellogg-Pakt von 1928 brachte die Ächtung des Krieges als normale Form der Beziehungen zwischen diesen souveränen Staaten.

Jedoch baute auch das System nach Ende des Zweiten Weltkriegs auf dem Jalta-Abkommen von Februar 1945 auf, das die Einflusssphären der zukünftigen Siegermächte, nämlich die UdSSR, die USA und das Vereinigte Königreich, festlegte. Erst mit der Schlussakte von Helsinki der Konferenz über Sicherheit und Zusammenarbeit in Europa (KSZE) im Jahr 1974 wurden die Unverletzlichkeit von Grenzen verankert. Der letzte Meilenstein war die Charta von Paris im Jahr 1990, die Demokratie zur einzigen legitimen Regierungsform der unterzeichnenden Staaten erklärte.

Die Grundsätze der westlichen Friedensordnung, wie der Schutz von Menschen- und Bürgerrechten, Rechtsstaatlichkeit, die Unverletzlichkeit von Grenzen, die Bereitschaft zur friedlichen Beilegung internationaler Streitigkeiten und das Recht auf freie Wahl von Bündnissen, werden an anderen Orten der Welt keineswegs anerkannt. Während wir in Europa diese Grundsätze als Stärke betrachten, werden sie von anderen Akteuren als Schwäche oder sogar Dekadenz angesehen. Versuche, diese Grundsätze auf zivile Weise zu verteidigen, werden oft mit Gewalt beantwortet – die russische Annexion der Krim ist dafür ein Beispiel. In großen Teilen der Welt bleibt Gewalt die vorherrschende Währung in zwischenstaatlichen und gesellschaftlichen Konflikten. In Bürgerkriegsökonomien wird Gewalt sogar zur Existenzgrundlage.

Das Ende des Kalten Krieges bedeutete nicht für alle in Europa den Beginn einer friedlichen Ära. Oftmals führte der Zusammenbruch der alten Ordnung zu Sezessions- und Bürgerkriegen, insbesondere entlang der Peripherie der zerfallenden Sowjetunion, wie zum Beispiel in Georgien. Der grausame Höhepunkt in Europa waren die Balkankriege, bei denen zunächst Jugoslawien in einzelne Staaten zerfiel und später das Kosovo seine Unabhängigkeit erlangte.

So war auch das Ende der europäischen Friedensordnung nach dem Kalten Krieg nicht erst mit 2014 oder 2022 eingeläutet. Das ist eine sehr westeuropäische Sicht, die mit der Erzählung vom Ende der Geschichte (Francis Fukuyama) noch unterstrichen wurde. Doch wie ein Überblick zeigt, erlebten einige Regionen die letzten Jahrzehnte, anders als die Westeuropäer, nicht als eine Phase des Friedens.

Überblick über Konflikte und Kriege in und um Europa nach Ende des Kalten Krieges
Jugoslawienkriege (1991–2001) Transnistrien-Konflikt (1990–1992) Tschetschenien-Kriege (1994–1996 und 1999–2009) Georgisch-Abchasischer Konflikt (1992–1993) Georgisch-Südossetischer Konflikt (1991–1992 und 2008) Aserbaidschanisch-Armenischer Konflikt um Bergkarabach (1992–1994 und 2020) Konflikt in Nordirland (1969–1998) Russischer Krieg gegen die Ukraine (seit 2014) Konflikt in Nordmazedonien (2001) Konflikt in Nordzypern (seit 1974)

3.2.1 2007–2017 der Krisenbogen wird zum Flächenbrand

Die letzten Jahre europäischer Sicherheitspolitik lesen sich wie ein Stakkato von Krisen, die Europa und die westliche Staatenwelt in seinen Grundfesten erschüttern.[45] Dabei ist der Westen zwischendurch selbst sein größter Feind geworden: Mit dem Amtsantritt von US-Präsident Trump 2017 drohte der wichtigste Sicherheitsanker der Europäer, vor allem der Deutschen, ins Wanken zu geraten. Ein Rückblick auf die letzten anderthalb Jahrzehnte zeigt folgende Dinge:

- Der Krisenbogen in der europäischen Nachbarschaft hat sich nicht nur ausgeweitet, sondern auch intensiviert – hin zu einem Flächenbrand. Waren diese Krisen bis vor Kurzem noch zukünftige Risiken, haben sie sich mittlerweile in reale Bedrohungen verwandelt.
- Gleichzeitig ist Europa mit einem komplexen Mix aus traditionellen und neueren Herausforderungen im Sicherheitsbereich konfrontiert: Das verdeutlicht das vorübergehende Erstarken des IS gleichermaßen wie die Flüchtlingskrise und die Instabilität in Nordafrika und dem Mittleren Osten.
- Neben Instabilität von außen führen auch innereuropäische Defizite und Schwächen Europa in Krisen: Cyberattacken, vor denen Experten seit Jahren gewarnt hatten, sind nun Alltag. Hinzu kommt die Einflussnahme auf europäische Gesellschaften durch koordinierte Desinformationskampagnen – sei es bei Wahlen in Frankeich oder bei gesellschaftlich sensiblen Themen wie Flüchtlingen oder NATO-Übungen.
- Darüber hinaus beobachten wir das Wachsen von rechten Anti-Establishment-Bewegungen, wie etwa der AfD in Deutschland oder des Front National in Frankreich, die die wachsende Anti-EU-Stimmung nutzen und weiter fördern. Sie wollen die Einheit der EU aufbrechen, indem sie fordern, viele Politikfelder zu renationalisieren.

Dass die vergangenen 15 Jahre krisengetrieben waren, veranschaulicht eine kurze Rückschau:

2008: Im Rückblick erscheint der **Georgienkrieg** als eine Warnung vor den Ambitionen Russlands. Obwohl der Konflikt an der europäischen Peripherie stattfand und keinen EU- oder NATO-Staat direkt betraf, nutzte Russland den Krieg, der nach einer langen Eskalation durch Georgien begonnen wurde, um die Expansion des Westens zu verhindern. Georgien strebte eine Mitgliedschaft in der NATO an und eine Annäherung an Europa. Die EU und der Westen haben ein Interesse an stabilen, demokratischen Marktwirtschaften in ihrer Nachbarschaft. Der kurze Krieg zerschlug die Hoffnungen auf beiden Seiten. Russland schaffte es, die georgische Regierung zu destabilisieren und neben Abchasien einen weiteren Teil des Landes „autonom" zu machen, was zu einer Veränderung der Grenzen in Europa führte, wie beispielsweise der Unabhängigkeitserklärung von Südossetien.

2009: Die Finanz- und Eurokrise verdeutlichte Europa, dass ökonomische Instabilität die innere Sicherheit gefährden kann. Die Auswirkungen der Krise sowie die Rettung mehrerer EU-Staaten vor dem drohenden Staatsbankrott haben die EU gespalten – sowohl zwischen ärmeren und reicheren Staaten als auch in Bezug auf die Frage, wie viel Solidarität möglich ist und wie viel Eigenverantwortung die EU-Mitglieder tragen sollten. Trotz der Rettungsmaßnahmen bestehen bis heute Risiken, da einige Staaten immer noch hohe Schuldenlasten tragen und wirtschaftlich keine Aussicht auf Besserung haben. Dadurch setzt sich die Spaltung in Europa fort. Gleichzeitig bietet dies einen Nährboden für EU-skeptische und populistische Gruppierungen, die Wohlstandsversprechen machen, wenn die Bürgerinnen und Bürger nationale statt europäische Lösungen wählen würden.

2010: Im Jahr 2010 fand der **Arabische Frühling** statt, bei dem große Teile der Bevölkerung in zahlreichen Ländern des Mittleren Ostens und Nordafrikas (MENA) gegen ihre autoritären Regime und Herrscher protestierten. Bedauerlicherweise führten diese Proteste nicht zu grundlegenden Veränderungen, und die Annäherung an demokratische und marktwirtschaftliche Prinzipien blieb größtenteils aus. Dies hat erhebliche sicherheitspolitische Auswirkungen auf Europa: Die soziale und wirtschaftliche Lage in den meisten Ländern hat sich verschlechtert, und fast alle autoritären Regime konnten ihre Herrschaft erneut festigen. Bürgerkriege halten bis heute in Syrien, Libyen, Jemen und Irak an, und andere Akteure intervenieren in diesen Konflikten. Diese Interventionen sind Teil eines geostrategischen Wandels in der MENA-Region, bei dem die

Türkei, der Iran, Saudi-Arabien und Ägypten bestrebt sind, ihre Machtpositionen zu sichern oder auszubauen. Dadurch wird der Nahostkonflikt weiter angeheizt.

Nach dem Zusammenbruch der Machtstrukturen konnten sich radikale und terroristische Gruppierungen wie Al-Qaida und der IS in dem entstandenen Machtvakuum ausbreiten. Diese Organisationen tragen nun den Terrorismus nach Europa. Zusätzlich fliehen Hunderttausende Menschen aus der Region in Richtung Europa, was zu einer Flüchtlingskrise führt. Um die Stabilität wiederherzustellen und insbesondere den Flüchtlingsstrom einzudämmen, erwägt Europa nun sogar die Akzeptanz von autokratischen Herrschern als Partner, wie zum Beispiel des ägyptischen Präsidenten. Dies stellt einen Wandel in der Politik dar, der darauf abzielt, die Sicherheit zu gewährleisten und die Folgen der Krisen in der MENA-Region zu bewältigen.

2011: Libyen versank im Chaos, als der Machthaber Gaddafi gestürzt wurde und ein Bürgerkrieg ausbrach. Der Westen, insbesondere Frankreich und Großbritannien, drängten auf eine Intervention. Obwohl diese militärisch erfolgreich war, hinterließ sie ein Land im Chaos. Diese Intervention verdeutlichte zwei wichtige Punkte:

1) Europa ist ohne die militärische Unterstützung der USA nicht in der Lage, wirksam zu handeln. Die USA verfügen über entscheidende militärische Fähigkeiten wie Aufklärung und auch Munition, über die die Europäer entweder nicht verfügen oder nur begrenzt.

2) Rein militärische Interventionen ohne eine klare Nachkriegsstrategie schaffen weniger Sicherheit, nicht mehr. Es wurde deutlich, dass es für langfristige Stabilität und Sicherheit notwendig ist, über eine umfassende Strategie für den Wiederaufbau und die politische Entwicklung des betroffenen Landes zu verfügen.

2013: Erster russischer Angriff auf die Ukraine. Der Krieg in der Ukraine und Russlands Annexion der Krim haben die grundlegenden Strukturen der europäischen Sicherheitsordnung erschüttert, die von den europäischen Staaten gemeinsam in der Schlussakte von Helsinki

(1975) und der Charta von Paris (1990) vereinbart wurden. Diese Abkommen legen Prinzipien fest, darunter die Unverletzlichkeit von Grenzen, das Recht auf freie Wahl von Bündnissen und die friedliche Beilegung von Konflikten.

2014: Im Gegensatz zum Beispiel Libyen hielten sich die USA und die Europäer im Konflikt in **Syrien** gezielt zurück, da eine militärische Intervention für sie undenkbar schien. Dadurch verwandelte sich Syrien in ein Land, das von vielen Parteien umkämpft und zum Schauplatz der regionalen Akteure im Nahen Osten wurde. Es wurde auch zu einem potenziellen Ausgangspunkt für eine Umwälzung in der gesamten Region des Nahen Ostens. Syrien verdeutlichte das Dilemma externer Akteure bei der Entscheidung für oder gegen eine Intervention. Der Bürgerkrieg ermöglichte es Russland jedoch, sich mit Waffengewalt wieder an den Verhandlungstisch der internationalen Diplomatie zurückzubringen, indem es vehement Partei für die Machthaber in Syrien ergriff.

2015: Das Erstarken des IS und die Flüchtlingskrise stellen bedeutende Ereignisse dar, die sich zwar in einer Reihe von Veränderungen seit 2010 einordnen lassen, jedoch direkte Auswirkungen auf Europa und Deutschland haben. Die Krise erreichte die Bundesrepublik in Form einer großen Anzahl von Flüchtlingen. Dadurch wird deutlich sichtbar, wie externe Krisen die innere Sicherheit beeinflussen können, ebenso wird die Tatsache unterstrichen, dass Nichthandeln in der internationalen Politik Konsequenzen hat. Darüber hinaus wurde Europa vom Terrorismus des IS getroffen. Nach den Terroranschlägen in Paris erhöhte Deutschland sein Engagement im Kampf gegen den Terrorismus und trat der Anti-IS-Koalition bei. Obwohl der IS seit 2019 als militärisch stark geschwächt gilt, ist seine Ideologie damit noch nicht besiegt.

2017: Unter der Präsidentschaft von Donald Trump spaltete sich die transatlantische Gemeinschaft, da seine Rhetorik und verschiedene Schritte die Sicherheit Europas beeinträchtigten. Im Juni 2017 trat er aus dem Pariser Klimaabkommen aus, was die Sorge über die Zuverlässigkeit der USA als Sicherheitspartner in Europa verstärkte. Seine Drohungen und Missverständnisse bezüglich der Rolle der NATO und der USA in der Allianz lösten Besorgnis aus. Die Kündigung des Iran-Atomabkommens (JCPOA) im Jahr 2018 führte zu Spannungen zwischen den USA und europäischen Partnern, die das Abkommen weiterhin unterstützten. Diese einseitige Entscheidung hatte Auswirkungen auf die Stabilität im Nahen Osten und die europäische Sicherheit. Zudem führte Trump einen Handelsstreit mit der Europäischen Union und verhängte Strafzölle auf europäische Produkte wie Stahl und Aluminium. Dies führte zu Spannungen im transatlantischen Handel und belastete die Wirtschaftsbeziehungen zwischen den USA und Europa.

3.3 Der russische Angriffskrieg gegen die Ukraine beendet die kooperative Sicherheitsordnung in Europa

Mit dem erneuten Krieg gegen die Ukraine seit Februar 2022 hat Russland endgültig die europäische Sicherheitsordnung verlassen, die ein gemeinsames Miteinander und Kooperation vorsah. Diese Ordnung basierte auf Prinzipien wie territorialer Integrität, friedlicher Konfliktlösung, Souveränität und freier Wahl von Bündnissen, die sowohl von der ehemaligen Sowjetunion als auch von Russland, anderen europäischen Staaten und den USA in Grundsatzdokumenten wie der Helsinki-Schlussakte, der Charta von Paris und der NATO-Russland-Grundakte festgeschrieben wurden.[46]

Aus Sicht des Westens hat sich diese Ordnung bewährt und wurde von der EU, der NATO und der OSZE getragen. Insbesondere Deutschland konnte sich in diesem Rahmen sowohl wirtschaftlich als auch politisch gut entwickeln. Der integrative und kooperative Ansatz in der Zusammenarbeit mit Russland entsprach den deutschen außenpolitischen Prioritäten, die auf Zusammenarbeit, Diplomatie statt Machtpolitik, Energie- und Handelspartnerschaften sowie militärischer Zurückhaltung ausgerichtet waren.

3.3.1 Russlands langer Abschied aus dem gemeinsamen Haus Europa

Heutzutage lässt sich feststellen, dass Russland und andere Staaten schon seit langem unterschiedliche Vorstellungen darüber hatten, wie Sicherheit erreicht und wie Staaten miteinander umgehen sollten. Spätestens ab Mitte der 2000er Jahre gab es deutliche Anzeichen dafür, dass Russland seine Interessen durch Konfrontation und Gewalt durchsetzen würde und der Ansicht war, dass Sicherheit aus eigener Macht und Kontrolle über andere Staaten resultiere. Wo dies nicht möglich war, erhöhte Russland die Kosten für andere Staaten, um Stabilität aufrechtzuerhalten, wie dies bei russischen Interventionen in Mali oder der Ukraine deutlich wurde.

Deshalb betrachtete Russland die europäischen Strukturen aus seiner Sicht zunehmend als unzureichend. Moskau teilte die positive Bewertung der gemeinsamen europäischen Sicherheitsordnung durch westliche Staaten nur bedingt. Die gemeinsamen Foren wie die OSZE funktionierten nur mäßig, und die Sicherheitsgestaltung lag zunehmend in den Händen der EU und der NATO. In dieser Ordnung hatte Russland weder ein Mitspracherecht noch ein Vetorecht. Stattdessen wurden Sonderformate wie der NATO-Russland-Rat oder EU-Russland-Gesprächsrunden eingerichtet. Aus russischer Sicht spielte Moskau in dieser Ordnung keine angemessene Rolle. Vorstöße, eine gemeinsame europäische Ordnung aufzubauen, wie beispielsweise der Vorschlag von Dmitri Medwedew im Juni 2008 zur Schaffung einer gesamteuropäischen Sicherheitsordnung, blieben ergebnislos, auch weil der Vorteil im Vergleich zur OSZE nicht klar war.[47] Es fehlte zunehmend eine gemeinsame Wertebasis und das Vertrauen für eine Kooperation. Die meisten westlichen Staaten nahmen diese russische Unzufriedenheit mit den bestehenden Strukturen in Europa, die von vielen NATO- und EU-Staaten geschätzt wurden, nicht wahr.

Russland hatte jedoch schon lange den Weg einer kooperativen Friedensordnung in Europa verlassen. Wie bereits oben aufgeführt, hat sich Russland seit 1991 mehrmals militärisch in seiner direkten Nachbarschaft engagiert, um entweder den Zusammenbruch des eige-

nen Landes zu stoppen (wie in Tschetschenien) oder seine Einflusssphären zu erhalten oder auszuweiten (wie in Georgien 2008 und der
Ukraine 2014). Später kamen Expeditionseinsätze zur Unterstützung
befreundeter Machthaber und zur eigenen Machtausweitung hinzu,
wie in Syrien oder Libyen, unter Einsatz der Söldnertruppe „Wagner".

Viele mittel- und osteuropäische Staaten hatten schon lange zuvor davor gewarnt, dass Russland sich nicht an die Regeln halten
würde und seine Ziele notfalls militärisch durchsetzen würde. Doch
die meisten anderen europäischen Staaten nahmen diese Warnungen
nicht ernst. Auch weitere Indizien wie die zunehmende autoritäre innenpolitische Entwicklung in Russland, die Einschränkungen der Zivilgesellschaft, die Unterdrückung der Opposition (wie der Mord an
der Menschenrechtsaktivistin Anna Politkowskaja 2006 oder die Ver-
giftung des Oppositionellen Alexei Nawalny 2020), die Einmischung
in andere Staaten (wie der Mord im Tiergarten in Berlin 2019 oder
der Giftanschlag auf den ehemaligen Spion Sergei Skripal 2018 im
Vereinigten Königreich) haben nicht zu einer systematischen Ände-
rung der Politik geführt.[48]

Obwohl die EU nach der Annexion der Krim 2014 umfassende
Sanktionen gegen Russland verhängt und die NATO eine Neuausrichtung und Fokussierung auf Bündnisverteidigung beschlossen hat,
blieb die energiepolitische Abhängigkeit Deutschlands und anderer
EU-Staaten von Russland bestehen und wurde durch die 2015 be-
gonnene Pipeline Nord Stream 2, also nach der Annexion der Krim,
sogar verstärkt.

3.3.2 Die kooperative Sicherheitsordnung
endet im entgrenzten Krieg

Erst im Jahr 2022 und nach dem Angriff auf die Ukraine wurde es
für die Europäer unvermeidlich zu erkennen, dass Russland sich von
dem europäischen Konsens zur Friedensordnung verabschiedet hatte.
Die frühere Friedensordnung oder kooperative Sicherheitsordnung, in der westeuropäische Staaten eine Partnerschaft mit Russ-

land anstrebten, ist zusammengebrochen. Es ist jedoch unklar, was in Zukunft geschehen wird. Dennoch ist bereits absehbar, dass sich die europäischen Staaten auf eine dauerhafte Veränderung hin zu einer konfrontativen Sicherheitsordnung in Europa einstellen müssen, in der die Sicherheit nicht mehr mit Russland funktioniert, sondern in Abgrenzung von und sogar gegen Russland.

Diese konfrontative Dimension ergibt sich nicht aus dem Willen der EU- und NATO-Staaten, sondern daraus, dass Russland den kooperativen Ansatz durch militärische Stärke ersetzt hat und durch den Angriffskrieg auf die Ukraine das Völkerrecht gebrochen hat. Putin hat in Gesprächen und Verhandlungen getäuscht. So hatte er im Februar 2022 Bundeskanzler Olaf Scholz und dem französischen Präsidenten Emmanuel Macron kurz vor Kriegsausbruch bei einem der zahlreichen Schlichtungsversuche zugesagt, dass es keinen Krieg geben würde. Damit fehlt die wesentliche Grundlage für gemeinsame Absprachen und eine stabile Zukunft: das Vertrauen in die Berechenbarkeit der Moskauer Führung.

Die Ziele und Mittel des russischen Angriffskrieges sind darauf ausgerichtet, Gewalt zu eskalieren. Moskau strebt nicht nur einen Austausch der politischen Führung an, sondern auch die militärische Neutralisierung des Landes und den Austausch der Bevölkerung. Es möchte die ukrainische Identität auslöschen. Daher erleben wir neben der Zerstörung, die mit jedem Krieg einhergeht, weitere dramatische Entwicklungen: die Zerstörung der zivilen Infrastruktur, Deportationen sowie systematische Tötung und Misshandlung von Zivilisten. Kriegsverbrechen wie in Butscha werden nicht nur billigend in Kauf genommen, sondern sind Teil der Kriegsstrategie. Der russische Präsident hat sogar die dort stationierten Einheiten ausgezeichnet. Die russische Regierung hat bisher Versuche zur Beendigung des Konflikts ignoriert und hofft, ihre Interessen militärisch durchsetzen zu können.

Daraus ergibt sich auch, dass, solange Präsident Putin an der Macht ist, es keine stabile kooperative Ordnung mit Russland geben wird, da Stabilität entweder eine gemeinsame Wertebasis oder zumindest ein Verständnis für geltende Regeln erfordert, die eingehalten werden müssen. Doch weder eine gemeinsame Wertebasis noch ein einfacher Regelrahmen existieren. Zudem haben die westlichen Staaten aufgrund wiederholter Regelverstöße, angefangen von der Verletzung des INF-Vertrags über den Krieg im Jahr 2014 bis hin zum völkerrechtswidrigen Angriffskrieg 2022 und dem Bruch jeglicher Regeln im Krieg (wie der Tötung von Zivilisten und der Zerstörung ziviler Infrastruktur), zu Recht wenig Vertrauen in die Verlässlichkeit Russlands.

Der Übergang von der alten kooperativ-integrativen Ordnung zur neuen konfrontativen Ordnung gegen und in Abgrenzung von Russland bedeutet eine dauerhafte Veränderung. Es handelt sich nicht um einen vorübergehenden Wandel, der in einigen Monaten vorüber sein wird. Dieser Wandel wird die europäische Ordnung für Jahrzehnte prägen. Zudem erfordert dieser Wandel, dass Grundannahmen überdacht werden und man sich von traditionellen Ansätzen verabschiedet, auf die Deutschland bisher vertraut hat, wie etwa dem „Wandel durch Handel" und der Konfliktvermeidung durch Interdependenz.

3.3.3 Blick in die Zukunft: Dauerhafter Konflikt statt Krieg und Frieden

Das zentrale Element der neuen Ordnung in Europa besteht darin, dass Krieg und Frieden nicht mehr die wesentlichen Kennzeichen sind, sondern der Konflikt – oberhalb der Schwelle des Friedens und unterhalb der Schwelle eines offenen Krieges. Es ist daher notwendig, den einfachen Dualismus von Krieg und Frieden zu überwinden: Das Gegenteil von Krieg ist nicht zwangsläufig Frieden, sondern Unfrieden und Konflikt. Seit dem russischen Angriff auf die Ukraine und der Annexion der Krim im Jahr 2014 herrscht in der Ukraine zwar kein offener Krieg, aber auch kein Frieden. Russland hat das Land mit einem anhaltenden Konflikt überzogen, der sich in Form von Falschinformationen, Cyberangriffen, wirtschaftlichem Druck und kleineren militärischen Zusammenstößen an der Kontaktlinie manifestiert.

Krieg und Frieden lassen sich nicht mehr klar voneinander trennen, und Konflikte sind kaum noch klar abgrenzbar. Eine Konfliktordnung in Europa bedeutet daher, dass die Abgrenzung von Russland nicht friedlich sein wird, aber nicht unbedingt in Form eines traditionellen Krieges wie dem aktuellen Krieg gegen die Ukraine stattfinden muss. Im Rahmen einer neuen konfrontativen Ordnung in Europa müssen sich die Europäer darauf einstellen, dass sie sich in einer dauerhaften Auseinandersetzung befinden werden, sei es mit Russland oder China. Dieser Konflikt wird sich mal intensivieren und mal abschwächen.

Er wird voraussichtlich von Russland und China auf alle Lebensbereiche ausgeweitet und nicht nur militärisch geführt werden. Politik, Gesellschaft und Individuen werden zum Ziel von Angriffen. Das Ziel besteht darin, die internen Strukturen des Westens zu schwächen: den gesellschaftlichen Zusammenhalt, demokratische Institutionen, Freiheit und Pluralität sowie funktionierende kritische Infrastrukturen. Dies kann durch Cyberangriffe auf Parlamente und Wirtschaftsinstitutionen, durch die Verbreitung von Falschinformationen, den Aufkauf von kritischen Infrastrukturen wie Häfen oder die Unterwanderung von Forschungseinrichtungen geschehen. Damit wird auch deutlich, dass schützenswerte kritische Infrastrukturen nicht nur technischer Natur sind, wie beispielsweise Elektrizitätswerke, sondern auch politisch-gesellschaftlicher Natur. Demokratische Strukturen stellen ebenfalls eine schützenswerte kritische Infrastruktur dar. Diejenigen, die diese Konflikte gewinnen, sind jene, die verschiedene Bereiche miteinander vernetzen und die Intensität ihres Vorgehens je nach Bereich variieren können.

3.4 Die Konturen einer neuen Sicherheitsordnung in Europa

In dieser Konfliktordnung sind umfassende Anpassungen auf politischer, wirtschaftlicher und verteidigungspolitischer Ebene erforderlich, wenn die europäischen Staaten bestehen wollen. Diese Anforderungen und Empfehlungen spiegeln sich auch in der Debatte über die Handlungsfähigkeit und strategische Souveränität Europas wider. Es besteht weitgehender Konsens darüber, dass Europa wesentlich mehr investieren muss, um sein eigenes Schicksal bestimmen zu können. Gleichzeitig verdeutlicht der Krieg schmerzhaft die Grenzen dieser Handlungsfähigkeit. Insbesondere im Bereich der Souveränität, nämlich der Sicherheit und Verteidigung, ist Europa weiterhin von den politischen, konventionellen und nuklearen Beiträgen der USA abhängig.

3.4.1 Die politische Dimension einer Konfliktordnung

Um politisch bestehen zu können, müssen die Europäer ihr politisches System widerstandsfähiger gegen Einflussnahme und Angriffe gestalten. Dies erfordert Maßnahmen auf verschiedenen Ebenen. Im Bildungsbereich sollten moderne Lehrpläne entwickelt werden, die den Umgang mit Falschinformationen vermitteln. Effiziente Mechanismen zur Überprüfung der Parteienfinanzierung und zum Schutz demokratischer Institutionen vor Unterwanderung sind ebenfalls erforderlich. Auf EU-Ebene sollten die Mitgliedstaaten eine geopolitischere Denkweise annehmen. Sie sollten gezielt die Länder einbeziehen, die Russland als seine Einflusssphäre betrachtet und die es nutzen möchte, um gegen die EU vorzugehen, sei es durch politische Aufwiegelung auf dem Balkan, in Moldau, der Ukraine, Belarus oder auf dem afrikanischen Kontinent, z. B. in Mali.

Gleichzeitig sollten die EU-Staaten das Konzept des „Westens" neu etablieren, nicht als geografisches Konzept, sondern als normatives. Der Westen würde dann weltweit Staaten umfassen, die Ideen und Prinzipien wie Demokratie, Freiheit und Rechtsstaatlichkeit teilen. Dies umfasst die transatlantischen Partner USA und Kanada, aber auch Japan, Australien und andere, die sich zu diesen Prinzipien bekennen. Dabei sollte das Konzept des Westens nicht in ein „der Westen gegen den Rest" ausarten. Vielmehr sollte versucht werden, so viele Staaten wie möglich von diesen Ansätzen zu überzeugen, insbesondere zögerliche Staaten wie Indien oder Südafrika.

Für die EU ist es entscheidend, dass sie nur dann ein glaubwürdiger internationaler Akteur sein kann, wenn sie ihre eigenen Prinzipien ernst nimmt. Auch wenn Russland das Völkerrecht bricht, müssen Demokratie, Rechtsstaatlichkeit und Völkerrecht für Europa unverhandelbar bleiben. Diese Prinzipien unterscheiden Europa von Autokratien. Dies erfordert von den Europäern, diese Prinzipien auch bei sich selbst durchzusetzen, beispielsweise in Bezug auf die Rechtsstaatlichkeit in Ungarn und Polen, um ihre Glaubwürdigkeit nicht zu verlieren.

3.4.2 Die ökonomische Dimension einer Konfliktordnung

Als Antwort auf den Krieg haben sich die Europäer wirtschaftlich auf Sanktionen gegen Russland geeinigt und eine umfassende wirtschaftliche Abkopplung angestrebt. Dies erfordert eine grundlegende Neuorganisation ihres Wirtschaftssystems. Es gilt, angemessen auf die Folgen der Sanktionen zu reagieren, etwa durch Diversifizierung im Energiebereich, und Trade-offs bei der Verteilung knapper Ressourcen zu berücksichtigen.

Die westlichen Sanktionen haben auch für Europa hohe Kosten, da es sich in eine einseitige Abhängigkeit von russischem Öl und Gas begeben hatte. Angesichts einer Konfliktordnung müssen die Europäer mit den Auswirkungen der Sanktionen auf ihre eigenen Wirtschaftssysteme umgehen, beispielsweise den Kosten für eine beschleunigte Diversifizierung der Energieversorgung. Gleichzeitig müssen sie bei der Budgetierung Abwägungen treffen und diese begründen, etwa wenn größere Summen in die Verteidigungspolitik fließen anstatt in andere Politikbereiche.

Um auch in Zukunft Wohlstand und Sicherheit zu gewährleisten, zeigen Digitalisierung und Klimawandel den Weg. Hierbei gibt es zwei Schlüsselelemente: Erstens Diversifizierung und Vorsicht bei der Auswahl von Handelspartnern, um einseitige Abhängigkeiten und Erpressbarkeiten zu vermeiden, ähnlich wie es derzeit im Hinblick auf Russland der Fall ist. Zweitens sind eine technologische Modernisierung und grüne Wirtschaft von entscheidender Bedeutung. Daher sollte das demokratische Europa bei seiner geopolitischen Ausrichtung auch einen „Grünen Marshallplan" für europäische Nachbarländer wie die Ukraine und Moldau in Betracht ziehen.

3.4.3 Die sicherheitspolitische Dimension einer Konfliktordnung

In Anbetracht der Sicherheits- und Verteidigungspolitik müssen sich die europäischen Staaten in einer Konfliktordnung in zwei Bereichen neu ausrichten. Einerseits geht es um die Widerstandsfähigkeit, Belastbarkeit und Wiederherstellungsfähigkeit gesellschaftlicher Strukturen, um Cyberangriffe, den Schutz kritischer Infrastrukturen und Fake News zu bewältigen und den Informationsraum abzusichern. Diese Widerstandsfähigkeit wird oft als Resilienz bezeichnet.

Andererseits geht es um den Schutz vor herkömmlichen militärischen Bedrohungen. Die europäischen Demokratien, Bevölkerungen und Territorien müssen vor Angriffen geschützt werden. Dafür sind einsatzfähige Streitkräfte erforderlich, um sicherzustellen, dass die europäischen Staaten Regeln wie die Unverletzlichkeit von Grenzen durchsetzen können. Zu diesem Zweck geht die NATO derzeit durch eine erhebliche Transformation. Das Bündnis reagiert dabei auf zwei wesentliche Veränderungen: Erstens: Russland ist geografisch näher an die NATO herangerückt, da es in der Ukraine und in Belarus präsent ist. Damit hat es seine Westgrenze an die NATO heran verschoben. Gleichzeitig nimmt die NATO Finnland und Schweden als neue Alliierte auf. Damit entsteht ein völlig neuer strategischer Raum im Norden Europas mit den beiden neuen Staaten sowie Norwegen, Island und den baltischen Staaten, und die Grenze zwischen der NATO und Russland wird erheblich länger: Sie wächst von ca. 1200 km auf ca. 2500 km.

Zweitens: Russland hat mit dem völkerrechtswidrigen Angriffskrieg gegen die Ukraine seine grundsätzliche Bereitschaft zur Eskalation, einschließlich nuklearer Drohungen, demonstriert. Es ist

bereit, seine Interessen mit Gewalt durchzusetzen. Dadurch hat sich
die Sicherheitslage in Europa für die absehbare Zukunft grundlegend verschlechtert. Derzeitige Schätzung dazu, wann Russland seine
Landstreitkräfte wieder aufgebaut hat, schwanken zwischen 6 und 10
Jahren. Das ist für die NATO nicht viel Zeit, sich neu aufzustellen.
Die anderen Teile der russischen Streitkräfte sind ohnehin deutlich
weniger in Mitleidenschaft gezogen. Die Grundlagen für diese Neuaufstellung wurden auf den NATO-Gipfeln 2022 und 2023 gelegt,
zusammen mit einem neuen strategischen Konzept der NATO: z. B.
neue NATO-Verteidigungspläne, höhere Alarmbereitschaft für die
NATO-Streitkräfte oder Anpassung der Kommandoketten. Die große zukünftige Frage konnte die NATO nicht lösen: Wann wird die
Ukraine NATO-Mitglied und wie wollen Europa und die NATO die
Sicherheit der Ukraine bis dahin gewährleisten?

Ein zentrales Problem bleibt, dass nicht alle NATO-Staaten genug Fähigkeiten bereitstellen, und nicht alle das gemeinsam verein-
barte Ziel erfüllen, zwei Prozent der Wirtschaftskraft für Verteidigung
auszugeben. Deshalb ist auch die seit der Annexion der Krim 2014
beschlossene Neuaufstellung der NATO noch nicht vollständig umgesetzt. Doch die NATO ist nur so stark, wie die Staaten zusammen:
Eine erfolgreiche Neuaufstellung wird von den Beiträgen der einzelnen Alliierten abhängen, insbesondere der großen wie Deutschland.

Kapitel 4
Die neue deutsche Frage

4.1 Kein Land wie jedes andere:
Zwischen Normalität und Führung

Immer wieder kommt die Debatte um Deutschlands Rolle in der Welt oder Europa auf. Ebenso regelmäßig findet sich der Verweis auf die deutsche Geschichte als Grund für den Charakter deutscher Sicherheitspolitik. Damit wird auf eine Besonderheit hingewiesen, die eine Normalisierung deutscher Politik – was auch immer das genau ist – verunmöglicht oder doch wesentlich erschwert.

Das Gewicht der Geschichte wiegt schwer – und ich kann nicht sagen, dass ich das schlimm finde. Dennoch wird es mittlerweile zu einer Bürde auch für unsere Nachbarn und Partner, die unsere Hilfe suchen. Der damalige polnische Außenminister Radosław Sikorski sagte 2011, dass er deutsche Inaktivität mehr fürchte als deutsche Macht.

Deutschlands Rolle zu beschreiben und dabei klarzumachen, dass diese Rolle nicht ohne seine Vernetzung mit Europa erklärt werden kann, das füllt Bücherbände und Forschungsprojekte – bis heute. Dennoch muss das Verhältnis angesprochen werden. Bislang habe ich fast nur über Europa oder die EU gesprochen. Es soll aber um die Optionen gehen, die Deutschland hat, um die Sicherheit Europas zu gestalten, und was dafür sein Maßstab sein soll. Für dieses Buch reicht es hoffentlich, sich an drei Linien zu orientieren:

- Die alte geopolitische Frage von Deutschland in Europa
- Die Interdependenz mit der EU
- 1989 als Scheidelinie für diese beiden ersten Punkt

4.2 Die langen Linien der Geschichte

Im Zentrum dieser Spannung zwischen wie Deutschland sich und seine Rolle sieht und wie andere es sehen, steht die deutsche Frage. Das klingt nach Geschichtsunterricht – doch die deutsche Frage ist bis heute relevant, vor allem, wenn es um das Verhältnis zwischen Deutschland und Europa geht. Ich werde nicht versuchen, große Historikerinnen und Historiker zu kopieren. Ich werde im Folgenden nur das aufzuschreiben, was ich für das Verständnis der politischen Implikationen für wichtig halte.

Die langen Linien, mit denen unsere Nachbarn auf uns blicken, sind wichtig. Ihre Geschichte mit Deutschland beginnt nicht 1949 mit der Gründung von BRD und DDR. Für Selbstverständnis und Wahrnehmung Deutschlands muss man mindestens bis zur Gründung des Deutschen Reiches 1871 zurückgehen. Deutschlands Nachbarn sahen sich durch Deutschlands wachsende Stärke politisch, ökonomisch und militärisch bedroht. Prägend bis heute war die Zeit von 1871 bis 1945.

Die politische, militärische, und wirtschaftlich Bedeutung des Deutschen Reichs veränderte ab 1870/71 die Dynamik im Konzert der Mächte Europas. Deutschlands Positionierung würde sich entscheidend auf die Handlungsoptionen der anderen Staaten Europas auswirken. Diese erste Epoche endete in der Vernichtung 1945: von Millionen von Menschen und des entstandenen nationalsozialistischen Deutschlands.

„Die Geschichte des Deutschen Reiches schien zu beweisen, dass Größe und Dynamik eines geeinten Deutschlands mit einem stabilen europäischen Staatensystem nicht verträglich waren."[49] Die Lehre für viele Staaten war, dass dieses Deutschland geprägt sei von Militarismus, anfällig für politische Extreme und es am Gespür für die Sorgen der Nachbarn mangle. Deshalb kam vielen die Teilung Deutschlands und die Einbindung der Bundesrepublik in die NATO und die EGKS[50] und dann später die EG und EU recht. Es machte Europa sicher vor Deutschland – und auch Deutschland selbst war sicher vor sich.

Deutschland entwickelte in der Zeit nach dem Ende des Zweiten Weltkrieges eine Außen- und Sicherheitspolitik, die auf die Bedingungen der verlorenen Souveränität, aber auch der sich entwickelnden sicherheitspolitischen Bedingungen und der politischen Schuld und Verantwortung gegenüber den anderen europäischen Staaten reagierte. Ähnliches galt in der Innenpolitik: Die politische Verfasstheit als demokratischer Föderalstaat sollte sicherstellen, dass eine erneute Machtkonzentration, die zur Umwandlung des Deutschen Reiches in eine Diktatur geführt hat nicht mehr möglich war.

Diese deutsche Außen- und Sicherheitspolitik, die stark von Adenauer und seiner Konzeption der Westbindung oder Westintegration geprägt war, hatte ein primäres Ziel: die Rückerlangung der vollen Souveränität Deutschlands. Diese hatte Deutschland mit der Kapitulation und den Entscheidungen der Alliierten über Deutschlands Zukunft verloren.

Das zentrale Mittel in der Außenpolitik war die Einbindung Deutschlands in internationale Strukturen und damit die gleichberechtigte Beziehung zu Staaten mit voller Souveränität über internationale Abmachungen und in internationalen Organisationen. Hier entsteht die deutsche außenpolitische DNA: die Präferenz für multilaterale Foren und internationale Kooperation. Praktisch wurde sie in der EU, der UN, der OSZE, der NATO. Im militärischen Bereich kam eine besondere Bindung hinzu: Die meisten Kommandostrukturen der Bundeswehr wurden multilateralisiert und die Planung der NATO war die Richtschnur für die nationale Planung – es gab keine eigenständigen militärischen Ziele oder Vorgaben, die sich aus einer nationalen Außen- und Sicherheitspolitik ableiten ließen. Einher ging diese Politik der Institutionalisierung mit der Idee der Verrechtlichung der internationalen Beziehungen. Recht sollte quasi an die Stelle von Politik treten, und damit die anarchischen Verhältnisse in der Weltpolitik und den Kriegen, die damit einhergehen, beenden.

Diese Prägung wurde so stark, dass Kooperation und Verrechtlichung immer öfter das Ziel zu sein schienen, nicht mehr ein Mittel der Außenpolitik – und es wurde das primäre, wenn nicht das einzige: nationale Außenpolitik ohne oder gegen internationale Partner im wahrsten Sinne des Wortes undenkbar. Dies war eine Besonderheit des neuen Deutschlands und das genaue Gegenteil zur Politik seiner Vorgängerstaaten. Auch deshalb war militärische Macht als Mittel der Außenpolitik kein Teil des Instrumentenkastens. Man hatte diesen Teil der Politik ausgelagert in die NATO.

4.3 Europäische Integration: Warum die EU so wichtig ist für die Bundesrepublik

Der EU und ihren Vorläufern kommt in dieser Westbindung eine wichtige Rolle zu: Sie beantwortet die geopolitische Frage Deutschlands. Die EU wurde zum heute unverzichtbaren rechtlichen, ökonomischen und politischen Rahmen für Deutschland – und zum Referenzpunkt seiner Außenpolitik, neben der NATO und UN.

Es war vor allem der europäische Integrationsprozess, der die deutsche Frage friedlich löste und es dem wiedervereinigten Deutschland ermöglichte, seinen Platz unter den europäischen Demokratien zurückzuerhalten. Es ist die EU, die es der Regierung in Berlin ermöglicht, sowohl innerhalb Europas als auch international eine Führungsrolle zu übernehmen – über die Kooperation in internationalen Foren. Das Wirtschaftsmodell und die Wettbewerbsfähigkeit Deutschlands hängen ebenso nachweislich von der gemeinsamen Währung und dem gemeinsamen Markt ab. Das Streben nach einem vereinten Europa ist als Staatsziel in der Verfassung verankert. Und Deutschland sieht die EU nicht nur als Träger der eigenen nationalen Interessen, sondern zunehmend auch als Bollwerk gegen äußere Bedrohungen. Diese Integration ging so weit, dass das tradierte Verständnis entstand, dass das Interesse Deutschlands und der EU identisch wären.

4.4 Nach 1989: Das Ende der Geschichte und die normative Außenpolitik

In der Phase der Widervereinigung dominierte die alte deutsche Frage: Wird Deutschland zu mächtig? Einige europäische Staaten fürchteten die Rückkehr eines Deutschlands, das die EU dominieren würde. Dabei war jedoch die militärische Frage nicht bedeutent. Die Einbindung in die internationalen Strukturen schien diese Sorgen aufzunehmen. Gleichzeitig schien aus deutscher Sicht das Modell der deutschen Außenpolitik mit der Wiedervereinigung bestätigt: Deutschland war wieder souverän und zu einer stabilen Demokratie transformiert. Multilateralismus und Verrechtlichung der Beziehungen nach außen und parlamentarische Demokratie nach innen schienen ein Erfolgsrezept. Hinzu kam die Abkehr vom Militärischen.

Die Geschichte dürfte hier enden – so der weitläufige Wunsch in Deutschland. Die Selbstbestätigung und der Wunsch, dass man am Ende der politisch gesellschaftlichen Transformation angekommen wäre, verstärkten sich gegenseitig zu einer neuen Stufe deutscher Außenpolitik. Sie nährten die Ansicht, dass das deutsche Transformationsmodell zur Blaupause für die Entwicklung der anderen europäischen Staaten nach dem Ende des Kalten Krieges taugte. Mit dieser neuen deutschen Brille war es wünschenswert und erfolgversprechend zugleich, die zentral- und osteuropäischen Staaten in die NATO und EU einzubinden. Russland erhielt schon damals eine Sonderstellung. Aber auch hier schien eine Einbindung kein Problem. Die Welt würde ein friedlicher Ort, wenn alle so würden wie Deutschland, so könnte man es verkürzt darstellen – oder: Deutschland war an seinem historischen Bestimmungort angekommen – die anderen müssten nur noch folgen. Die sicherheitspolitische Zukunft liegt in Entwicklungszusammenarbeit und ziviler Konfliktprävention, mit dem Ziel, eine Welt von Demokratien zu schaffen – militärische Macht schien keine Bedeutung zu haben oder war zumindest der falsche Weg. Störende Beispiele wie die Invasion des Irak in Kuwait, die Balkankriege und der Somalia-Einsatz – allesamt in der ersten Hälfte der 1990er Jahre – wurden weggewischt als Reste der alten Ordnung oder als Untermauerung des deutschen Ansatzes gedeutet. Die normative Dimension deutscher Politik wurde wichtiger als ihre empirische Wirkung oder Begründung: Entsprechende Grundsätze deutscher Politik basierten mehr auf dem Wunsch, wie die Welt sein sollte, als auf der Analyse, wie man realistisch dahin kommen könnte.[51]

Mit den 2000er Jahren begann eine Entwicklung, die diese Ansichten auf die Probe stellte. Mit dem Kosovokrieg 1999, dem 11. September 2001 und dem Beginn der Afghanistaninvasion 2001 und dem Einmarsch der USA in Irak 2003 kehrte die Gewalt zurück und Deutschland musste sich dazu verhalten. Dies änderte die deutsche Identität nicht – erzeugte aber eine immer größere Spannung zwischen Selbstverständnis und realpolitischen Kompromissen, in die man sich aber jedes Mal von anderen hineingezwungen sah – man selbst wollte eigentlich etwas anderes, so der Unterton.

4.5 Die deutsche Frage in der europäischen Verteidigung und die verlorene Verteidigungsidentität

Nach der Phase der Wiedervereinigung wurde die deutsche Frage neu gestellt. Sie wurde mit der Verteidigungspolitik verbunden: Wiederholt sich die historische Erfahrung unserer Nachbarn, für die Deutschland vor 1945 wegen seiner Größe und Lage im Herzen Europas ein Risiko für die Sicherheit auf dem Kontinent darstellte? Die deutsche Frage des 21 Jahrhunderts ist: Steht Deutschland bereit, seine Macht zum Schutz Europas einzusetzen, statt mit seinem Verhalten zu seiner Schwächung beizutragen. Hinzu kam die militärische Frage: Wird Deutschland seine Streitkräfte einsetzen, um Europa zu verteidigen? Die Europäer brauchen Deutschland, um eine wirksame Verteidigung in Europa zu gewährleisten.

Deutschland wurde schon seit Langem gebeten, Ermöglicher europäischer Verteidigung zu sein. Aus gutem multilateralen Reflex sagte Deutschland Ja – wusste aber nicht, wozu. Das liegt an dem, was man die verlorene Verteidigungsidentität nennenekann. Just in dem Moment, im dem Deutschland mit der Wiedervereinigung und dem Zwei-plus-Vier-Vertrag wieder ein vollständig souveräner Staat wurde, ging das Bewusstsein für die Bundeswehr als Mittel der Politik verloren – und kehrte nicht wieder.

Mit dem erhofften Ende der Geschichte entfiel sowohl der Gegner als auch der Druck, sich militärisch zu wappnen und intensiv in die multilateralen Verteidigungsstrukturen einzubringen. Zugegebenermaßen war Deutschland in guter Gesellschaft, was die Abrüstung des Militärs anging. Nur war der Grund anders gelagert. Man glaubte in Deutschland, dass von nun an zivile Friedenspolitik, Rechtsstaatlichkeit und Entwicklungszusammenarbeit ausreichen würden, um Sicherheit zu schaffen. Deutschland und Europa waren die Blaupause, die aus deutscher Sicht alle Länder und Regionen der Welt anstreben konnten und sollten.[52]

Verteidigung – als Instrument der Politik – hat in Deutschland also gerade dann ihren Wert verloren, als das Land seine volle Souveränität wiedererlangte und damit die Außen- und Sicherheitspolitik neu definierte. Davor hatte die Verteidigung einen klaren, aber begrenzten Zweck. Militärisch hatte die Bundeswehr das Ziel, die Sowjetunion abzuschrecken, politisch leistete sie ihren Beitrag für die Sicherheit des Westens, mit der NATO als Kern.[53]

Mit dem Ende des Kalten Krieges und dem raschen Rückgang der militärischen Präsenz und Argumentation in Deutschland und anderen Teilen Europas schien dies nicht mehr notwendig. Die Außenpolitik des neuen und voll souveränen Deutschlands nach dem Kalten Krieg wurde daher ohne einen Platz für die Verteidigung konzipiert. Generationen von deutschen Politikern zogen sich von verteidigungspolitischen Themen zurück. Für die meisten würde es keine politischen Erfolge mehr bringen, die Verteidigung in den Mittelpunkt ihres politischen Profils zu stellen.

So verschwand das Verständnis für die Rolle militärischer Instrumente: Die Verteidigungsidentität Deutschlands – mühsam begründet und erlernt als Nachfolgearmee der Wehrmacht, aber ohne Anknüpfung an die Tradition – verschwand langsam. Die Anwendung von Gewalt und die Androhung ihrer Anwendung waren nicht mehr Teil eines umfassenderen Sicherheitskonzepts. Jahrzehntelang existierten sie lediglich neben nichtmilitärischen Instrumenten, die ohnehin das bevorzugte Mittel waren. Abgesehen von einer eher kleinen Gruppe von Menschen ist die Grammatik der Verteidigung seitdem weder in der Politik noch in der Gesellschaft verstanden worden. Stattdessen überwiegt die Abneigung, die Relevanz von Militär- und Verteidigungsfragen zu diskutieren.[54] Der Schwerpunkt lag nun auf dem, was oft als Friedenspolitik bezeichnet wird, d. h. auf dem Einsatz nichtmilitärischer Instrumente und Ansätze zur Konfliktlösung.

Viele Vorstellungen dieser Friedenspolitik basieren auf einem recht simplen Verständnis von Frieden, der in der Abwesenheit von militärischer Gewalt besteht.[55] Obwohl diese Friedenspolitik mit dem russischen Angriffskrieg als gescheitert erklärt werden könnte, haben die Argumente bis heute erheblichen Einfluss auf die Debatte über das Schicksal der Ukraine: Nicht wenige in der deutschen Debatte gehen so weit, dass sie die Kapitulation der Ukraine als die bevorzugte Lösung propagieren. Die Sehnsucht nach Frieden, definiert als Abwesenheit von Krieg, veranlasst manche Akteure, bedingungslose Verhandlungen und die Auferlegung von als Kompromisse getarnten Friedensdiktaten für die Kriegsparteien – vor allem für die Ukraine – zu fordern.

4.6 Deutschland Anfang der 2010er Jahre – der sicherheitspolitische Tiefpunkt

Gegenüber dem deutschen Selbstbild als mustergültigem Europäer hatte sich die Welt sicherheits- und außenpolitisch in eine ganz andere Richtung entwickelt. Erst spät begann Deutschland diese Signale anzuerkennen, und dass es nachsteuern muss.

„Deutschland war noch nie so wohlhabend, so sicher und so frei wie heute. Es hat – keineswegs nur durch eigenes Zutun – mehr Macht und Einfluss als jedes demokratische Deutschland vor ihm. Damit wächst ihm auch neue Verantwortung zu.“[56] Mit diesen Worten beginnt eine einflussreiche Studie, die den Weg ebnen und Stichwortgeber sein sollte für das dann 2013 folgende Regierungsprogramm der neuen Bundesregierung.

Die Studie trug den Titel *Neue Macht – neue Verantwortung* und forderte, was in dieser Zeit immer noch nicht denkbar war: deutsche Ideen und Initiativen, aber vor allem Führung, öfter und entschiedener. Es war nicht so, dass Deutschland dies nicht konnte. Das Papier erschien fünf Jahre nach dem Beginn der Finanzkrise, in der Deutschland in Europa die Führung übernommen hatte. Es anerkannte aber die Notwendigkeit dazu nicht.

Es war einmal mehr die Sicherheitspolitik, die zum Auslöser neuer Entwicklungen wurde. Im März 2010 stieß der damalige Außenminister Westerwelle mit seiner Idee, die US-Atomwaffen aus Deutschland zu verbannen, die NATO-Alliierten vor den Kopf und stellte Deutschland an den Rand. Doch es waren vor allem die Folgen der Enthaltung bei der Abstimmung im Sicherheitsrat der Vereinten Nationen zum NATO-Einsatz in Libyen im Jahr 2011, die ein Umdenken in der deutschen Sicherheits- und Verteidigungspolitik anstießen.

Deutschland stimmte damals nicht nur gegen seine transatlantischen Alliierten, sondern auch mit China und Russland. Die Regierung erkannte erst in dem Moment der Abstimmung, in welche isolationistische Position sie sich gebracht hatte. Berlin wollte in der Folge seine Nichtbeteiligung an der NATO-Operation kompensieren und seine Bündnisfähigkeit unter Beweis stellen. In ihrer Hektik unterminierte sich die Regierung dabei erneut. Man stimmte nun der Stationierung von AWACS-Flugzeugen über Afghanistan zu – in den Monaten zuvor hatte man diese Stationierung zur Prinzipienfrage erhoben, abgelehnt und damit den gesamten Einsatz der Flugzeuge blockiert.

Die Enthaltung in der Libyen-Frage im Jahr 2011 stellt den Tiefpunkt der schlechten verteidigungspolitischen Bilanz Deutschlands dar. Das Land hatte nicht nur zahlreiche Gelegenheiten verpasst, seine erklärten politischen Ziele und seine Verbündeten in der EU und der NATO durch konkretes Handeln zu unterstützen, sondern es erschien auch so, als ob Deutschland leugnete, dass es tatsächlich

Einfluss auf den Kontext habe, in dem es agierte. Man wollte gar nicht Herr des eigenen Schicksals sein.

4.7 Die erste Zeitenwende: Der Münchner Konsens 2014 – und sein Ende

Tatsächlich bereitete das Papier *Neue Macht – neue Verantwortung* den sogenannten Münchener Konsens vor: Auf der Münchner Sicherheitskonferenz 2014 forderten der damalige Bundespräsident Joachim Gauck, Bundesaußenminister Frank-Walter Steinmeier und Bundesverteidigungsministerin Ursula von der Leyen Berlin auf, einer „neuen Verantwortung" in der Außen- und Sicherheitspolitik gerecht zu werden.[57] Die zentrale Botschaft war, dass Deutschland bereit sein sollte, sich früher, entschiedener und substanzieller in internationale Angelegenheiten einzumischen. Die traditionelle deutsche Kultur der militärischen Zurückhaltung blieben bestehen, dürften aber nicht länger als Ausrede für das Nichtstun dienen. Militärische Instrumente würden nicht das erste Mittel der Wahl sein, sollten aber auch nicht grundsätzlich ausgeschlossen werden. Die Kanzlerin jedoch fehlte in dieser Dramaturgie.

Doch noch bevor Deutschland erklären konnte, was das nun bedeuten würde, wurden die Ankündigungen auf eine harte Probe gestellt: Ende Februar 2014 begann Russland seinen ersten Angriffskrieg gegen die Ukraine – und erschütterte so eine weitere sicherheitspolitische Überzeugung Deutschlands: Russland sei ein Sicherheitspartner.

Die militärische und hybride Operation in der Ostukraine und auf der Halbinsel Krim führte zur illegalen Annexion der Krim. Langsam, aber sicher begann Deutschland, sich stärker für die direkte Reaktion der NATO zu engagieren, z. B. durch die Leitung einer multinationalen NATO-Einheit in Litauen und als Architekt der EU-Sanktionen gegen Russland. Ebenso hat Deutschland die Umstrukturierung der NATO nach der Annexion mitgestaltet und unter anderem den wichtigen Beschluss gefasst, der Abschreckung, einem Grundpfeiler der NATO-Aktivitäten, wieder mehr Gewicht zu verleihen. Im gleichen Zuge hat Deutschland seinen Verteidigungshaushalt von rund 33 Milliarden Euro (2013) auf etwa 46 Milliarden Euro (2020) erhöht. Dennoch hatten viele Beobachter den Eindruck, dass das militärische Engagement Deutschlands von dem Wunsch bestimmt war, als verlässlicher Partner wahrgenommen zu werden und nicht als militärische potente Macht.[58]

Diese Dynamik schwächte sich seit der Bundestagswahl 2017 und dem anschließenden furchtbar langen Prozess der Regierungsbildung ab. Aufgrund des politischen Schwebezustands schien die deutsche Verteidigungspolitik auf Autopilot zu laufen, d. h. weder Fortschritte zu machen noch zurückzufallen. Seit 2019 gab es jedoch deutliche Anzeichen dafür, dass auf die Stagnation ein Rückschritt folgen würde: Deutschland zog sich von seiner Rhetorik der größeren Verantwortung zurück und hielt Abstand zu strategischen und verteidigungspolitischen Fragen.

Kapitel 5
Deutschland in den 2020er Jahren:
Abhängigkeiten und ein neuer Krieg

Dramatische Verschlechterung der Aussichten

Eine halbe Dekade später fällt die Analyse des deutschen Umfeldes noch deutlich schlechter aus. Weil es viele Chancen verpasst hat, konstruktiv und früh gegenzusteuern, trifft Deutschland nun auf eine Reihe von einschränkenden Faktoren, die Sicherheit, Wohlstand oder politische Teilhabe in Zukunft begrenzen. Freiräume sind verlorengegangen oder wenigstens bedroht. Im Bericht „Smarte Souveränität – 10 Aktionspläne für die neue Bundesregierung"[59] kommt die Gruppe der „Aktionswerkstatt Außenpolitik" zu folgender Beschreibung: „Der Machtkampf zwischen den USA und China, in dem sich machtpolitische, systemische und wirtschaftliche Interessen vermengen, bleibt auf absehbare Zeit die wichtigste internationale Entwicklung. Eine wachsende Zahl von Autokratien steht im Systemkonflikt mit dem politischen Westen. Staaten wie China und Russland üben im Inneren eine zunehmend technologiebasierte Kontrolle über ihre Gesellschaften aus. Nach außen hin stellen sie die bestehende globale regelbasierte Ordnung infrage und unterlaufen das Völkerrecht. Sie errichten eigene, zumeist regionale Ordnungsstrukturen, die es ihnen erlauben, ihre Macht zu erhalten und zu mehren."[60]

Diese Konfrontation stellt Deutschland und die EU vor essenzielle Herausforderungen. Die Stabilität und Resilienz des eigenen politischen Systems, der Gesellschaftsformen und Lebensstile, die sich in der Zeit nach dem Zweiten Weltkrieg herausgebildet haben, wird infrage gestellt. Externe Akteure haben sich längst in die kritischen Infrastrukturen von Politik, Verwaltung, Sicherheit und Verteidigung, Gesellschaft und Ökonomie vorgearbeitet. Länder wie China und Russland setzen gezielt Instrumente hybrider Kriegsführung wie etwa Desinformationskampagnen ein, um demokratische Staaten zu schwächen.

Der Zusammenhalt in der EU hat in den vergangenen Jahren abgenommen, obwohl die internationale Lage den Europäern allen Anlass gibt, eng zusammenzuarbeiten. In ihrem Inneren kämpft die EU nicht nur um wirtschaftliche Kohäsion, sondern auch um Rechtsstaatlichkeit und liberale Demokratie. Die Beispiele Ungarn und Polen zeigen, wie sich persönliche, autoritäre Macht Schritt für Schritt zu Lasten der demokratischen Institutionen ausweiten lässt. Transnationale Risiken wie die COVID-19-Pandemie lassen die politische Ordnung zusätzlich fragil und angreifbar erscheinen, weil sie den Eindruck verstärken, dass die politische und wirtschaftliche Offenheit Europas eine Schwäche statt eine Stärke ist.

Viele Staaten in der unmittelbaren Nachbarschaft der EU stehen in immer größerer Abhängigkeit von Russland, China oder auch der Türkei. Der Konfliktbogen, der sich von Osten nach Süden um die EU zieht, hat sich innerhalb kürzester Zeit erweitert und intensiviert. Die Zahl der Krisen, die heute oder in absehbarer Zeit die europäische Lebensweise und Sicherheit infrage stellen, ist gestiegen. Hinzu kommen ethnische Konflikte, Ressourcenknappheit und ein Brain-Drain, die zu der politischen und wirtschaftlichen Destabilisierung einzelner Staaten und ganzer Regionen in der europäischen Nachbarschaft beitragen. In der Folge gehen Deutschland national und international immer mehr Handlungsspielräume verloren.

In dieser geopolitischen und geoökonomischen Gemengelage ist es eine besondere Herausforderung, Kollektivgüter wie Klimaneutralität oder globalen Impfschutz bereitzustellen oder die immensen politischen, wirtschaftlichen und humanitären Kosten zu tragen, die entstehen, wenn die Weltgemeinschaft an beiden Aufgaben scheitert. Von großer Bedeutung ist die Frage, wie es Deutschland und Europa angesichts der wirtschaftlichen Dominanz amerikanischer und chinesischer Akteure gelingen kann, eine so aktive Rolle zu spielen, dass sie nicht zur Übernahme der Standards anderer verdammt sind. Besonders wichtige Bereiche sind hier die Herstellung von Batterien oder grünem Wasserstoff oder das Cloud Computing.

5.1 Die neue Regierung 2021: Nur wenige Antworten und neue Impulse

Die neue deutsche Regierung ist 2021 mit dem Ziel angetreten, zumindest einige der traditionellen Herausforderungen zu lösen, die die deutsche Sicherheits- und Verteidigungspolitik für sich selbst und seine Verbündeten mit sich bringt. Im Koalitionsvertrag wurden einige der größten Hürden und Sorgen der Partner wirksam angegangen. Auch die ersten Erklärungen und Auslandsreisen der neuen Regierungsvertreter nach Frankreich, Polen, in die USA und in die Ukraine wurden von den Partnern als beruhigend empfunden. Nach diesem recht ehrgeizigen Beginn haben jedoch Zögern, inkonsistente Handlungen und Botschaften gegenüber Verbündeten, Sorgen über die öffentliche Meinung in Deutschland in Bezug auf Regierungsentscheidungen und irritierend übervorsichtige Handlungen in Bezug auf Russland die ursprünglich positiven Eindrücke überschattet. Das deutsche Pendel schien wieder einmal zurückzuschwingen. Für viele Verbündete schien Deutschland zu seinem ursprünglichen Zustand zurückgekehrt zu sein: ein unzuverlässiger Kantonist in der europäischen Verteidigung mit einer schwachen Bindung an seine Partner.[61]

Letztlich wurden im Koalitionsvertrag nur kleinere Hindernisse für ein verstärktes Engagement in den Bereichen Sicherheit und Verteidigung beseitigt, indem sich Deutschland beispielsweise zur nuklearen Teilhabe und Abschreckung innerhalb der NATO verpflichtet hat. In der Vereinbarung bekunden die Koalitionspartner auch ihre Solidarität mit den mittel- und osteuropäischen Staaten und nehmen deren Sicherheitsbedenken ernst. Dass die Koalition erstmals eine deutsche Nationale Sicherheitsstrategie in den Blick nahm (siehe Kapitel 7), ist ein wichtiger Meilenstein für die Formulierung einer kohärenten integrierten Sicherheitspolitik.[62]

Nichtsdestotrotz sind die Sprache und der strategische Horizont Deutschlands größtenteils unverändert geblieben und spiegeln damit seine traditionelle Sicherheits- und Verteidigungspolitik wider: die Konzentration auf Rüstungskontrolle oder sogar einseitige Abrüstungsinitiativen. Deutschland wäre der Keil, den Russland zwischen die NATO-Mitglieder treiben würde, und würde damit deren politische Solidarität schwächen, so die Annahme noch vor dem russischen Angriffskrieg.

Außerdem war die Umwandlung der Bundeswehr in eine glaubwürdige Streitkraft, die zur konventionellen Abschreckung beiträgt, nicht das Ziel des Koalitionsvertrages, da keine wesentlichen Investitionen vorgesehen waren. Die Frage, wie man dem Anspruch gerecht werden kann, das Rückgrat multinationaler Verbände zu bleiben, wurde offengelassen und erschien eher theoretisch. Hier blieb es bei der alten Bundesrepublik und ihrer Sicherheitspolitik.

Wieder überrumpelt: Der Umgang der neuen Regierung mit der russischen Eskalation

Die Ambitionen und guten Absichten der neuen Regierung entpuppten sich angesichts der Eskalation, die Russland seit Anfang 2021 betrieb, als recht vage und abstrakt. Für eine solche reale Krise hatte die neue Regierung überhaupt keinen praktischen Plan: Die Sicherheitspolitik und der drohende Krieg in Europa wurden von der Regierung völlig vernachlässigt. Stattdessen lag der Fokus auf innenpolitischen Themen, von der Pandemiepolitik bis zu den Maßnahmen zur Bekämpfung des Klimawandels.

Im Herbst 2021 hatten die meisten Beobachter bereits vor der Wahrscheinlichkeit gewarnt, dass der Amtsantritt der neuen deutschen Regierung mit einer weiteren russischen Eskalation in der Ukraine zusammenfallen würde. Auch die USA und das Vereinigte Königreich waren sich über die Gefahr eines Krieges im Klaren. Es war also absehbar, dass die erste Krise, die die Regierung zu bewältigen hatte, eine Krise im Bereich der internationalen Sicherheit sein würde. Doch ungeachtet der vorherigen Warnungen gab es in der Phase des Regierungswechsels kaum eine systematische Vorbereitung auf dieses Thema. Was die Ausrichtung der Außenpolitik betrifft, so war die Partei des Bundeskanzlers tief gespalten, was die politischen Vorschläge, die er der Drei-Parteien-Regierung, der deutschen Öffentlichkeit und den internationalen Partnern unterbreiten konnte, einschränkte. Ner Wunsch von Olaf Scholz, den

Zusammenhalt der Partei und die Stabilität der Regierungskoalition zu wahren, schränkte die Möglichkeiten ein, öffentliche Erklärungen abzugeben. Infolgedessen präsentierte der Bundeskanzler letztlich eine ganze Reihe von Erklärungen, die spät kamen und vage blieben.[63]

Wieder die deutsche Frage: Für uns oder gegen uns?
Die Ziele dieser Krisenpolitik in dieser Zeit waren die, für die Deutschland bekannt ist: Konfliktvermeidung um jeden Preis, Wahrung der europäischen Einheit, ein guter Verbündeter sein, Begrenzung des Einsatzes von militärischer Gewalt und der Rüstungsexporte, Dialog mit Russland und Verteidigung der deutschen Wirtschaftsinteressen. Dazu gehörte auch der Schutz der Energieversorgung. Die neue deutsche Regierung hatte Schwierigkeiten zu erkennen, dass ihre Ziele miteinander verknüpft sind und sich in gewissem Maße gegenseitig ausschließen: Deutschland kann nicht in Frieden mit Russland leben und gleichzeitig die europäische Einigung anstreben. Ebenso widersprach Deutschlands kategorische Ablehnung von Waffenexporten dem übergeordneten Ziel, die Ukraine in die Lage zu versetzen, ihre Souveränität zu verteidigen und die UN-Charta (Artikel 51) und damit das Völkerrecht in der Realität umzusetzen.

Anstatt Einigkeit zu erzielen, hat Deutschlands Zögern und Inkonsequenz seine Verbündeten verwirrt oder sogar wütend gemacht über die sehr zaghaften Antworten auf dringende Fragen. Ein Beispiel dafür war die späte Bestätigung Deutschlands, dass das Nord-Stream-2-Projekt (NS2) im Falle einer russischen Aggression geopfert werden würde. Es überrascht nicht, dass einige Verbündete Deutschland als unzuverlässigen außenpolitischen Partner oder gar als Risiko betrachteten. Die Bilanz des Einsatzes der Bundesrepublik für seine Alliierten spricht eine klare Sprache: Deutschland verfehlt das NATO-Ziel von 2 Prozent für die Verteidigungsausgaben immer wieder, liefert zugesagte militärischer Fähigkeiten für die NATO nicht. Gleichzeitig unterstützt es den Bau der Nord-Stream-2-Pipeline von Russland und verkündet, dem Vertrag über das Verbot von Kernwaffen als Beobachter beizutreten, der die nukleare Abschreckung der NATO infrage stellt. Für einige seiner Verbündeten schwächt Deutschland so effektiv den politischen Zusammenhalt, der den Kern der Macht der NATO ausmacht.

In ihren Anfängen war die derzeitige Regierung weitgehend von Kontinuität geprägt, was den politischen Kurs der Merkel-Ära in Bezug auf Russland und die Ukraine sowie die Sicherheitspolitik im weiteren Sinne betrifft. Das mag nicht überraschen, denn die Sozialdemokraten haben die Politik der Regierung Merkel als Junior-Koalitionspartner mitgestaltet.

Deutschlands schwarzer Schwan: Russlands Angriffskrieg 2022

Ein „schwarzer Schwan" bezeichnet im übertragenen Sinne ein Ereignis, das man sich nicht vorstellen konnte, bis es eintritt, weil man nur weiße Schwäne kannte. So ging es Deutschland am 24. Februar 2022: Krieg – und Krieg durch Russland – war möglich. Nachdem Russland seinen Krieg gegen die Ukraine begonnen hatte, konnte die Bundesregierung nicht mehr leugnen, dass sie Moskaus Absichten völlig falsch gedeutet und die Warnungen ihrer Partner ignoriert hatte. Hierbei handelt es sich aber nicht um eine simple Fehleinschätzung. Die Option eines Krieges in Europa existierte ganz offenbar nicht mehr in den Erwägungen der politischen Entscheidungsträger der Bundesrepublik – das gilt explizit auch für die Vorgängerregierungen. Auf einen Schlag standen die wesentlichen Grundannahmen deutscher Außen- und Sicherheitspolitik durch die Realität infrage. Dieses Hinterfragen war Jahrzehnte nur eine Diskussion um theoretische Optionen gewesen. Die Bundesregierungen und weite Teile der Politik wähnten sich auf dem richtigen Kurs und glaubten, den Erfolg in der Vergangenheit bereits erkennen zu können.

In den folgenden vier Tagen bis zum 27. Februar schien sich die Geschichte mit einer ungewöhnlichen Dichte von Entscheidungen, die zum Schutz der europäischen Sicherheit getroffen werden mussten, zu beschleunigen. Die deutsche Regierung war in keinem der Entscheidungsprozesse federführend. Sie fand sich stattdessen isoliert. Am 27. Februar versuchte der Bundeskanzler, den Kurs der gegenwärtigen Situation zu ändern: In einer dramatischen und gut geschriebenen Rede während einer Sondersitzung des Deutschen Bundestages rief er die „Zeitenwende" aus.[64]

Es ist kaum zu unterschätzen, wie bahnbrechend diese Einschätzung war: Sowohl die Rede als auch ihr Inhalt waren wirklich revolutionär. Letzterer war allerdings nicht a priori mit allen Koalitionspartnern ausgehandelt worden. Die Zeitenwende-Rede von Scholz und ihre Wirkungen verließen in vielerlei Hinsicht tiefe deutsche Überzeugungen. Scholz charakterisierte die Zeitenwende als Anerkennung der Tatsache, dass Russland aus Berliner Sicht nicht nur die Ukraine, sondern auch die europäische Sicherheitsordnung angegriffen habe; eine Ordnung, von der Deutschland profitiere und die es schätze. In diesem Sinne wurde der Krieg als Angriff auf die europäische Lebensweise, ihre Werte und Strukturen dargestellt – und damit auch als Angriff auf Deutschland.[65]

5.2 Deutschlands sicherheits- und friedenspolitische Kernschmelze

Beides, der Krieg und die Rede, lösten in Deutschland eine sicherheits- und friedenspolitische Kernschmelze aus: Der Kern, also die Grundannahmen über Sicherheit, Krieg und Frieden, zerschmolz – und damit standen die Politiken infrage, die über Jahre um diesen Kern herum aufgebaut worden waren. Die Probleme, die die deutsche Sicherheitspolitik mit sich herumtrug, hatten diesen Wandel nicht auszulösen vermocht.

Der Flickenteppich deutscher Friedens- und Sicherheitspolitik
Speziell im Bereich der Sicherheitspolitik schob Deutschland zu Beginn der 2020er Jahre eine immer größer werdende Bugwelle ungelöster sicherheitspolitischer Probleme vor sich her – vom Balkan über Syrien und Atomwaffen bis hin zum Umgang mit chinesischer Technologie in deutscher Infrastruktur. Vieles von dem, was in den vergangenen drei Jahrzehnten als künftige Herausforderung beschrieben

worden war, war in den 2020er Jahren ein akutes oder sogar schon chronisches Problem.[66]

Und weil sich mit rasanter Geschwindigkeit Bedrohungsquellen und Akteure weiter veränderten, stieg auch der Druck, auf die wachsenden Probleme zu reagieren. Für Berlins engste Partner stand Sicherheit schon länger im Zentrum der Aufmerksamkeit, zudem mit einer erweiterten Agenda, die nichtmilitärische Bedrohungen und Instrumente selbstverständlich einbezog. Sie waren aber von Deutschland abhängig, um diese Agenden umzusetzen und um sicherer zu sein – sei es bei der Energieversorgung (Nord Stream 2) oder bei nuklearer Teilhabe.

Ideologische Selbstblockaden

Die größte Hürde bei der Bewältigung der Herausforderungen ist Deutschland selbst und seine immer noch geltende Sicht seit dem Ende des Kalten Krieges verbunden mit einem immer stärker gewordenen Friedensmantra. Deutsche Friedens- und Sicherheitspolitik pendelt zwischen Allmacht und Ohnmacht. So unterschiedlich die Problemkomplexe bei Themen wie dem Syrien-Konflikt, Libyen, Atomwaffen, Rüstungskontrolle oder -exporten sind, ein Muster ist erkennbar: Zunächst verkündet Deutschland einen hohen Anspruch an das Ergebnis. Es geht damit ein Versprechen gegenüber der nationalen Öffentlichkeit ein und vermittelt gleichzeitig Partnern wie Gegenspielern, welche Optionen infrage kommen und welche nicht – etwa „kein Militär", „keine Gespräche". Später fallen ihm dann Anspruch und Vorfestlegungen auf die Füße: Entweder fehlen die Machtressourcen, um eine Situation überhaupt in seinem Sinne zu beeinflussen. Oder Gegenspieler warten, bis Deutschland an seine Grenzen gelangt. So konnte die Bundesrepublik bei der von ihr angestoßenen Libyen-Konferenz keine Mittel zur Umsetzung eines Waffenembargos vorweisen.

Deutschland steht dann regelmäßig ohnmächtig am Zaun und muss zusehen, wie Akteure mit weniger Skrupeln und Vorfestlegungen sowie deutlich mehr Risikobereitschaft den Ausgang der Geschichte beeinflussen. Sie bestimmen den neuen sicherheitspolitischen Status quo.

Deutsche Sicherheitspolitik wollte auch damals schon umfassend und vernetzt sein; in Wirklichkeit aber ähneln seit langem Themen und Instrumente einem Flickenteppich. Es gibt vereinzelt Einrichtungen mit Koordinierungsauftrag, wie das Gemeinsame Terrorismusabwehrzentrum, oder informelle Runden der Staatssekretäre. Formale Institutionen oder Strukturen, die eine gesamtstaatliche Sicherheitspolitik sichtbar gestalten und ausführen, aber fehlen.

Die Wahl der Themen resultiert oftmals aus sachfremden Prioritäten, die eher parteipolitischen Überzeugungen und Traditionen oder gefühlter Machbarkeit entspringen als einer Analyse der Bedrohungen und Reaktionsoptionen. Somit sind die politischen Konzepte und Visionen oft primär eine Abgrenzung zu anderen politischen Akteuren. Zudem müssen die Themen möglichst kohärent sein mit Selbstbild und historischen Narrativen: Westbindung, Ostpolitik, Friedensbewegung. Neue Lösungsansätze werden zunächst in diesem Koordinatensystem verortet. Um ein Zuhause zu finden, sollten sie am besten anschlussfähig sein an mindestens ein Narrativ oder positiv besetzte Instrumente – siehe etwa „Rüstungskontrolle im Cyberspace". Leider lässt sich der Cyberspace nicht mit den sonstigen Gegenständen von Rüstungskontrolle vergleichen – die Bedingungen sind grundlegend anders.

So legt die Vergangenheit fest, was gute und schlechte Sicherheitspolitik ist. Man könnte eher von einer Ideologisierung von Sicherheit oder Frieden sprechen als von ihrer Politisierung; und dies ebnet den Weg in mehrfache Frontenbildung. Die hinlänglich als Gegensätze gepflegten Kategorien lauten so: Friedens- oder Sicherheitspolitik, EU oder NATO, Abrüstung oder Abschreckung. Aus diesen Gräben heraus werden routiniert die gleichen Debatten geführt (Zwei-Prozent-Ziel der NATO, Rüstungsexporte, Entwicklung). Im Ergebnis sind die Diskurse von heute weitgehend die der Vergangenheit.

Friedenspolitik

Im Zentrum dieser ideologischen Auseinandersetzung findet sich der Friedensbegriff. Friedenspolitik[67] ist nicht nur ein offizielles Mantra deutscher Politik. Sie ist Vision und wichtige Quelle einer politischen Ambition, die weite Teile der Gesellschaft unterstützen. Dennoch ist sie gescheitert. Der Grund für dieses Scheitern ist nicht das falsche Konzept, sondern Überhöhung, Banalisierung und ihre Nicht-Anpassung an die Realität. Hinter dem allgemeinen Friedensnarrativ, zustimmungsfähig in seiner Diffusität, konnten sich viele versammeln. Wer kann schon gegen Frieden sein?

Dabei dreht sich die Gretchenfrage der sicherheits- und friedenspolitischen Kleingartenkolonie Deutschland um das Militär: Bist du dafür oder dagegen? Damit ist seit Langem der Wunsch verbunden, ein für alle Mal zu klären, ob militärische Mittel einen oder eben keinen Platz in deutscher Sicherheitspolitik haben. Diese Auseinandersetzung über militärische und zivile Mittel nimmt einen unangemessen großen Platz ein und blockiert eine produktive Debatte. Sie kann weder politisch noch analytisch endgültig entschieden werden. Es wird sich keine politische Mehrheit finden, die das Ende deutscher Streitkräfte beschließt; und analytisch kann über Sinn und Unsinn von Militär erst befunden werden, wenn das sicherheitspolitische Ziel seiner Anwendung ebenso klar ist wie die Alternativen.

Diese Sicherheits- und Friedenspolitik ist strukturkonservativ. Sie will die bestehenden Verhältnisse wahren, national und in der Welt, nicht die bestehenden Werte – dabei haben sich die eigenen Werte gar nicht durchgesetzt. Sie befinden sich eher auf dem Rückmarsch. Deshalb gelingt es ihr nicht, den sicherheitspolitischen Wandel aufzuhalten. Weil sie nicht ausreichend anpassungsfähig ist, wird der nationale sicherheitspolitische Flickenteppich größer. Die politischen Gräben erschweren es, Themen und Expertisen zu verbinden. So wird Deutschland unsicherer.

Der banalisierte Frieden

In der Welt des banalisierten Friedens herrschten einfache Wahrheiten, die sich in apologetischen Forderungen ausdrücken. „Frieden schaffen ohne Waffen", „Verhandeln statt Schießen" – unabhängig von der eigenen Haltung kann jeder sie nachsprechen, sie sind Teil der gesellschaftlichen DNA. Vieles beruht aber auf einem vereinfachten Friedensverständnis und einer unbedingten Friedenssehnsucht: Bitte kein Krieg, mit dem Deutschland irgendwie in Verbindung steht. Hier wird der eigene Anspruch überhöht und überlastet: Frieden muss zivil sein, ohne militärische Abstützung. Natürlich war die Bundeswehr immer da. Aber es gibt keine systematische friedenspolitische Vorstellung, welche Rolle Streitkräfte in der Abschreckung und im Konflikt haben. Diese Verengung auf ein ziviles Friedensverständnis führt nun zu Sprachlosigkeit und Schockstarre, wenn es um die richtigen Entscheidungen beim Einsatz militärischer Gewalt geht. Sie bürdet zudem der zivilen Friedenspolitik Aufgaben auf, die sie nicht leisten kann, von dem Schutz von Bürgerinnen und Bürgern gegen illegale Gewalt bis zu Beistandsverpflichtungen in Systemen kollektiver Sicherheit.

In Teilen geht diese Vorstellungswelt so weit, dass Kapitulation als bessere Option angesehen wird. Die Friedenssehnsucht macht die politische Programmatik in Konfliktzeiten bedingungslos. Würdevolles Leben und Freiheit haben gegenüber dem nackten Überleben, unter welchen Bedingungen auch immer, zurückzustehen, egal welches Leid solche Herrschaft bringt – schließlich herrscht ja Frieden. Dies ist das Gegenteil von wertegeleiteter Politik. Es fehlt der Anspruch auf die politische Gestaltung des Konfliktes, um auch die Bedingungen danach im Sinne der Werte zu gestalten, die der Konflikt bedroht und die Friedenspolitik zu schützen sucht.

Nie wieder Täter – Gewaltlosigkeit auf dem Boden legitimer Gewalt
Natürlich begründet sich die deutsche Ablehnung von Krieg auch aus der Kriegserfahrung und der Rolle Nazi-Deutschlands: Deutschland sollte nie wieder Täter sein können. Dieses gleichsam historische Friedensgebot wird aber überzogen oder einseitig gedeutet: Es vergisst, dass Deutschland weder sich noch andere aus eigener Kraft und Überzeugung von den Tätern der Naziherrschaft befreit hat, sondern die Alliierten, und zwar durch massive militärische Gewalt und unter dem Einsatz Hunderttausender von Leben. All jene, die Deutschland als Friedensmacht aufstellen wollen, tun das auf einem Boden, den andere mit Gewalt befriedet haben – legitimer Gewalt. Die Angst vor dem eigenen Land als möglichem Täter scheint bis heute wichtiger als die vor Putin als wirklichem Täter.

Keine Gewalt

Die Forderungen der Friedenspolitik setzen für die Umsetzung oft einen Staat voraus. Der muss noch so stark sein, dass er Friedensmaßnahmen gegen Widerstand umsetzt. Dafür braucht er das sonst gern vergessene Gewaltmonopol, nicht nur de jure, sondern de facto. Dem steht ein unqualifizierter Gewaltverzicht gegenüber: unqualifiziert, weil absolut. Hier liegen zwei Missverständnisse vor: Bei der Zivilisierung des Konfliktes ging es nie um Gewaltlosigkeit, sondern um die Überwindung von Gewalt – Gewalt also nicht anwenden zu müssen, aber im Notfall immer noch zu können. Dieser Philosophie folgt auch das Völkerrecht: Es verbietet zwar Gewalt, sieht sie aber als legitimes Mittel vor, wenn sich ein anderer Staat nicht an das Verbot hält. Zudem ist ein absolutes Gewaltverbot absurd, das einem Gewaltakteur nichts entgegensetzen kann als fromme Wünsche und Kapitulation. Auch das hat mit einem positiven Frieden nichts zu tun.

Das rüttelt am nächsten Glaubenssatz: Frieden durch Recht. Deutsche Friedenspolitik vertraut auf das Völkerrecht. Die Friedenspolitik hat keine Antwort darauf, was effektiv getan werden kann, wenn dieser Glaubenssatz und das Völkerrecht in der Realität nicht tragen. Interessanterweise weist das Recht selbst den Weg: Es entsteht eine Pflicht zur Handlung. Recht bleibt nur erhalten, wenn es durchgesetzt wird. Dafür sind alle verantwortlich, die an dieser Rechtsordnung teilnehmen, denn es ist nicht nur ein Angriff auf einen Akteur, sondern auf die Rechtsordnung selbst. Das Völkerrecht, vor allem Artikel 51 der UN-Charta, lässt also deutlich mehr zu, als Deutschland derzeit tut: Über die Lieferung von Waffen hinaus dürfte Deutschland sogar legitime Kriegspartei werden – weil es auf der Seite eines Angegriffenen in den Krieg eingreifen würde. Deutschland schränkt die Wirksamkeit des Völkerrechts ein, wenn es legitime Gewalt zu seiner Umsetzung nicht nutzt.

Kein Militär = kein Krieg?

Die Ablehnung von Gewalt beruht auch auf einer falschen Gleichsetzung. Alle militärische Gewalt sei demnach gleich ungerecht: Die russische Armee und die Bundeswehr würden gleiches Leid in einem Krieg schaffen, dies sei einfach das Wesen des Militärs. Damit werden nicht nur die Errungenschaften des Kriegsvölkerrechts über Bord geworfen, das auch den Krieg Regeln unterwirft. Es unterstellt auch über 180 000 Soldatinnen und Soldaten in Deutschland, dass ihre Ausbildung und Identität als Staatsbürger in Uniform für die Katz seien. Dass deutsche militärische und politische Entscheider Befehle wie die russische Führung heute erteilen würden, Mord und Vergewaltigung als Teil der Kriegsstrategie zu nutzen. Das deutsche Parlament sei nicht in der Lage, die Armee und Regierung zu kontrollieren.

Nicht zuletzt sollte der Krieg auch rhetorisch überwunden werden. Aus dem gerechten Krieg machten Wortgewandte den gerechten Frieden, aus dem alten Spruch „civis pacem para bellum" (Wenn Du Frieden willst, bereite Krieg vor) wurde „civis pacem para pacem". Man hatte so eine Dichotomie aufgebaut. Von Krieg und Frieden und Gut und Böse. Dazwischen gab es nichts. Doch dann kam der Ukrainekrieg 2022.

Die Friedensbewegten und das Ende des Friedens

Das Versprechen des einfachen Friedens ist zerbrochen und kann nicht mehr repariert werden. Nun sitzen viele Friedenspolitiker, Friedensbewegung und Teile der Kirche in der Klemme: Der Ukrainekrieg hat ihre Überzeugungen von Gewaltverzicht und Friedenswahrung durch Verweis auf das Recht und Verrechtlichung als unbrauchbar abgestempelt. Da dies auch ein Teil des Kerns deutscher Außenpolitik war, ist auch diese gescheitert. Viel beruhte in dieser Vorstellungswelt vor allem auf dem Glauben, man habe die Welt militärischer Gewalt erfolgreich hinter sich gelassen. Der Ukrainekonflikt zeigt, dass die Vermeidung von Krieg durch Gewaltfreiheit nicht gelungen ist. Aber die Erkenntnis ist noch lange nicht eingesickert, dass militärische Gewalt Teil des Instrumentenkastens ist, mit dem heute wieder Konflikte ausgetragen werden.

In der politischen Praxis blendete man die Realität der Gewalt wie in der Ukraine aus, aber auch vorhandenes Wissen. Jedoch ignorieren Friedenspolitikerinnen und -politiker, die für den einfachen, bedingungslosen Frieden eintreten und in der Ukraine das Schweigen der

Waffen verlangen, die Erkenntnisse über Frieden und Unfrieden jener Wissenschaften, die seit Jahrzehnten die Grundlage für die politische Praxis erarbeiteten: Die klassische Friedensforschung hat den Unterschied zwischen negativem und positivem Frieden hervorgebracht. Danach ist aber die von vielen herbeigesehnte Abwesenheit von Krieg noch lange kein positiver Friede. Was droht, ist vielmehr die Fortsetzung des Konfliktes mit anderen Mitteln. Heute würde man sagen, dass die Abwesenheit von militärischer Gewalt kein Frieden ist, sondern nur ein Unfrieden ohne Krieg. Wirklicher, positiver Frieden verlangt viel mehr als das Verschwinden von Armeen.

Der Ukrainekrieg zeigt, dass diese Rezepte der Friedenspolitik unzureichend sind, dass ihre Glaubenssätze den Realitätscheck nicht überstehen. Es herrscht kein gerechter Friede – es gibt nur einen ungerechten Krieg. Ein Aggressor muss die Intensität des Konfliktes nur weit genug erhöhen oder damit drohen und seine Handlungen außerhalb des Vorstellungsraums der Friedenspolitik stellen, um weitgehend allein den Konflikt steuern zu können. Im Raum des Konfliktes, der mit allen Mitteln und der Entschlossenheit zur Vernichtung des Gegners geführt wird, kann Friedenspolitik nicht navigieren. Schockstarre wie auch Nichtstun aus Überzeugung schaffen in einer Situation, in der ein russischer Herrscher das systematische Töten der Zivilbevölkerung befiehlt und Ukrainern als Menschen zweiter Klasse das Lebensrecht abspricht, keinen Frieden. Schweigen und aktives Nichtstun unterstützen den Gewalttäter in seiner Handlung und in seiner Haltung – beides führt zu seinem Sieg und damit zur Niederlage eines sinnvollen Friedensbegriffs und einer funktionierenden Rechtsordnung.

Weite Teile der Friedenspolitik wissen sowohl über das Phänomen Krieg als auch über Konfliktmechanismen nichts. Stattdessen werden Stereotypen von Eskalation, Wettrüsten und Weltkrieg bemüht. Die Folgen sind eine tiefe Verunsicherung und eine Debatte zwar über das Richtige, aber in unbrauchbaren Kategorien: leichte oder schwere Waffen, Kampfpanzer, Offensiv- und Defensivwaffen. Deutschlands Gesellschaft fehlt die Orientierung, und der Politik fehlen die Worte und Kategorien, um diese Orientierung geben zu können. Krieg kam in weiten Teilen der deutschen Vorstellungswelt gar nicht mehr vor. Noch kurz vor Kriegsbeginn im Februar verkündeten deutsche Vertreter in der NATO, dass die Eventualplanung für einen Krieg abzulehnen sei, weil sie allein bereits eskalatorisch wirke. In Berlin warnten Politiker davor, den Krieg herbeizureden.

Die Normschmelze geht weiter

Der deutsche Diskurs zur Friedens- und Sicherheitspolitik hat noch kein neues Normal gefunden. Stattdessen läuft eine heftige Debatte entlang der Ereignisse des Krieges, die immer wieder medial sichtbar wird. Besonders intensiv scheinen die Debatten, wenn erneut die Restbestände der alten Friedenspolitik unter Druck geraten und kein Vertrauen in das sicherheitspolitische Neuland vorhanden ist. Dann finden immer wieder alte Kategorien und Narrative ihre Verwendung. Neben dem bereits besprochenen Verhandlungsargument gibt es zum Bespiel diese drei:

- Eskalatorisch: Jede potenzielle Lieferung weiterer Waffenarten wird zunächst so eingeschätzt, dass Russland deshalb den Konflikt weiter anheizen würde. Was genau das bedeuten sollte, ist unklar. Empirisch ist dies zu keinem Zeitpunkt belegbar der Fall gewesen. Hinzu kommt, dass eine gewisse Form der Eskalation durch die Ukraine erforderlich ist, wenn Eskalation bedeutet, den Konflikt in einen militärischen Bereich zu bringen, in dem Russland keine militärische Gegenstrategie mehr hat und deshalb die Eskalation negative militärische und politische Folgen für Russland zeitigt.
- Destabilisierend: Eng verbunden damit ist die destabilisierende Wirkung: Welches der stabile Zustand ist, den es zu schützen gilt, und dass Krieg über Initiative und Veränderung funktioniert, bleibt dabei unreflektiert. Zudem geht es zumeist um eine Destabilisierung zum Nachteil Russlands – der Akteur ist die Ukraine oder der Westen.
- Verboten: Die Debatte im Juli 2023 entzündete sich an der Lieferung der USA von Streumunition an die Ukraine. Hierin sahen einige eine Verletzung des Völkerrechts. Tatsächlich war es

eine erneute Überhöhung des Anspruchs, dass Normen, die für Deutschland gelten und für die Deutschland eintritt, für alle gelten sollen – ohne Spielraum. Die Einhaltung des Kriegsvölkerrechts durch die Ukraine wie auch durch alle Unterstützer ist ein wichtiges Element, um die Legitimität der Unterstützung aufrechtzuerhalten. Aber dabei werden rechtliche Regeln immer wieder verwechselt mit dem, was Einzelne für legitim erachten.

Tatsächlich gibt es (weiterhin) eine Parallelwelt – ein Nebeneinander des sicherheitspolitischen Neulands und der alten Heimat. Konzepte wie Entspannung oder Rüstungskontrolle bleiben bislang als immerwährende Prinzipien. Es wurde noch nicht erklärt, wie diese Mittel einen Beitrag zur neuen Sicherheitsordnung leisten.

5.3 Vier Abhängigkeiten

Der russische Angriffskrieg hat den Horizont erweitert und Deutschland seine wesentlichen Abhängigkeiten besser vor Augen geführt. Diese Abhängigkeiten müssen sehr unterschiedlich bewertet werden. Im Falle der USA und EU sind sie bewusst eingegangen worden und Deutschland genießt bis heute Vorteile. Gemeinsam haben sie, dass sie die Grenzen der deutschen Stärke aufzeigen.

1. Russland: Deutschland war von Russland abhängig in den Bereichen fossile Energieträger und Rohstoffe. Es war ökonomisch günstig, in Russland einzukaufen, und hat so Deutschlands wirtschaftlichen Reichtum und gesellschaftliche Wohlfahrt ermöglicht. Den Preis für diese Abhängigkeit und die Loslösung davon zahlt Deutschland jetzt, ökonomisch und politisch.
2. China: Die zweite Abhängigkeit besteht von China als Markt für deutsche Unternehmen, als wesentlicher Teil der deutschen Lieferkette. Zunehmend bedeutsam ist auch der Zugang des chinesischen Staates in die deutsche gesellschaftliche Infrastruktur, sei es über IT-Elemente in der öffentlichen Kommunikation, den Ein-

kauf in deutsche Unternehmen oder die Kooperation bei Transportinfrastruktur. Neben dieser ökonomischen Abhängigkeit steht China auch als Beispiel für die Dreiecksverbindungen, die Deutschland beeinflussen: China unterstützt Russland in diesem Krieg und hat damit kein Interesse an deutscher Stärke, die Putin zum Verlierer machen könnte.

3. USA: Die dritte Abhängigkeit ist die von den USA. Auch diese wandelt sich: Traditionell hat sich Deutschland bei militärischer Sicherheit von den USA abhängig gemacht – dies wirkt bis heute nach. Die USA unterstützen die Ukraine militärisch in einem Ausmaß, wie Deutschland es nicht könnte. Sie eröffnen damit Handlungsoptionen für die europäische Sicherheit, die Deutschland nicht geben könnte. Ohne die amerikanische Unterstützung wäre Europa in einem klassischen militärischen Szenario nicht in der Lage, sich selbst zu verteidigen. Weil aber die anderen Abhängigkeiten zu Russland und vor allem zu China ein zunehmendes Problem sind, steigt die Bedeutung der USA, wenn es um gemeinsame Märkte und Technologien geht. Sie bietet eine Alternative zur russischen und chinesischen Option oder hilft, diesen beiden schwierigen Optionen Grenzen zu setzen.

4. EU: Deutschlands vierte Abhängigkeit besteht gegenüber der EU als politischer, ökonomischer und rechtlicher Gemeinschaft. Es ist nicht nur der Binnenmarkt und die Handelsmacht, von denen Deutschland profitiert. Die EU ist auch die Antwort auf die Frage, wo Deutschland geopolitisch steht. Die EU bindet Deutschland: rechtlich, aber auch geopolitisch. Für kein anderes Land in Europa ist diese Verortung so wichtig, weil unsere Partner und Alliierten bis heute die Frage stellen, ob sich die historische Erfahrung unserer Nachbarn mit den Vorgängern der Bundesrepublik, die mit ihrer Größe und der Lage im Herzen Europas ein Risiko für die Sicherheit auf dem Kontinent waren, wiederholen könnte. Genau diese deutsche Frage stellt sich dieses Mal in besonderem Maße, weil Deutschland den Staaten der EU und der NATO sogar ein Schutzversprechen gegeben hat – und sich zugleich nicht ohne seine Partner schützen kann.

Doch es gibt nicht nur Bedrohungen von außen. Die EU kann durch die inneren Spannungen ihre Aufgabe als Konsensmaschine für die Staaten in Europa immer weniger wahrnehmen. Wesentliche Fragen ihrer Weiterentwicklung haben die Staaten in den letzten Jahren vertagt. Ein Grund sind die unterschiedlichen Erwartungen an die EU und die geringe Bereitschaft der Staaten, sich für sie zu engagieren. Dies gilt für nahezu alle Politikfelder. Das Potential der EU als Lösungsoption schwindet damit. Als jüngste Herausforderung kommt nun die Aufnahme der Ukraine, der Republik Moldau und der sechs Balkanstaaten hinzu. Während sich alle einig sind, dass die EU in ihrer derzeitigen Konstitution dies nicht stemmen kann, zeichnet sich keine Lösung ab. Zwar werden die neuen Beitrittskandidaten über die neue Europäische Politische Gemeinschaft enger an die EU gebunden. Doch welcher Union sie irgendwann beitreten können, ist unklar. Damit stehen nicht nur die alten außenpolitischen Sicherheitskonzepte infrage – es gibt auch noch keine belastbaren Alternativen.

Kapitel 6
Deutsche Zeitenwende – wie es begann und wie es weitergeht

Schockmoment und Wendepunkt in der deutschen Politik
Der russische Angriff auf die Ukraine hat die in Deutschland herrschenden Ansichten über Krieg und Frieden in der Welt sowie die Rolle Deutschlands darin tief erschüttert. Seitdem streiten Politik und Gesellschaft über die Vergangenheit, Gegenwart und Zukunft der deutschen Sicherheits- und Verteidigungspolitik. Allerdings scheint der anfängliche Drang, die deutsche Politik grundlegend zu verändern, der zu Beginn des Krieges spürbar war, an Schwung verloren zu haben. Die Umsetzung einer Wende, insbesondere in der Verteidigungspolitik, verläuft nur schleppend und ohne erkennbaren systematischen Plan.

Für alle europäischen Staaten war der russische Angriffskrieg auf die Ukraine im Februar 2022 ein entscheidender Wendepunkt, der die Grundlagen ihrer Sicherheitspolitik grundlegend verändert hat. Für Deutschland bedeutet dies auch eine innere Zeitenwende. Das Ausmaß der politischen Veränderungen wird bei einem Blick in die Vergangenheit deutlich.

Seit dem Ende des Kalten Krieges fühlte sich Deutschland militärisch nicht mehr bedroht. Es sah sich von Freunden umgeben und war fest davon überzeugt, dass Konflikte besser durch Diplomatie als durch militärische Mittel gelöst werden sollten und dass wirtschaftliche Kooperation dazu beiträgt, Konflikte gänzlich zu vermeiden. Die Zusammenarbeit mit Russland im Bereich Rohstoffe und Energie ist nur ein Beispiel für diesen Grundgedanken und Ausdruck dieser Politik. Daher hatte Berlin wenig Anreiz, in das Militär zu investieren, und beteiligte sich seit dem Ende des Kalten Krieges nur zögerlich an militärischen Einsätzen. Die meisten Beteiligungen, wie beispielsweise im Rahmen der NATO in Litauen und in Afghanistan oder zusammen mit Frankreich in Mali, erfolgten weniger aus eigenen sicherheitspolitischen Überlegungen, sondern eher aus dem Wunsch heraus, ein guter Partner zu sein. Eine eigene Bedrohungsperzeption oder Sicherheitskonzeption stand nicht dahinter.

Gelegenheitsfenster für den sicherheitspolitischen Wandel
Der russische Angriff auf die Ukraine hat all diese Grundannahmen zerstört. Das politische Berlin betrachtete weitgehend diesen Krieg nicht nur als Angriff auf die Ukraine, sondern auch als Angriff auf all das, was Europa ausmacht und von dem Deutschland so lange profitiert hatte: die Sicherheitsordnung, die EU und eine rechtsbasierte internationale Ordnung, aber mehr noch, die europäische Lebensart, die Werte, demokratische Ordnung und Strukturen in Europa.

Auf einmal wurde auch Berlin klar: Deutschland und Europa haben Feinde.[68] Dieser Eindruck einer umfassenden, tiefgreifenden und existenziell bedrohlichen Veränderung beeinflusste die Regierungserklärung, die Bundeskanzler Olaf Scholz am 27. Februar 2022 hielt. Diese Rede, in der er eine „Zeitenwende" der deutschen Politik verkündete, und die folgenden Aktivitäten der Bundesregierung können als die Geburtsstunde einer neuen Sicherheitsagenda für Deutschland verstanden werden.

Der Begriff „Zeitenwende" verbreitete sich schnell. Viele internationale Partner und nationale Akteure, von der Industrie bis zum Parlament, hofften, dass Deutschland die Führung bei der Gestaltung einer neuen europäischen Sicherheitsordnung übernehmen würde. Die internationale Resonanz war überwältigend positiv. Denn wie eine neue Ordnung aussehen wird, hängt zum großen Teil vom Engagement Deutschlands ab.

Obgleich der russische Angriffskrieg die Zeitenwende in Deutschland offensichtlich eingeleitet hat, sind die möglichen Folgen und das Ergebnis noch nicht absehbar. Es wäre insbesondere verfrüht, zu glauben, die sicherheitspolitische Kultur würde sich nun ändern, also die Überzeugungen, Werte und Praktiken, die das Sicherheits- und Unsicherheitsempfinden Deutschlands, seiner politischen Eliten, der Gesellschaft und Individuen bestimmen und damit Sicherheitspolitik prägen (siehe Kapitel 6.1).

Doch es ist ein Gelegenheitsfenster für die Veränderung aufgegangen, wie es nie zu erwarten gewesen wäre. Aber die Veränderung der sicherheitspolitischen Kultur kann nur über einen intensiven gesellschaftlichen und politischen Austausch oder, besser, Streit stattfinden, was denn in Zukunft eine gute Sicherheitspolitik ist. Kultur, auch in der Sicherheitspolitik, ist wie ausgetretene Pfade: sie ist die alltägliche, routinierte Praxis von Politik, Verwaltung Alltagsleben. Diese Routinen bleiben, trotz äußerer Veränderung, wenn an ihre Stelle kein neuer, tiefer und bleibender Eindruck tritt: also keine tiefgreifenden Erfahrungen von Unsicherheit eintreten und plausible Erklärungen für neue Wege angeboten werden, wie Sicherheit gewährleistet werden kann.

Betrachten wir die tagespolitischen Ereignisse und die Aufregung einmal aus der Vogelperspektive, dann sieht man, dass dieser Austausch oder Streit in Deutschland stattfindet und dass sich bereits viel bewegt hat. Über Nacht waren sicherheitspolitische Prinzipien wie etwa „keine Rüstungslieferungen in Krisengebiete" über Bord geworfen worden, bis heute steigt die Unterstützung der Ukraine.

Aber es gibt auch nach wie vor Ablehnung gegen diesen Kurs. Wer also eine neue Sicherheitspolitik in diesem Lande möchte, der kann nicht auf seinen guten Willen allein vertrauen. Es bedeutet, dass Regierung und darüber hinaus Politik ihren neuen Kurs und den starken Fokus auf Sicherheit ständig erklären und zum Alltagsgegenstand machen müssen, um einen neuen Pfad zu beschreiten und ihn zur Routine zu machen. Das Dilemma ist, dass auch Politik sich derzeit erst einmal die Analyse- und Bewertungsfähigkeit für gute Sicherheitspolitik aneignen muss.

Inmitten einer neuen historischen Zäsur
Betrachtet man die Erfahrungen der Vergangenheit und die Schlüsselfaktoren, die die deutsche Sicherheits- und Verteidigungspolitik be-

einflussen, muss man skeptisch sein, ob selbst die derzeitige Erfahrung des größten Krieges in Europa seit dem Zweiten Weltkrieg die Kraft hat, die Denkweise und damit den politischen Ansatz des Landes zu verändern. Der größte Stolperstein bleibt die schwache Verteidigungsidentität Deutschlands.

Gleichzeitig kann man, 75 Jahre nach dem Ende des Zweiten Weltkriegs und Nazi-Deutschlands und über 30 Jahre nach der Wiedervereinigung Deutschlands, eine neue Zäsur in der Geschichte konstatieren: Europa steht vor einer Phase der umfassenden Neuordnung und Deutschland hat erheblichen Anteil daran, in welche Richtung sich Europa entwickeln wird. Die Bundesrepublik wird in der Neuordnung der europäischen Sicherheitsstrukturen eine entscheidende Rolle spielen – positiv, wenn sie die neue Ordnung aktiv mitgestaltet, oder negativ, wenn sie zaudert.

6.1 Von der kooperativen zur konfrontativen Sicherheitsordnung

Russlands völkerrechtswidriger Angriff auf die Ukraine im Februar 2022 hat eine tektonische Verschiebung nicht nur in Deutschlands, sondern in Europas Sicherheitsordnung in Gang gesetzt. Schon nach den ersten 100 Tagen hatte der Krieg in Europas Sicherheitspolitik mehr verändert als viele andere Entwicklungen seit 1989 zusammen: Schweden und Finnland sind der NATO beigetreten, Deutschland hat ein Sondervermögen geschaffen, um seine Armee endlich angemessen auszustatten, die EU liefert Waffen an die Ukraine, selbst Dänemark, das sich bislang als einziges Land in der EU aus einer gemeinsamen Sicherheits- und Verteidigungspolitik herausgehalten hatte, will nun an der EU-Verteidigung teilnehmen. Und andere Länder Europas, wie die Republik Moldau oder die Ukraine, sollen stärker und schneller an die EU herangeführt werden.[69]

Doch diese Schritte dürften nur die ersten Anzeichen sein für eine Entwicklung hin zu einer europäischen Sicherheitsordnung ohne Russland oder sogar dezidiert gegen Russland: Europa ist derzeit auf dem Weg raus aus der kooperativen Sicherheitsordnung mit Russland und geht über zu einer neuen konfrontativen Ordnung. Um diese gestalten zu können, wird Europa sich politisch, sicherheitspolitisch und wirtschaftspolitisch neu aufstellen müssen: Es gilt, den Konflikt mit Russland gestalten zu können, anstatt ihn nur ertragen zu müssen. Ziel ist also, eine Konfliktordnung zu schaffen, in der Europa sich schützen und seine Ziele verfolgen kann.

Dies fordert auch von Deutschland erhebliche Umstellungen. Denn seine Partner erwarten, dass das Land eine Führungsrolle übernimmt. Dies liegt weniger an der guten Erfahrung mit Deutschland in internationalen Krisen als an der schieren Bedeutung der Bundesrepublik in Europa und der Welt.

Disruptiv, ungewollt, getrieben

Die Zeitenwende ist ein disruptiver Wandel, keiner, den Deutschland sich ausgesucht oder forciert hätte, wie etwa die sogenannte Verkehrswende. Deutschland ist gezwungen, schnell Entscheidungen mit großer Reichweite zu treffen. Dieses Mal allerdings aus anderen Gründen als in der Vergangenheit: nicht mehr primär, um ein guter Partner zu sein, sondern vielmehr, weil es sich auch selbst bedroht fühlte. Dies führte zur Ankündigung einer Reihe von Entscheidungen in Fragen der Verteidigung, die vorher undenkbar waren: Waffenlieferungen an die Ukraine, das Bereitstellen eines Sondervermögens von 100 Milliarden Euro für Großprojekte, die Steigerung des Verteidigungshaushaltes auf zwei Prozent der Wirtschaftskraft und neue Beschaffungsvorhaben.

Verteidigung im Zentrum

Die Zeitenwende als so fundamentaler Wandel erfordert Anpassung in vielen Politikbereichen: in der Energiepolitik (Diversifizierung und grüner Wandel), in der Bildung (wie gehen wir mit Fake News und Medien als Waffen um?) und nicht zuletzt in der Wirtschaft (wie reorganisieren wir Lieferketten und reduzieren Abhängigkeiten?). Gemessen wird Deutschland durch seine Partner aber wahrscheinlich an den Veränderungen in dem Bereich werden, in dem die Umstellung am schwersten fällt – der Verteidigungspolitik.

Vier verschiedene Herausforderungen der derzeitigen sicherheitspolitischen Lage haben es dort platziert:

1. **Militärische Unterstützung:** Ob die Ukraine Erfolg haben wird oder scheitert, hängt weitgehend von der Bereitstellung militärischer Mittel durch den Westen ab. Deutschlands anfängliches Zögern bei der Unterstützung der Ukraine und die mangelnde strategische Linie in den dann beginnenden Waffenlieferungen hatten vor allem eine politische und gesellschaftliche Debatte entfacht. Diese hangelte sich dann entlang an immer neuen Forderungen und den Erklärungen der Politik, warum diese nicht erfüllbar seien. Jedoch erfolgte die Lieferung in den meisten Fällen dann doch. Der Eindruck entstand, dass die Bundesregierung Gründe nur vorschob. Dann erläuterte der Kanzler, dass man nur im Gleichschritt mit den USA handeln würde.

2. **Militär als Achillesferse der deutschen Sicherheitsdebatte:** Der Einsatz von Gewalt und militärischen Mitteln ist in Deutschland generell ein kontroverses und emotionales Thema. Während bei Themen wie Energie grundsätzlich Verständnis besteht, stellt der militärische Teil und das zwiespältige Verhältnis der Deutschen dazu genau diesen Themenkomplex in den Mittelpunkt der deutschen Sicherheitsdebatte. Dies spiegelt sich seit Beginn des Krieges in der Ukraine in der öffentlichen Debatte wider. Einige ihrer Vertreter argumentieren mit fundamentalen Gründen gegen die militärische Unterstützung oder eigenen, eher oberflächlichen Einschätzungen der militärischen Kräfteverhältnisse. Ihnen hilft dabei die lange etablierte Kultur der militärischen Zurückhaltung und dem wenig hinterfragten Freundschaftsgebot gegenüber Russland. Am anderen Ende des Spektrums finden sich Vertreter, die sich aus Einschätzung der sicherheitspolitischen Folgen für eine Unterstützung aussprechen, aber auch solche, die spiegelbildlich aus oberflächlichen Gründen für Solidarität argumentieren.

3. **Zustand der Bundeswehr:** Der Krieg und die Furcht vor Russland haben den eigentlich bekannten, katastrophale Zustand der Bundeswehr ins Blickfeld der weiteren Öffentlichkeit gerückt. Die

Regierung hatte früh erklärt, dass sie sie zur stärksten Streitkraft in Europa machen wolle. Dann aber wurde ihr klar, was hierfür alles erforderlich sein würde.

4. **Erwartungen der Verbündeten:** Für fast alle NATO- und EU-Partner Deutschlands ist das Thema Verteidigung ohnehin von höherer Bedeutung als in Deutschland. Doch mit dem Krieg vor der Haustür und dem Blick auf die eigene Leistungsfähigkeit richten sich die Blicke nun auf Berlin als einen der Akteure mit dem größten Potenzial.

Die Umsetzung der Zeitenwende im Verteidigungsbereich wird daher für den Gesamterfolg der deutschen Regierung, ihr Ansehen bei den Partnern und den daraus resultierenden Handlungsoptionen von entscheidender Bedeutung sein.

Hier hat der Kanzler eine Agenda mit drei großen Themen formuliert: die Neuaufstellung der Bundeswehr, die Verbesserung der europäischen Verteidigung und die Unterstützung für die Ukraine. Im Zuge der Zeitenwende hat die Bundesregierung diese Ziele weiter ausbuchstabiert: Deutschland soll Führungs- und Garantiemacht Europas werden, die europäische Rüstungskooperation soll gestärkt werden, die Ukraine soll unterstützt werden mit dem, was sie braucht und solange sie es braucht. Deutschland selbst will die schlagkräftigste und größte Armee Europas aufbauen und Lücken in der Bundeswehr schnell schließen. Sie soll zudem kaltstartfähig sein – also von jetzt auf gleich viel Kampfkraft bereitstellen können, damit sich die NATO-Alliierten auf Deutschland verlassen können. Und zu guter Letzt kommt sogar ein Ausgabenziel: zwei Prozent des BIP will Berlin von nun an für Verteidigung ausgeben – gesichert sind zumindest schon einmal 100 Milliarden zusätzlich zum jährlichen Rüstungshaushalt. Die größte Aufgabe hat Deutschland nun aber noch vor sich: die Umsetzung dieser Vorhaben.

Ambition trifft auf Problemlandschaft im Verteidigungsbereich
Diese Agenda trifft auf eine ineinander verwobene Problemlandschaft, die sich weitgehend aus Glaubenssätzen und Politik der Vergangenheit speist. Diese Landschaft lässt sich wie folgt beschreiben:

- Auf der konzeptionellen Ebene ist Abschreckung ein Konzept, mit dem nur wenige Entscheidungsträger einverstanden sind. So ist der präventive Charakter des Abschreckungskonzepts weitgehend unbekannt. Stattdessen scheint die Mehrheit zu glauben, dass im Falle eines Krieges zwangsläufig militärische Mittel eingesetzt werden, diese aber einen solchen nicht verhindern können.
- Die positive Verbindung zwischen Abschreckung und Rüstungskontrolle wird selten anerkannt. Stattdessen scheint für viele die Rüstungskontrolle die Alternative zur Abschreckung zu sein.
- Auch das Verständnis für die Rolle der nuklearen Abschreckung und der nuklearen Teilhabe ist gering. Beide werden eher als Fähigkeiten zur Kriegsführung denn als Mittel zur Kriegsverhütung angesehen.
- Das Bedürfnis der Bundeswehr nach Versorgungssicherheit mit Ausrüstung und militärischen Dienstleistungen, d. h. nach einem gesicherten Zugang zu Rüstungsgütern, wird völlig vernachlässigt. Verteidigungsindustrielle Strategien und Beschaffungsstrategien lassen eine politische Dimension der wehrtechnischen Aktivitäten vermissen.
- Rüstungstechnologie wird sehr kritisch gesehen. Ihre Schlüsselrolle, technologische Überlegenheit zu sichern, wird im öffentlichen Diskurs sogar als kontraproduktiv angesehen. Neue Technologien werden a priori als Bedrohung für die Menschen und die Menschenrechte wahrgenommen.
- Die Verteidigungsausgaben werden oft als verschwenderisch hoch und ineffektiv angesehen.
- Die Verteidigungszusammenarbeit wird häufig mit einer stärkeren europäischen Integration und nicht mit mehr europäischen Fähigkeiten gleichgesetzt.
- Die Verteidigungspolitik wird mit der Schaffung von Institutionen verwechselt: Seit der Zeit des Kalten Krieges ist Deutschland einseitig auf Institutionen ausgerichtet, die den Weg zur Wiedererlangung der Souveränität geebnet haben: durch die Anerkennung durch internationale Institutionen und durch die Integra-

tion des Westens, NATO, EU, OSZE (siehe auch: deutsche Frage, Kapitel 4.5).
- Verteidigungsfähigkeiten werden mit Proklamationen gleichgesetzt: Deutsche Politiker verstehen selten, dass Deutschlands Partner und Feinde den schlechten Zustand seiner Verteidigungsfähigkeiten sehr gut kennen und politische Erklärungen und kurzsichtige Initiativen leicht identifizieren können, da sie ein gutes Gespür für deutsche Fähigkeiten und bestehende Defizite haben.

6.2 Eine neue sicherheitspolitische Agenda entsteht

Mit der von Bundeskanzler Olaf Scholz ausgerufenen Zeitenwende kann eine sicherheitspolitische Neuaufstellung Deutschlands beginnen. In seiner Rede vom 27. Februar[70] lassen sich die folgenden vier Politikfelder ausmachen:

- Verteidigung,
- Energie,
- direkte Reaktion auf den russischen Angriffskrieg und
- Außenpolitik.

Unabhängig davon hatte sich die Regierung im Koalitionsvertrag von 2021 darauf geeinigt, eine Nationale Sicherheitsstrategie zu erarbeiten, die erste für Deutschland. Deshalb müssen die Aussagen der Bundesregierung hierzu als Teil der sicherheitspolitischen Agenda gesehen werden, die sich die Regierung setzt. Daraus lassen sich folgende Prioritäten ableiten:

- Klassische Verteidigungspolitik, inkl. nuklearer Teilhabe, Neuaufstellung der NATO im Osten,
- umfassende Sicherheitspolitik und Verteidigungsfähigkeit in einer vernetzten Welt,
- stärkere Vernetzung von innerer und äußerer Sicherheit,

- Klimaaußenpolitik,
- Politik im Cyberraum,
- ressortübergreifende Zusammenarbeit und vorausschauende Sicherheitspolitik und
- technologische Abhängigkeiten reduzieren.

Aus dem Koalitionsvertrag und der Zeitwendende-Rede ergibt sich eine klare Agenda für die verbleibende Zeit dieser Bundesregierung, und darüber hinaus:

- die Bereitstellung eines Sondervermögens über 100 Milliarden Euro, um große Projekte, etwa neue Flugzeuge, langfristig finanzieren zu können. Der Bundestag hat am 3. Juni 2022 für das Sondervermögen gestimmt und die Umsetzung auf den Weg gebracht,[71]
- die Erhöhung des Verteidigungshaushaltes auf zwei Prozent der Wirtschaftskraft. Deutschland hatte sich 2014 in der NATO verpflichtet, bis 2024 darauf hinzuarbeiten, dieses Ziel aber bislang nicht in der mittelfristigen Finanzplanung verankert. Im aktuellen Haushaltsentwurf soll es durch Beiträge aus dem Sondervermögen erreicht werden. Der deutsche Verteidigungshaushalt würde damit von ca. 50 Milliarden Euro auf ca. 75 Milliarden Euro anwachsen und damit der größte Verteidigungshaushalt in Europa sein,[72]
- die Ankündigung lang umstrittener Beschaffungsprojekte, wie der Kauf von F-35-Kampfflugzeugen, um Deutschlands Rolle in der nuklearen Abschreckung zu sichern, und von bewaffneten Drohnen.

6.3 Zeitenwende – Zwischenstand

Nach eineinhalb Jahren lässt sich ein erster Zwischenstand ermitteln. Der zeichnet ein durchwachsenes Bild mit Blick auf den Output, aber eine großer Veränderung zu der Routine vor dem Krieg.

Eine verschleppte Verteidigungsreform

Die Hürden für eine erfolgreiche Verteidigungspolitik waren wohl nie größer: Deutschlands Verteidigungsbereich stand seit 70 Jahren vor keinem breiteren Graben zwischen Anspruch und Wirklichkeit. Während sich Deutschland seit dem Ende des Kalten Krieges nicht wesentlich bewegte, tat es der Rest der Welt: Die sicherheitspolitische Lage wandelte sich von einzelnen Brandherden erst zu einer Krisensichel, die ganz Europa umgab, und dann zu einem Flächenbrand, der immer näher an die Grenzen Europas heranrückte. Eine leistungsfähige militärische Feuerwehr – zum Brandschutz oder zum Löschen – war nicht mehrheitsfähig bzw. tabu. Deutschland wähnte sich in Sicherheit, bis zum 24. Februar 2022, als es für einen Schreckensmoment sogar so schien, als wäre die Bundesrepublik selbst in Gefahr.

Schlagartig wollte die deutsche Politik umschalten und im Zuge der Zeitenwende die bis dahin nicht als notwendig erachteten Änderungen im Verteidigungssektor angehen. Das scheitert bislang nicht nur, weil der Motor im Maschinenraum nicht funktionstüchtig und unterdimensioniert ist, sondern auch, weil niemand den Maschinenraum bedienen kann. Unabhängig davon bleibt der Zustand, der nach der Zeitenwende erreicht werden soll, noch zu unklar.

Für die dringende Generalüberholung hat Deutschland bereits über ein entscheidendes Jahr verloren. Zugleich ist eine politische Ziellinie gesetzt: Die jetzige Bundesregierung hat nur noch maximal zwei Jahre – bis zur nächsten Bundestagswahl im September 2025 – Zeit, um Erfolge zu erzielen, die Vertrauen und Fortsetzung der Reform rechtfertigen.

Dieser Zeithorizont steht im Spannungsverhältnis zu der Zeit, die es braucht, um der grundlegenden Missstände Herr zu werden – ca. 12 bis 15 Jahre für den Wandel bei Kultur, Prozessen und Material. Denn es geht um nicht weniger, als den Verteidigungssektor insgesamt (das Zusammenspiel von Politik, Verwaltung, Streitkräften und industrieller Basis) aus einem Zustand des System- und Staatsversagens heraus in ein leistungsfähiges umzubauen.

Obwohl militärische Sicherheitsvorsorge und in der Folge auch Rüstung Verfassungsrang haben, blickt Deutschland auf 30 Jahre politisches Desinteresse und bürokratische Regelungswut zurück. Im Ergebnis machen alle alles nach Vorschrift, doch am Ende steht dennoch keine nennenswerte Verteidigungsfähigkeit auf der Habenseite. Die Verkettung von Einzelproblemen bedeutet auch, dass es keine schnelle, präsentable Insellösung gibt, die man sich nun als Einzelprojekt vornehmen könnte. Schnelle Erfolge kann es aber bei der Unterstützung der Ukraine und der Wiederaufnahme europäischer Kooperationsprojekte geben – eine Wette auf die Zukunft und die deutsche Wandlungsfähigkeit, auch für die dafür notwendigen Partner.

Andere Sicherheitsbereiche

Die Notwendigkeit einer institutionell-organisatorischen Neuaufstellung – also wer ist für was zuständig – wird zwar durch Entscheidungsrückstau und Fragmentierung der Sicherheitsorganisationen sichtbar. Doch bereits bei der Frage nach einem nationalen Sicherheitsrat oder Ähnlichem sieht man, dass diese Themen nur am Rande Teil einer öffentlichen Debatte sind.

Für die Zeitenwende in den Bereichen Klima und Energie sowie Verteidigung hat Deutschland innerhalb kürzester Zeit erhebliche Ressourcen freigesetzt – 300 Milliarden Euro allein an direkt dafür markierten Budgets. Tatsächlich wird aber nicht nur der Umbau, sondern allein auch das simple Auffüllen der hohlen Sicherheitsstrukturen bei Bundeswehr und Polizei, aber auch bei Feuerwehren oder Gesundheitsämtern eine Generationenaufgabe sein.

Im Vergleich zur deutschen Politik vor dem russischen Angriffskrieg sind die Entscheidungen, die die Bundesregierung seit Februar 2022 getroffen hat, revolutionär: neben dem Sondervermögen für die Bundeswehr sind dies umfassende Waffenlieferungen an die Ukraine, darunter Panzerhaubitzen, Mars-Raketenwerfer, das Luftverteidigungssystem IRIS-T und umfangreiche Beiträge zu Abschreckungs- und Verteidigungsmaßnahmen der NATO, etwa die Aufstockung der Einheiten in Litauen. In allen drei Gebieten der Zeitenwende (Bundeswehr, europäische Verteidigung, Unterstützung für die Ukraine), hat die Bundesregierung bemerkenswerte Fortschritte gemacht.

Aber gemessen an der Lage in der Ukraine, den eigenen Ansprüchen an die Truppen und den Zusagen gegenüber Alliierten ist dies doch zu wenig. Zudem haben Deutschlands Politikerinnen und Politiker selbst die Latte der Erwartungen hoch gelegt, etwa mit der Ankündigung der Zeitenwende selbst oder von Führungsambitionen, siehe die Rede der damaligen Verteidigungsministerin Lamprecht oder von Kanzler Scholz in Prag. Nun können diese nicht eingelöst werden – und das in dem Moment, in dem es am dringendsten wäre und diese deutsche Regierung den Unterschied machen könnte, was Deutschlands Bild und Gestaltungsmacht über Jahrzehnte prägen dürfte. Die Panzerdebatten von Frühjahr 2023 stehen sinnbildlich dafür: Deutschland tut sich immer noch schwer mit militärischen Entscheidungen, führt nicht und erschwert Partnern deren Entscheidungen.

Zeitenwende im internationalen Kontext
Aber um die Zeitenwende langfristig zu verankern, braucht es einen Mentalitätswandel. Deutschland muss anerkennen, dass militärische Machtpolitik zurück ist in Europa und man sich auch selbst dazu verhalten muss. Es muss genauso anerkennen, dass es aufgrund seiner wirtschaftlichen und militärischen Stärke in Europa eine Schlüsselrolle in allen drei Bereichen spielt. Zeitenwende heißt eben nicht nur „weiter so wie bisher, aber mit mehr Geld", sondern sie erfordert eine neue Grammatik, um sich in einer konfrontativen Sicherheitsordnung in Europa und weltweit zu behaupten.

Doch betrachtet man die letzten Monate, so wird deutlich: Deutschland steckt in einer Phase, die eine Neuaufstellung zwar ermöglichen kann, in der die alten Ideen und Routinen sich aber beharrlich halten. Die denkbaren Optionen deutscher Verteidigungspolitik haben sich am 24. Februar 2022 schlagartig erweitert. Tabus wurden fallengelassen, etwa keine Waffenlieferungen in Kriegsgebiete; Grund des neuen Kurses war vor allem, dass der alte vor der Realität keinen Bestand mehr hatte. Auch das einfache Zusammenbrechen dieser ehernen Glaubenssätze zeigt, wie wenig belastbar die deutsche Sicherheitspolitik bis dahin war. Gesellschaft und Politik führen seit dem Beginn des Krieges eine Debatte über strategische Fragen, auf die Deutschland neue Antworten finden muss, und es besteht die Möglichkeit, dass sich über diese Debatte die strategische Kultur in Deutschland ändert.

Was für Berlin jetzt schon eine Revolution ist, ist für viele unserer Partner nicht ausreichend. Deutschland liefert Waffen an die Ukraine, aber nur teilweise das von der Ukraine erbetene Material. So hat es Luftverteidigung geliefert, aber bis Frühjahr 2023 keine Panzer. Mehr noch: Im Vergleich zu anderen Ländern zeigt es keine Führung, weder im Umfang noch als Initiator. Im Gegenteil, es scheinen keine strategischen Gründe zu sein, die die Regierung zum Handeln bewegen, sondern der Druck der Öffentlichkeit und der Partner. Was fehlt, ist ein langfristiger systematischer Plan zur militärischen und industriellen Unterstützung, aus dem sich deutsches Handeln ableiten und begründen ließe. Die militärische Unterstützung ist orientiert an dem, was Deutschland noch in seinen Beständen hat oder was politisch in Deutschland als vermittelbar eingeschätzt wird, und nicht am militärischen Bedarf der Ukraine und ihrem Ziel, das eigene Territorium zu befreien.

Wenig besser sieht es bei der Umsetzung für die Zusagen an Partner aus. Deutschland erhöht zwar seine Verteidigungsausgaben, erreicht aber weder 2022 noch künftig die versprochenen zwei Prozent. Stattdessen hat die Bundesregierung den Verteidigungshaushalt auf seinem aktuellen Niveau eingefroren. Nur mit dem Sondervermögen könnte sie überhaupt die Zwei-Prozent-Marke erreichen – und das auch nur in den nächsten zwei bis drei Jahren.

Sobald das Sondervermögen ausgegeben ist, stellt sich erneut die Frage, wie viel Deutschland für Verteidigung ausgeben und ob es seine NATO-Zusage und die des Kanzlers einlösen will. Es gibt derzeit keine Finanzplanung, die die langfristige Steigerung des Verteidigungshaushaltes ins Auge fasst. Die 100 Milliarden erlauben, die schlimmsten Lücken zu schließen. Laufende Kosten, Logistik, Instandsetzung und höherer Übungsaufwand aber lassen sich so nicht decken. Und die Erwartungen steigen. Auf dem NATO-Gipfel 2023 in Vilnius haben sich die Alliierten auf eine noch höhere Verpflichtung bei den Ausgaben geeinigt: Zwei Prozent werden als

Mindestmaß angesehen, nicht als Maximalziel. Auch hier droht die Bundesregierung den Entwicklungen hinterherzurennen, statt sie zu gestalten.

Leerstelle EU-Europa

Über den Verteidigungsbereich hinaus fällt noch eine weitere eklatante Leerstelle auf: eine europäische/EU-Konzeption, wie man diese Krise und zukünftige meistern will. Das bedeutet nicht, dass die EU nichts tut und nutzlos ist. Über sie werden die Sanktionen organisiert und gleichzeitig bereits Alternativen für Handel und Lieferketten etc. aufgebaut. Mitte 2023 hat die EU eine Strategie für ökonomische Sicherheit herausgegeben. All das unterstreicht die Ambition und die Bedeutung der EU in speziellen Bereichen. Doch diese Bedeutung und die sich verändernde geopolitische Konstellation in Europa mit möglichen neuen Mitgliedern könnte der Anlass sein, auf die Kohärenz der Maßnahmen zu schauen und auch zu analysieren, wie man den notwendigen Wandel der Institutionen der EU sinnvoll nutzt im Sinne des sinnvollen Beitrages zur neuen europäischen Sicherheitsordnung (siehe Empfehlung Nr. 7, S. 224).

Eine mentale Zeitenwende

Für eine erfolgreiche Zeitenwende ist neben der Umsetzung dieser Entscheidungen jedoch ein weitreichendes politisches Umdenken notwendig. Auch das macht die Rede des Kanzlers deutlich: Er kündigte darin umfangreiche Veränderungen in der deutschen Außen- und Sicherheitspolitik an, ja eine Abkehr von bisherigen Prinzipien. Dazu gehören Waffenlieferungen an die Ukraine, die Deutschland bis zum Kriegsausbruch abgelehnt hatte, das Ende der Energieabhängigkeit von Russland sowie umfangreiche Investitionen in die deutschen Verteidigungsfähigkeiten.

All dies sind angesichts der Politiklinie früherer Regierungen beeindruckende Schritte. Dennoch fehlen für die Zeitenwende bislang zwei Dinge: ein Ziel oder eine Vision, die die Richtung definiert: Wo will Deutschland etwa 2040 stehen, welchen Beitrag zur Sicherheit will es dann leisten? Zweitens braucht es die mentale Zeitenwende:

das Ablegen alter Denkmuster und das Einüben neuer Routinen und Kategorien.

Dazu gehören unangenehme Hürden: Die Bundesregierung und die deutsche Bevölkerung müssen anerkennen, dass militärische Macht wieder zu einem zentralen Bestandteil der internationalen Beziehungen geworden ist. Selbst wenn Deutschland den Einsatz militärischer Mittel ablehnt oder nur in sehr engem Rahmen unterstützt, muss es anerkennen, dass andere Länder – wie Russland – militärische Macht zur Durchsetzung der eigenen Interessen einsetzen. Sie führen Krieg, um ihre Ziele zu erreichen. Daher muss Deutschland auch militärische Mittel mitdenken – nicht, um selbst Krieg zu führen, sondern um Bedrohungen für die eigene Lebensform abzuwenden. Dieses Umdenken ist schwierig und erfordert umfangreiche Debatten mit der gesamten Bevölkerung.

6.4 Aus der Zeitenwende in die neue Sicherheits(un)ordnung: Die Notwendigkeit, über die Zeitenwende hinauszuschauen

Die Welt verändert sich – und zwar noch schneller und disruptiver als bislang angenommen. Dabei nur auf den russischen Angriffskrieg zu schauen, blendet einen Teil der Faktoren und Folgen aus. Der Krieg Russlands gegen die Ukraine hat nicht nur die europäische Sicherheitsordnung zerstört. Er hat Folgen, die über die regionale Dimension hinausgehen, wie Nahrungsmittelknappheit, steigende Energiepreise, Neuaufstellung von Lieferketten. Deshalb ist die aktuelle Situation natürlich entscheidend für Europa. Das liegt an drei fundamentalen Folgen des russischen Krieges gegen die Ukraine:

- **Unmittelbar:** Er verändert die Sicherheitslage und die Bedingungen, in denen die europäischen Staaten und ihre Verbündeten Sicherheit in Europa ermöglichen müssen.
- **Beschleunigend:** Er ist aber zugleich ein Beschleuniger für den schon länger laufenden Wandel globaler Ordnungen in den Bereichen Sicherheit, Technologie, Wirtschaft und Demokratie sowie

für den Kampf gegen die weltweit größte langfristige Bedrohung, den Klimawandel.

- **Zukunftsverändernd:** Der Krieg wirkt wie eine Explosion, die die Verlaufsbahnen der großen Trends in Politik, Wirtschaft und Technologie verschiebt. Wir wissen aber nicht genau, wohin und mit welchen Folgen. Es verändern sich also die Gewichte (Gravitas), mit denen diese Trends auf uns wirken, und es verändern sich ebenso die Konstellationen der Trendbahnen untereinander, also wie sie sich gegenseitig beeinflussen. Damit entstehen neue Räume der Ungewissheit – Risiken, aber auch Chancen. So hat die Reduzierung der Energieabhängigkeit von Russland die deutsche Energiewende beschleunigt.

Alle drei Wirkungen haben gemeinsam: Sie sind tiefgreifend und haben langfristige, strukturelle Auswirkungen.

Gleichzeitig und unabhängig vom Krieg befindet sich das globale Wirtschaftssystem in einem Wandel hin zu einer Aushöhlung der globalen Finanz- und Wirtschaftsinstitutionen. Politische Gemeinschaften und Gesellschaften sind sowohl durch ausländische Einmischung als auch durch eine innenpolitische Polarisierung in Bezug auf Wohlstand und Ideologie unter Druck geraten. Dies alles geschieht vor dem Hintergrund der größten Sicherheitsbedrohung der Menschheit: dem Klimawandel.

Die Zeitenwende ist eine Reaktion auf eine spezielle Veränderung in der Vergangenheit: den russischen Angriffskrieg. Es geht nicht nur darum, auf den russischen Krieg angemessen zu reagieren, sondern darüber hinaus die deutsche Sicherheitspolitik für den Umgang und die Gestaltung zukünftiger Schocks aufzustellen. Dies erfordert eine grundlegende Überarbeitung der bisherigen Strukturen, Prozesse und Annahmen in Deutschland und Europa.

Noch existiert kein Bauplan, wie diese neue Ordnung, die Sicherheit und Stabilität bietet, aussehen sollte und welche Rolle welche Bausteine zukünftig spielen sollten. Die Bereiche, aus denen die Bausteine kommen, sind jedoch bereits bekannt: Verteidigung, Wirtschaft/Finanzen, Klima/Energie und Technologie und Demokratie. Daraus eine belastbare Ordnung zu entwickeln, ist die Herausforderung, der sich Deutschland und Europa jetzt stellen müssen. Damit steht die neue Ordnung unter den vielfachen Vorzeichen von Unsicherheit und der Suche nach Sicherheit: bei Entscheidungen, Chancen und Risiken, Wohlstandswahrung, Überlebenssicherheit, politischer Teilhabe und gesellschaftlicher Kohäsion.

Die Zukunft und die Zukunftsfähigkeit Europas müssen jetzt, in dieser sicherheits-, wirtschafts- und gesellschaftspolitischen Unordnung, gestaltet werden. Derzeit steckt die Diskussion, wie Deutschland und Europa darauf reagieren sollten, mehrheitlich im Hier und Jetzt fest, statt die Gestaltung der Zukunft schon mitzudenken.

Kapitel 7
Was bringt Deutschlands erste Sicherheitsstrategie?

7.1 Neue Sicherheitsstrategie und Praxis

Jubel und Respekt waren groß in der außenpolitischen Community, als sich die neue Bundesregierung dazu verpflichtete, binnen Jahresfrist eine Nationale Sicherheitsstrategie (NSS) vorzulegen. Es wäre die erste Sicherheitsstrategie überhaupt für Deutschland. Diese Selbstverpflichtung gingen die Koalitionäre Ende 2021 und somit noch vor dem russischen Angriffskrieg ein.

Der Krieg und die Zeitenwende-Rede veränderten den Wert des Dokumentes. Es würde nun das erste offizielle Dokument der gesamten Bundesregierung zur Sicherheitspolitik sein und somit neu in seiner Qualität: als erste Strategie überhaupt, aber auch unweigerlich als Standortbestimmung der Bundesregierung für ihre sicherheitspolitische Neuausrichtung, und als Umsetzungsprogramm der Zeitenwende. Dies galt gerade bei den Partnern Deutschlands. Zugleich gaben diese Erwartungen und die Aufmerksamkeit auch Raum für Impulse an diese Partner dafür, wie ein deutscher Beitrag zur europäischen Sicherheitsordnung aussehen könnte und wo Kooperation möglich ist. Zentrale Themen sind die hier schon genannten großen Entwicklungen: geopolitische und geoökonomische Herausforderungen, technologische Souveränität sowie der Umgang mit Konflikten.

Europa schaut auf Deutschland aber nicht wegen seines moralischen Anspruchs in der Sicherheitspolitik, sondern trotz dieses Anspruchs der normativen Politik (siehe Kapitel 4.5). Die wirtschaftliche Macht Berlins lässt sich nicht ignorieren, und viele europäische Staaten stehen in sicherheitspolitischer Abhängigkeit von Berlin.

7.2 Strategien – zwischen Konzeption und politischer Realität

Dennoch ist die NSS nicht das erste Strategiedokument. Zudem veröffentlichen viele andere Länder regelmäßig solche Dokumente. Daher kann man abschätzen, was der Zweck und die Potenziale von strategischen Dokumenten sind.[73]

Ambitionen und Erwartungsmanagement
Tatsächlich gehen die Vorstellungen weit auseinander, was solch eine Strategie leisten kann und soll. Da wären die Verfechter der reinen Lehre: Strategie als Analyse von Bedrohungen und Chancen, die Ableitung von Zielen und dann von Mitteln und Instrumenten, um diese umzusetzen. Am anderen Ende des Spektrums finden sich solche, die Strategien für unnötig halten, weil sie der Politik Zusagen abverlangen, die ihre Handlungsfreiheit einschränken. In Dokumenten wie Sicherheitsstrategien liefern Regierungen politische Erklärungen, die im besten Fall vier Funktionen erfüllen.

Erstens: Sie geben eine Richtung vor. Die Bundesregierung stellt darin ihre Einschätzung der internationalen Sicherheitslage vor, priorisiert Bedrohungen, definiert einen (geografischen) Fokus, legt Aufgaben fest, klärt die Rolle von Partnern und ordnet Mittel zu. Zweitens: Sie sind eine Gelegenheit, frühere Positionierungen zusammenzuführen und festzuschreiben, wie etwa die Einschätzung von Russland und China im Koalitionsvertrag.

Während ihrer Erarbeitung bieten Strategiepapiere drittens eine Gelegenheit, Sicherheitspolitik in der Öffentlichkeit zu erklären, zu diskutieren und eine legitime Basis für sie zu schaffen: Wann und warum ist es sinnvoll und notwendig, dass sich Deutschland engagiert, mit wem und wie. Viertens sind sie Instrument und Maßstab für Deutschlands Partner: Die NSS ist ein Baustein dafür, eine belastbare und verlässliche Vision für die Zukunft zu schaffen, die signalisiert, wie Deutschland zukünftig Sicherheit mit seinen Partnern organisieren möchte und welchen Beitrag es selbst leistet. Allerdings würde auch ein Schweigen zu offensichtlichen Fragen unserer Partner registriert.

Eine Strategie ist immer ein Produkt ihrer Zeit und politischen Umstände. Folgende Faktoren charakterisieren die Handlungsfähigkeit der Bundesregierung. Im konkreten Fall Deutschlands bedeutet das: Die NSS erlaubt, sicherheitspolitische Herausforderungen anzugehen, die der Koalitionsvertrag nur vage anschneidet. Zudem kann eine Strategie ein wesentliches Versprechen deutscher Sicherheitspolitik einlösen, das der Koalitionsvertrag vernachlässigt hat: Politik aus einem Guss oder wenigstens kohärenter zu gestalten. Der Koalitionsvertrag ist nicht nur eine Wunschliste, die eine NSS sortieren kann. Er ist auch eine Selbstverpflichtung. Diese geht über die Regierung hinaus und schließt die Fraktionen der Regierungsparteien mit ein. Deshalb bindet die NSS auch Bundestagsmitglieder; gleichzeitig können sie die Regierung an ihre Selbstverpflichtung erinnern und sie einfordern.

Das Wichtigste an einer Strategie ist am Ende die Ernsthaftigkeit des Vorhabens. You better mean it – Deutschlands neue Regierung hat im Rahmen des russischen Angriffskrieges binnen kürzester Zeit ihren Vertrauensvorschuss in der internationalen Politik aufgebraucht und die deutsche geopolitische Frage wieder aufgeworfen: Auf wessen Seite steht Berlin, was ist es bereit, für die Sicherheit Europas zu leisten (siehe Kapitel 4.5)?

Schwere Bedingungen

Diese erste NSS ist ein erster Wurf unter schweren Bedingungen. Doch es gibt Vorläufer, die als Referenzpunkte dienen können, sogenannte Weißbücher. Das letzte entstand zwischen 2014 und 2015 als Reaktion auf den langfristigen Wandel des Sicherheitsumfelds seit dem Arabischen Frühling, der Finanz- und Eurokrise sowie der sicherheitspolitischen Ordnungskrise durch den Angriff Russlands auf die Ukraine 2014. Das Weißbuch von 2016 vollzieht den Wandel nach und definiert Herausforderungen im nichtmilitärischen Bereich, betont aber gleichzeitig die Rückkehr der Bündnisverteidigung. Bemerkenswert ist die Entstehung im Rahmen eines umfassenden Konsultationsprozesses der Bundesregierung.

Im Gegensatz dazu begannen die Arbeiten an der ersten NSS in einer noch schwierigeren Situation, in der für Europa gefährlichsten Dekade seit dem Ende des Kalten Krieges. Hinzu kommt, dass Berlin in der EU und der NATO noch vor dem Erscheinen der NSS zwei Schlüsseldokumenten zustimmen wird, dem Strategischen Kompass der EU und dem Strategischen Konzept der NATO. Beide skizzieren den sicherheitspolitischen Rahmen, in dem die Organisationen und ihre Mitglieder gemeinsam bis in die 2030er Jahre operieren wollen. Deutschland übernimmt in der Regel diesen Rahmen aus EU und NATO.

Der Koalitionsvertrag 2021 sagt nicht nur eine NSS zu. Dort heißt es auch: „Wir suchen aktiv den Dialog mit den Bürgerinnen und Bürgern über die Herausforderungen der internationalen Politik." Sinnvoll wäre es, die Erarbeitung der NSS als Startpunkt für diesen sicherheitspolitischen Dialog zu nehmen. Gerade in Deutschland ist das besonders wichtig und notwendig. Wichtig, weil es ein besseres Verständnis in der Bevölkerung über Risiken und Bedrohungen braucht, denen Deutschland gegenübersteht. Notwendig, weil das politische System Deutschlands Einfluss sehr divers verteilt. Anders als in Ländern, in denen weitgehend Konsens über Sicherheitspolitik herrscht und die zentralistisch regiert sind, wie Frankreich und Großbritannien, kann Sicherheitspolitik in Deutschland nur Praxis werden, wenn gesellschaftliche Kräfte über die Parteien hinaus, also zum Beispiel in den Verbänden und Kirchen, diese unterstützen oder zumindest nicht blockieren.

Das Weißbuch 2016 hatte 22 Monate Zeit, um zu reifen. Für die NSS bleiben nur elf Monate. Deshalb müssen die Ambitionen des Dokuments an den Zeitrahmen angepasst werden und komplexere Analysen wie auch der demokratische Diskussionsprozess in eine spätere, erweiterte Strategie-Praxisphase verlegt werden, für die die NSS nur den Auftakt bietet.

Unter den oben genannten Bedingungen bestimmen zwei Faktoren die Qualität der NSS: Prozess und Ziel. Verfügbare Zeit und Ressourcen gebieten, sich auf eine grundsätzliche Linie zu konzentrieren, statt allen Ansprüchen gerecht werden zu wollen. Dabei stehen vier idealtypische Ausrichtungen zur Auswahl:

- konservativ
- ambitioniert
- balanciert
- realistisch

Der konservative Ansatz

Bei einem konservativen Ansatz tragen die Ministerien in geübter Form Textbausteine zu zentralen Themen zusammen. Geltende Prinzipien und Ziele blieben so bestehen, etwa wie sie im Koalitionsvertrag bereits formuliert sind. Dokumente der EU und der NATO wären zusätzliche Referenzpunkte. Deutschland würde die darin beschriebenen Analysen übernehmen, weil sie bereits abgestimmt sind und man sich so des Wohlwollens der Partner gewiss sein kann. Damit werden allerdings keine neuen oder speziell nationalen Ziele geschaffen.

Neuerungen wären mithin oberflächlich, zum Beispiel ein Sicherheitsrat ohne besondere Zuständigkeiten, eine Initiative zu mehr ressortgemeinsamem Handeln ohne zwingende Zielvorgaben oder die Umwidmung laufender Rüstungs- und Verteidigungsprojekte in brandneue politische Initiativen von EU und NATO. Das wesentliche Ziel wäre es, pünktlich ein solides Dokument abzuliefern, das Parteien und Bundestag ohne viel Kritik annehmen. Es könnte ein kurzes, handliches Dokument entstehen, in dem die Regierung nur einige wichtige Punkte, die weitgehend Konsens sind, als eine Art Programm ausbuchstabiert.

Der Vorteil dieses Ansatzes besteht darin, dass er keine politischen Zumutungen für den Koalitionsfrieden bedeutet. Zudem entsteht viel Flexibilität bei der Umsetzung, man kann ad hoc auf Chancen etwa im Bereich der Kooperationen reagieren. Auch auf die Umsetzung dürfte man sich reibungslos einigen können. Der Nachteil ist, dass damit die Lücke zwischen Risiken und Handlungsoptionen wohl größer würde. Auch könnten schwierige Themen wie Rüstungsexporte einfach auf die nächste Dokumentenebene verschoben werden. Die Strategie erkundet in der Regel keine neuen Bereiche von Sicherheit oder neue politische Herangehensweisen.

Der ambitionierte Ansatz

Ein höheres Ambitionsniveau deutscher Sicherheitspolitik ist notwendig, weil sie zwar vielfältig engagiert ist, aber nicht überall in ausreichendem Maße, etwa bei der zivilen Krisenprävention und Stabilisierung sowie bei der Verteidigung.

Ein größerer Ehrgeiz lässt sich am besten dadurch zum Ausdruck bringen, dass man auf den bestehenden Referenzpunkten aufbaut. Ein einfacher, aber höchst symbolträchtiger Schritt könnte darin bestehen, vorhandene Planziele zu erhöhen, etwa die Quote für Entwicklungszusammenarbeit. Auch könnte das Drei-Prozent-Ziel aus dem Koalitionsvertrag schon kurzfristig umgesetzt werden. Ambitioniert könnte es auch sein, neue Instrumente aufzubauen, etwa ein ziviles Corps zur Stabilisierung. Eine dritte Form der Ambition wäre es, einen Themenkomplex neu in der Strategie unterzubringen, wie etwa Energiesicherheit, den sicherheitspolitischen Umgang mit China oder Governance im Bereich kritischer Technologien.

Der Vorteil wäre: Deutschland würde ein Zeichen der Aktivität und Reaktion auf Herausforderungen setzen. Eine Erweiterung könnte als eine umfassendere Politik gewertet werden, eine Erhöhung als Beitrag zu einer fairen Lastenteilung oder als ein besonderes Engagement. Der Nachteil besteht darin, dass hohe Kosten die Zustimmung unwahrscheinlicher machen. Zudem kann Berlins Glaubwürdigkeit schnell leiden, wenn nicht geliefert wird.

Der balancierte Ansatz

Deutschland steht vor der Herausforderung, seinen Sicherheitsansatz erneut zu erweitern und neue Politikfelder, insbesondere Technologie und innere Sicherheit, einzubeziehen. Wirksame Veränderungen werden sich unweigerlich auf die derzeitige Struktur der Behörden und politischen Befugnisse auswirken.

Dieser Ansatz würde mit einem weißen Blatt Papier beginnen und ohne Rücksicht auf bestehende Antworten und Instrumente zunächst nur die Risiken und Bedrohungen bewerten. Hieraus würden erforderliche Mittel abgeleitet und wahrscheinlich neue Zuschnitte der Zuständigkeiten, aber auch Gesetzesänderungen angeregt. Geografisch und funktional wäre diese Strategie sehr breit gefächert. Sie würde neben Bürgern und Institutionen vielleicht auch universelle Normen und globale öffentliche Güter für schützenswert erklären, aber auch konkrete Instrumente und Mittel benennen. Es wäre starkes politisches Engagement erforderlich, um diese Botschaft an Bürokratie und Gesellschaft heranzutragen.

Vorteil dieser Strategie wäre eine realistische und umfassende Abbildung der Risiken und erforderlichen Instrumente. Zudem könnten überkommene Schwarz-Weiß-Konzepte wie Krieg und Frieden durch angemessenere ersetzt werden: Sie beschrieben die neue Dynamik moderner Konflikte und legten dar, wie Deutschland präventiver, koordinierter, umfassender und kontinuierlicher handeln würde. Eine Verknüpfung von innerer und äußerer Sicherheit wäre möglich, ebenso die Überwindung der Trennung militärischer und ziviler Mittel.

Nachteil: Der Ansatz könnte überkomplex und damit schwer umsetzbar sein. Neue Zuschnitte dürften bei Institutionen auf viel Widerstand stoßen. Zeitlich dürfte dieser Ansatz innerhalb eines Jahres kaum umzusetzen sein. Während einer solchen Neuordnung bestände das Risiko des teilweisen politischen Stillstands.

Der realistische Ansatz

Ein realistischer Ansatz würde nicht Interessen und Ziele in den Mittelpunkt stellen, sondern heute und künftig verfügbare Mittel und damit die Erreichbarkeit der sicherheitspolitischen Ziele betonen. Dieser Linie würde eine Abschätzung gegenübergestellt, welche Risiken und Bedrohungen mit diesen Instrumenten wirksam bearbeitet werden können. Eine solche Bestandsaufnahme böte eine solide Entscheidungsgrundlage. Wo das Mindestmaß an Sicherheit nicht gewährleistet werden kann (Schutz kritischer Infrastrukturen, militärische Verteidigung), gilt es, zusätzliche Ressourcen und Instrumente bereitzustellen oder Ziele neu zu definieren.

Um den politischen Willen zur Umsetzung zu verdeutlichen, würden Vorzeigeprojekte auf aktuellen Initiativen aufbauen. So könnte das Konzept der Anlehnungsmacht weiterentwickelt werden, demzufolge Deutschland militärisch eng mit kleineren Ländern in Europa zusammenarbeiten und mit einer solchen Integration diese und sich selbst befähigen würde.

Der Vorteil dieses Ansatzes besteht darin, dass er Klarheit schafft, welche Ambitionen Deutschland jetzt und in absehbarer Zukunft verfolgen kann. Zudem wird ein nachhaltiges politisches Engagement möglich statt kurzatmiger Vorschläge. Dies würde auch die Glaubwürdigkeit unterstreichen und gegenüber Partnern begründen, was Deutschland tut – und was nicht. Nachteil: Einige Akteure befürworten eine solche Klarheit eventuell nicht, denn Deutschland würde sich womöglich eingestehen müssen, dass es weit weniger kann oder bereit ist zu tun, als es bislang von sich selbst geglaubt hat. Dies würde eine Debatte über Deutschlands Rolle in der Welt zur Folge haben.

Dieser Ansatz mag zeitlich herausfordernd sein. Doch weil nur die solide Bestandsaufnahme der Handlungspotenziale eine realistische Diskussion um sicherheitspolitische Ambitionen erlaubt, sollte eine NSS diese im Rahmen der Implementierung vorlegen.

7.3 Deutschlands Nationale Sicherheitsstrategie 2023 – evolutionäres Dokument in revolutionären Zeiten

In der Praxis haben wir es mit einer Mischform der vier Optionen zu tun.[74] Die NSS lebt noch vom Eindruck des Geschehenen, nicht von der Ambition, die Zukunft deutscher Sicherheit gestalten zu wollen. Größere Ambitionen vermeidet das Dokument. Das Dokument enthält zwar keine Lücken, aber bleibt weitestgehend im Ungefähren. Der Sprung aus der Extrapolation einzelner vorhandener Stränge ministerieller Politiken in die Revolution (Zeitenwende) und integrierte Sicherheit ist nicht gelungen.

Der gewählte Prozessansatz, Zeit und Umstände haben zwar nicht mehr erwarten lassen. Doch für Deutschlands Partner zählt das Ergebnis als Ausweis des Standes der Zeitenwende, nicht der Prozess. Der Prozess verlief weitestgehend entlang des konservativen Ansatzes.

Doch schon früh mischten sich die unterschiedlichen Ambitionen der Regierungsparteien in den Prozess. Die Bundesregierung stufte Vorversionen der Strategie als Geheimdokument ein und wollte so vermeiden, dass erste Versionen zirkulierten und damit auch zur informellen Kommentierung gegeben werden konnten. Sie nahm sich damit eine Möglichkeit der Rückversicherung darüber, ob bzw. wie ihre Aussagen bei Expertinnen und Experten, Partnerinnen und Partnern ankommen würden – was also Kritik oder Zuspruch erhalten würde. Zudem vermeidet man so, dass Ministerialbürokratie alle Ecken und Kanten, also politische Aussagen, die Neuland in den Blick nehmen, aus dem Dokument schleift, damit sich niemand in der Verwaltung später einer Kritik ausgesetzt sieht.

Eine weitere Folge der politischen Einflussnahme war, dass das Dokument immer wieder in Überarbeitungsschleifen gehen musste. Der erste angekündigte Termin – zur Münchner Sicherheitskonferenz 2023 (vom 17. bis zum 19. Februar) – konnte nicht gehalten werden. Und auch der nächste im Mai 2023 nicht. Mittlerweile schafften diese Verzögerungen und der Streit unter den Ministerien und den Regierungsparteien, der im Hintergrund aber auch öffentlich stattfand, Irritationen, national aber auch bei den Partnern in EU und NATO. Es schien, als drifte das Ziel von einer Gestaltung einer Strategie hin zu einer Veröffentlichung eines Papiers, um weiteren Schaden abzuwehren.

Aus der Vogelperspektive betrachtet, legt dieser Streit nicht nur die tagespolitischen Unstimmigkeiten offen, sondern auch, dass man sich bei grundlegenden Fragen politisch eben nicht einig ist, vor allem was legitime Mittel der Sicherheitspolitik angeht, etwa wie weit der Staat Cyberangriffe selbst unternehmen darf, aber auch, wie eine neue Sicherheitspolitik in den Ministerien verortet werden soll. Hinzu kommen blinde Stellen, wie etwa die Vernetzung der Bundespolitik mit der Politik der Länder und Kommunen sowie dem privaten Sektor. Vor dem Hintergrund nicht nur des Anspruchs, eine integrierte Strategie zu schaffen, sondern auch angesichts der vernetzten Risiken, vor denen Deutschland steht, war dies ein zentrales Ziel, das auch schon frühere Strategien nicht eingelöst haben.

So steht am Ende ein Dokument, von dem Deutschlands Partner teilweise sagen, es ist gut, dass es da ist, weil Deutschland damit qualitativ einen Schritt weiter ist. In der Umsetzung, aber vor allem bei der nächsten Iteration wird Deutschland auf Fragen stoßen, die qualitativ neu sind, andere werden sich aber dann nicht zum ersten Mal stellen – so kann Routine entstehen. Doch als Auskunft über den Stand der Zeitenwende und den Wandel hin zu einer neuen Sicherheitspolitik in Deutschland ist das Dokument weitgehend ernüchternd.

Die Agenda der Strategie
Die Strategie steht, nach einer soliden Bestandsaufnahme der Risiken und Bedrohungen, auf drei Säulen:

- **Wehrhaftigkeit:** die aktive Abwehrfähigkeit gegen innere und äußere Feinde.
- **Resilienz:** die Widerstandsfähigkeit, also der Wille und die Fähigkeit einer Gesellschaft, in einem Konflikt zu bestehen und danach die Gesellschaft wiederherzustellen.
- **Nachhaltigkeit:** die Schaffung von Sicherheit im Bewusstsein für begrenzte Lebensgrundlagen und für Konflikte, die aus Mangel an Nachhaltigkeit entstehen können.

Das gemeinsame Dach über den Säulen soll die Integrierte Sicherheit für Deutschland sein.

Die Passagen zur Verteidigung fallen nicht hinter die neue Sprache seit der Zeitenwende-Rede und anderen öffentlichen Äußerungen der Regierung zurück – im Gegenteil, sie sind sehr klar auch mit Blick auf Themen, die traditionell sensibel sind: vor allem nukleare Abschreckung.

Mit dem Titel „Integrierte Sicherheit" und den einleitenden Worten erhebt die Strategie den Anspruch, verschiedenen Politikbereiche und ihre Instrumente zu verschränken. Doch dieser Anspruch ist nur ansatzweise erfüllt. Zwar findet sich eine Fülle von Vorschlägen. Doch in den meisten Fällen sind dies einfache Weiterentwicklungen bereits vorhandener Strategien – also keine Verschränkung, sondern pfadabhängige Vorschläge zu laufenden politischen Themen und Arbeitssträngen der Ministerien. Es bleibt also bei den bekannten und problematischen Silos des Denkens und Handelns. Obwohl Wirtschaft und Zivilgesellschaft als wichtige Akteure erwähnt werden, gibt es keinen vernetzten Ansatz, der über die einzelnen Beiträge der Akteursgruppen hinaus reflektiert, wie sie sich summieren und auch interagieren und wie sie deshalb zur Sicherheit beitragen oder aber möglicherweise ein Risiko darstellen.

Eine neue Institutionalisierung hätte hier teilweise Abhilfe schaffen können, ein nationaler Sicherheitsrat aber ist am Streit über die Abgabe von Macht unter den Regierungsakteuren gescheitert. Dieser Rat allein wäre sicher keine Lösung für die Herausforderungen der Zusammenarbeit zwischen Bund und Ländern gewesen. Eine solche Zusammenarbeit ist aber für die Reduzierung der Probleme, die durch die Trennung von innerer und äußerer Sicherheit entstehen, notwendig. Doch auf der Bundesebene, also unter den Bundesministerien und auch mit Blick auf die Einbindung von Wirtschaft und Zivilgesellschaft, wäre eine solche Institution ein Schritt zu mehr Stabilität in der Koordinierung und in Richtung einer Politik aus einem Guss gewesen – ein Versprechen übrigens aus den frühen Tagen der Ampelkoalition. Doch innerstaatliche Aspekte von Sicherheit werden weitgehend beiseitegeschoben. Das Papier fokussiert auf Bedrohungen von außen, wie es selbst sagt. Damit verlängert es gleichzeitig die Trennung in Innen und Außen, die man eigentlich überwinden wollte. Es bleibt auch in diesem Dokument bei allgemeinen Worten.

Die allgemeine Sprache des Dokumentes erlaubt es auch nicht, Prioritäten aus der Strategie herauszulesen. Stattdessen finden sich viele Maßnahmen, die mit Worten wie „unter anderem" eingeleitet werden. Zudem findet sich oft kein kausaler Zusammenhang zwischen identifiziertem Problem und einer Maßnahme, die ergriffen werden soll. So ist nicht nachvollziehbar, welche Annahme besteht und wie weit einzelne Maßnahmen Risiken und Gefahren reduzieren. Damit wird auch die Überprüfung der Strategie – also die Frage, ob die richtigen Mittel für die Ziele gewählt wurden – schwierig bis unmöglich. Risiko- und Problemauswahl scheinen willkürlich. Hinzu kommt eine Reihe an zusätzlichen Prozessen und zusätzlichen Strategien als Lösungsansätze. Damit werden Lösungen oder sogar die Suche danach in die Zukunft verschoben.

Gestaltungsanspruch: Welche Art von Macht ist Deutschland?

Die NSS blickt zwar zurück, gibt aber kaum Anregungen für die künftigen Beziehungen zu wichtigen Partnern. Die Strategie hat keine Vorstellung von der zukünftigen Rolle Deutschlands in der Welt. Das Papier ist defensiv, reagiert immer noch, statt wirklich zu agieren. Deutschland macht sich darin auch viel kleiner, als es ist – und verleugnet damit seine Macht und Gestaltungsmöglichkeiten. Es knüpft auch nicht an die Diskussionen der vergangenen 10 bis 15 Jahre an, wie den Münchner Sicherheitskonsens von 2014. Verantwortung und Handlungsfähigkeit haben keinen Platz. Erstaunlich, dass keine Führungsrolle definiert wird, obwohl dies im öffentlichen Diskurs, auch von politischen Entscheidungsträgern, oft behauptet wird.

Wirtschaft und Sicherheit

Deutschland ist eine der stärksten Volkswirtschaften der Welt und nach wie vor das europäische Powerhouse. Doch was das im sicherheitspolitischen Kontext bedeutet, sagt die Strategie nicht. Defensiv und unscharf – vor allem, weil die China-Perspektive nur unzureichend angesprochen wird. Es wird zwar ein wenig über Regulierung gesprochen, aber nicht konstruktiv erwähnt, dass das deutsche Modell von wirtschaftlicher Prosperität abhängt und was dies angesichts der neuen Sicherheitslage künftig bedeutet. Innovation, Digitalisierung, grüne Transformation, Gesundheit, all diese Bereiche liegen an der Schnittstelle von Sicherheit und Wirtschaft. Nur wirtschaftliche Stärke kann helfen, die Sicherheit Deutschlands und Europas insgesamt zu erhalten oder sogar zu erhöhen.

Gesellschaftliche Teilhabe

Zum Schluss, der sehr kurz ausfällt, deutet die Strategie einen Folgeprozess an, der die verschiedenen Akteure in Deutschland einbinden soll – quasi ein Nachholen der intensiven Einbindung, die allerdings vor der Strategieentwicklung hätte stattfinden sollen. Sie will eine Grundlage für Diskussionen und Weiterentwicklungen bieten. Aber Streitpunkte oder Herausforderungen, die einer öffentlichen Debatte bedürfen, werden nicht erwähnt.

Kapitel 8
Deutschland braucht eine sicherheitspolitische Dekade: Zehn Empfehlungen

8.1 Der überforderte Staat

Da steht Deutschland nun: Mitte 2023, mit einer Reihe ungelöster sicherheitspolitischer Konstruktionsmängel im Inneren, die wegen der immer stürmischeren Weltpolitik zunehmend gefährlicher für die Sicherheit Deutschlands und Europas werden und bereits erhebliche Verluste an Wohlfahrt, Sicherheit und politischer Stabilität erzeugt haben.

Mit dem Grundproblem steht Deutschland als Staat und damit klassischer Sicherheitsgarant nicht allein da. Seit Mitte der 2000er Jahre lässt sich eine Rückkehr des Staates als Sicherheitsanbieter wahrnehmen – vielleicht ist es auch nur der Rückgang des Vertrauens in internationale Organisationen und die europäische Integration. Hier mögen die großen Schocks in dieser Zeit, vor allem die Finanzkrise in den Jahren 2008 und 2009 dazu beigetragen haben.

Doch der Staat steckt in der Klemme: Zwar haben viele europäische Länder und ihre damaligen Regierungen gern die ihnen zugeschriebene Lösungskompetenz für große, als existenziell wahrgenommene Fragen angenommen. Doch sie können die Erwartungen nicht einlösen. Nach innen brauchen sie dazu die Gesellschaft und die Wirtschaft mehr denn je: Cybersicherheit und Gesundheitsvorsorge stellen Individuen stärker in den Mittelpunkt der Verantwortungsübernahme. Dafür muss der Staat die Menschen empowern – also ermächtigen oder befähigen –, Dinge zu tun und zu wissen, warum man sie tut. Resilienz und Redundanz kann der Staat in einem privatwirtschaftlichen System nicht einfach anordnen.

Nach außen brauchen sie die internationale Kooperation. Denn die Probleme sind größer als die einzelnen Staaten. Ihre Regelungs- oder Kontrollmacht endet quasi an ihren Grenzen. Doch diese Grenzen interessieren die Probleme nicht – Klimaerwärmung und gefährliche Pandemien überwinden diese bzw. kennen sie nicht. Erschwerend kommt hinzu, dass andere Staaten, die wichtig wären für die Reduzierung dieser globalen Risiken, wie China und Russland, die Schwächen und Bedürfnisse der Europäer kennen und für sich nutzen. Sie legen weniger Wert auf den Klimaschutz (Russland) oder beeinflussen mit ihrer Marktmacht (China) viele der Handlungsmöglichkeiten Europas.

Deutschland und Europa brauchen ein neues Betriebssystem, durch das sie sich auf die immer mächtiger werdende Umwelt einstellen können – mit der besonderen Herausforderung, dass dies bei laufendem politischen Betrieb stattfinden muss. Doch Demokratien setzen nur schwer Pläne für Veränderungen um, die Umverteilung von Macht lieben selten jene, die sie gerade besitzen.

Stellt man die einzelnen Anforderungen zusammen, ergibt sich unweigerlich ein sehr umfassendes Arbeitsprogramm sowie eine existenzielle Frage: Können Deutschland und Europa Wohlstand, Sicherheit und Lebensweise für die Europäerinnen und Europäer erhalten oder verlieren sie Einfluss und damit die faktische Macht, diese Frage zu beantworten, und damit auch die Legitimität, die der Existenz von Staat und Regierung zugrunde liegt. Menschen geben ihre individuelle Macht in einen großen Topf und mit der gesammelten Masse an Macht stellt der Staat die wesentlichen Güter sicher. Kann er das nicht mehr, verlagert sich die Macht der Individuen entweder zurück zu ihnen oder zu anderen Akteuren, die mehr Erfolg versprechen.[75]

Die Zeitenwende ist die Ankündigung einer Kurskorrektur, nachdem Deutschland sich 30 Jahre lang immer weiter auf einem außen- und sicherheitspolitischen Holzweg bewegte. Steigende Abhängigkeiten und eine unterentwickelte Kultur im Bereich Sicherheit und Verteidigung prägen diese Entwicklung. Das seit den 2000er Jahren offensichtlich gewordene Staatsversagen blitzte immer wieder auf, angegangen wurde es aber nicht.

Ein Teufelskreislauf der Krisenpolitik entsteht: Diese Herausforderungen lassen sich nicht en passant lösen, in einem normalen Politikbetrieb, mit seinen Routinen und Dynamiken rund um kurze Regierungsperioden in Demokratien. Hinzu kommen die mit dem demokratischen System einhergehenden Charakteristika des politischen Systems: Wahlen, Kämpfe um politische Unterscheidbarkeit von Parteien sowie zwischen Opposition und Regierung, oder das politische Profil für einzelne Personen.

Gleichzeitig stresst der hektische Krisenmodus der Politik auch die Gesellschaft. So reagiert die Politik auf die Krise, egal wie groß sie auch sein mag, spät. Ist sie gravierend, dann sind auch die Reaktionen der Politik extrem: Viele Entscheidungen müssen hektisch, in einem Zustand der Unwissenheit getroffen und begründet werden. Zeitdruck und unweigerlich geschehende Fehler oder Ungenauigkeiten unterminieren die politische Solidität der Entscheidungen und deren demokratische Legitimität. Zudem scheint die Krisenpolitik des Bundes seit den vergangenen Jahren immer weiter in die Exekutive zu rutschen – weg vom Parlament.

Doch die Exekutive löst die Probleme im Sinne der Ursachenbekämpfung nicht, höchstens bearbeitet sie die Krise. Danach versucht die Politik schnell wieder zu einem Normalzustand zurückzukehren. Denn eine politische Ausrichtung auf diese Probleme würde umfangreiche und unvorhersehbare Veränderungen von Zuständigkeiten und Macht mit sich bringen.

Stattdessen schaffen oder perpetuieren genau diese ungelösten Probleme und die Vermeidung der Politik, sie und die zukünftigen Herausforderungen besser, vielleicht sogar präventiv anzugehen, ja wieder genau die Umstände, die den Politikbetrieb von einer Krisenreaktion in die nächste treibt – eben weil die Politik ihren Modus nicht ändert und sich nicht systematisch auf Krisen vorbereitet, obwohl man davon ausgehen muss, dass die nächsten Jahre und Jahrzehnte zahlenmäßig noch mehr Herausforderungen mit sich bringen, die dann zu den alten hinzukommen, und weil insbesondere komplexe Probleme bereits am Horizont erkennbar sind, wie etwa die Veränderung des Verhältnisses zu China.

Doch mit dem Festhalten an bekannten politischen Konzepten und Institutionen verlieren der Staat und auch die Demokratie an Legitimität. Schutz nicht gewährleisten zu können und dann in Krisen hektisch und oft unter Aussetzung der demokratisch-parlamentarischer Prinzipen – oder zumindest ihrer starken Überdehnung – zu operieren, wird durch die Vielzahl der Krisen zum Dauerstress für unsere politische Ordnung.

Das Tragische ist, dass die Politik dieses Krisenhafte, Hektische vermeiden könnte, würde man sich nur vorbereiten. Weil man das aber nicht tut, sind die schlechteren Ergebnisse des politischen Krisenmanagements der vergangenen Jahre – die reduzierte Sicherheit – politisch gewollt oder zumindest in Kauf genommen. Dabei sind sie eigentlich kein unvermeidbares Schicksal. Doch Vorsorge und Vorbereitung sind vermieden worden. Das gilt auch für drei der letzten großen Krisen – Klimakrise: Ahrtal, Gesundheitskrise: Corona, militärische Krise: Ukraine. Sie waren entweder prognostiziert oder ihre erste Phase war bereits angelaufen, wie im Falle des Überfalls Russlands auf die Ukraine und die europäische Sicherheitsordnung.

Dabei ist es nicht so, dass Deutschland zur Vorausschau und Vorkehrung unfähig wäre: Die vielen Überlegungen und Maßnahmen, die den Kalten Krieg geprägt haben, von der Abschreckung bis zu alternativen Verteidigungskonzepten, waren mindestens der Ausdruck dafür, dass man eine Bedrohung und Kriegssituation in (West-) Deutschland für möglich hielt und auf dieser Basis um die besten Antworten politisch gestritten wurde. Zugleich spielten Katastrophenschutz und andere Einrichtungen der Vorsorge und des Krisenmanagements eine bedeutende Rolle.

Ich vermeide an diesem Punkt sehr bewusst den Vergleich und vor allem die Gleichsetzung der Zeit des Kalten Krieges und heute oder der Zukunft. Auch wenn es uns schwerfällt: Die Lösung für die gegenwärtigen und kommenden Probleme finden wir nur selten in Analogien zur Vergangenheit oder deren Interpretation. Dennoch hilft es, sich daran zu erinnern, dass die deutsche Gesellschaft keineswegs unfähig ist, derartige Überlegungen anzustellen und sie anschließend in die Praxis umzusetzen – sie kann das sehr wohl und sehr gut.

8.2 Zehn Empfehlungen

Damit Deutschland die Herausforderungen der Zukunft besser bearbeiten, aber auch die bereits bestehende Bugwelle an Problemen reduzieren kann, braucht es etwas Besonderes, das dem neuen sicherheitspolitischen Kontext Angemessene: die sicherheitspolitische Dekade. Mit einer gemeinsamen und langfristigen Anstrengung sollte Deutschland die Sicherheit seiner Menschen und politischen Institutionen sicherstellen. Das mag zunächst banal oder völlig idealistisch klingen – aber wer sollte sonst der Träger des Wandels sein, und welcher Schritt würde sonst ein höheres Maß an Sicherheit versprechen? Und wäre die deutsche Gesellschaft, umgekehrt gefragt, bereit, mit höheren Risiken zu leben?

Die sicherheitspolitische Dekade würde bedeuten, dass Politik, Gesellschaft und Wirtschaft über einen Zeitraum von zehn Jahren die Sicherheitspolitik mit Blick auf Konzepte (Prioritäten und Strategien), Institutionen, Zuständigkeiten (nationale Sicherheitsinfrastruktur) und Ressourcen überprüfen, weiterentwickeln und wo notwendig neu aufstellen.

Dazu gehören die folgenden zehn Punkte:

1. die finanzielle Dekade,
2. das neue Betriebssystem,
3. nachhaltiger Frieden,
4. neue Strukturen für das Betriebssystem,
5. Verteidigung,
6. Europa und EU – europäische Sicherheit,
7. Klimasicherheit,
8. der Klima-Geoökonomie-Geopolitik-Technologie-Komplex,
9. Resilienz und Gesamtverteidigung,
10. Vermittlung und Dialog.

Die sicherheitspolitische Dekade wäre eine gezielte Anstrengung des Staates, aus diesem Teufelskreis oder der Abwärtsspirale herauszukommen, indem er sich sicherheitspolitisch neu aufstellt. Dabei wird das sicherheitspolitische Betriebssystem bei laufendem Betrieb geändert werden müssen, was Unsicherheiten bedeutet.

Weil diese Dekade auch unsere Partner betrifft oder von ihnen abhängig ist, ist es sinnvoll, zentrale Staaten und Institutionen in diese Prozesse mit einzubinden. Hinzu kommen Staaten, von denen Deutschland lernen kann: Andere Staaten zeigen, dass man diesen sicherheitspolitischen Wandel schaffen kann und dadurch solider aufgestellt ist für die Zukunft. Finnland, einige baltische Staaten, aber auch Singapur haben bereits solche Konzepte für sich entwickelt und über Jahrzehnte beibehalten und geübt.

Politisch kann diese Dekade nur gelingen, wenn die politischen Institutionen und Akteure, vor allem die Parteien, sich einig sind, dass grundsätzlich eine Veränderung erforderlich ist und es politisch nur noch darum gehe, sich über das Wie zu streiten.

Nr. 1: Lineare deutsche Sicherheitspolitik überwinden – das neue Betriebssystem

Die Bundesregierung selbst hat Deutschlands eigene Sicherheitseinschätzung ausdrücklich mit der Zeitenwende für überholt erklärt. Die NSS ist nur eine erste Fingerübung, wie man bürokratisch eine solche Strategie entwickelt. Sie taugt nicht als neues Betriebssystem deutscher Sicherheitspolitik. Vielmehr müssen wir uns auf einen längeren Prozess einstellen, der die Neuaufstellung der Sicherheitspolitik im Zentrum hat.

Deutschlands neue Sicherheit muss in einem Kontext systemischer Konflikte gewährleistet werden. In diesem Umfeld wird es mehr drastische und schnelle Veränderungen und damit Überraschungen geben. Dies erfordert schnelles und umfassendes Handeln sowie die Fähigkeit, die Auswirkungen von Megatrends bereits proaktiv zu beeinflussen. Das ist nichts, was Deutschland bislang vorweisen kann.

Weder in seiner institutionellen Aufstellung noch in seiner politischen Ausrichtung.[76]

Deutschland wird daher sein gesamtes Politikmodell neu gestalten müssen, ein Unterfangen, das über die klassische Außen- oder Sicherheitspolitik hinausgeht. Wie herausfordernd das ist, zeigen bereits die Energiekrise und die Klimapolitik.

Die Herausforderung besteht darin, die lineare Fortsetzung deutscher Politik entlang bestehender Strukturen und Grenzen zu beenden. Es gilt anzuerkennen, dass Deutschland und seine Umwelt einem exponentiellen, disruptiven Wandel unterworfen sind, mit dem man so nicht mehr Schritt halten kann.

Eine angemessene Reaktion muss Deutschland daher in die Lage versetzen, Störungen, die seine Interessen gefährden, zu bewältigen oder zu verhindern, aber auch Chancen zu erkennen und zu nutzen. Das bedeutet einerseits, das bislang vorherrschende reaktive Politikmodell zu überwinden, das in erster Linie auf externe Schocks reagiert, und zweitens ein Politikkonzept zu entwickeln und umzusetzen, das Handlungsfähigkeit unter den Bedingungen des aktuellen und künftigen disruptiven Wandels gewährleistet.

Eine erfolgreiche Neuaufstellung ist dann abgeschlossen, wenn Deutschland seine Handlungsfähigkeit im Kontext systemischer Konflikte in vier Bereichen signifikant verbessert hat:

1. Beurteilungsfähigkeit;
2. Kooperationsfähigkeit, auch über Europa hinaus;
3. Konfliktfähigkeit, im Sinne der Nutzung von Konflikten, um Interessen durchzusetzen;
4. Präventionsfähigkeit.[77]

Zusätzlich braucht es einen sicherheitspolitischen „do no harm"-Ansatz: Sicherheitspolitische Maßnahmen in einem Bereich dürfen die Sicherheit in einem anderen Bereich nicht reduzieren. Dazu ist es notwendig, Sicherheit als System zu begreifen: eine Schwachstelle, egal in welchem Bereich, senkt die Sicherheit des ganzen Systems. Es geht nicht um das eine oder andere Politikfeld, auf dem politische Entscheidungsträger sich mit Einzelprojekten profilieren können. Es geht auch nicht darum, sein Lieblingsfeld der Sicherheitspolitik gegen ein anderes auszuspielen, dem man politisch-normativ weniger zugeneigt ist. Denn genau dieser „normative" Knick in der analytischen Brille hat in der Vergangenheit effektive Politik in Deutschland verhindert, egal ob bei Energie, Klima oder Verteidigung.

Deutschlands Risiken und Chancen, seine Sicherheit und seinen Wohlstand in Zukunft sichern und seine Interessen verteidigen zu können, hängen davon ab, wie die zukünftige Ordnung aussehen wird. Deutschland muss also einen Plan entwickeln, wie es die Ordnungselemente, die der Krieg durcheinandergewirbelt hat, wieder sinnvoll zusammensetzen kann, sei es bezogen auf die Rolle militärischer Gewalt oder im Hinblick auf den Einfluss technologischer Entwicklungen. Davon wird in Zukunft Deutschlands Handlungsspielraum abhängen.

Dieser Prozess, in dem die Elemente der zerstörten Ordnung in eine neue Ordnung gefügt werden, hat schon begonnen. Diese Neuordnung und die möglichen Baupläne einer solchen Ordnung beeinflussen Megatrends – also Faktoren, die den Zukunftsverlauf bestimmen.[78] Mit ihnen lässt sich abschätzen, was sicher passieren wird. Beispiele sind technologische Entwicklungen, die steigende Politisierung von Wirtschaftsbeziehungen und die zunehmende Bedeutung des Klimawandels. Doch infolge der Zeitenwende hat sich die Konstellation dieser Trends, also ihr wechselseitiges Verhältnis, verschoben. Das macht eine Neubewertung von Chancen und Risiken so wichtig: So ist zu vermuten, dass mit Blick auf Lieferketten das Kriterium Kosteneffizienz an Bedeutung verliert, während die politische Verlässlichkeit von Rohstofflieferanten wichtiger wird. Einige Antworten sind bereits vorhanden, denn die Probleme sind nicht neu. Es ist etwa weitgehend bekannt, wie die Regierungen auf den Klimawandel reagieren sollten. Neu und erschwerend ist hingegen, dass die Herausforderungen zeitgleich auftreten und interagieren. Daher wird diese Phase der Neugestaltung für Europa in den kommenden Jahren eine Phase großer Unsicherheit und geringer Stabilität sein.

Konzeptionell: Souveränitätsverständnis weiterentwickeln: smarte Souveränität

Deutschlands Einfluss schwindet – wie umgehen damit? Vor einigen Jahren wurde viel über die deutsche Rolle in der Welt diskutiert. Angesichts der gewachsenen Macht der Bundesrepublik innerhalb der Europäischen Union und im internationalen Gefüge solle die Bundesregierung mehr Verantwortung und auch Führung übernehmen, hieß es damals. Diese Forderung wird auch heute noch erhoben. Aber das internationale Umfeld hat sich so verändert, dass Deutschland allein immer weniger ausrichten kann.[79]

Deutschland ist aufgrund seiner wirtschaftlichen Offenheit und internationalen Vernetzung von globalen Entwicklungen, transnationalen Risiken und dem fortschreitenden Systemkonflikt besonders betroffen. Als Handelsmacht in der Mitte Europas ist die Bundesrepublik auf internationale Vernetzung und politische Zusammenarbeit mit der Welt angewiesen. Die EU ist in all dem essenziell. Sie ist Deutschlands engste politische Partnerschaft, die seine Macht und seinen Wohlstand mehrt und zugleich den politischen Rahmen setzt: Deutschlands geopolitische Position ist eingebunden in Europa.

Die große Zahl von gleichzeitig auftretenden regionalen, transnationalen und globalen Risiken und Herausforderungen, denen sich Deutschland und die EU heute gegenübersehen, erfordert präventives, umfassendes und vor allem rasches Handeln. Die neue Bundesregierung trägt die Verantwortung dafür, Deutschland zu solchem Handeln zu befähigen. Das ist eine umfassende Aufgabe, denn Deutschland und seine Partner in der EU haben sich auf die fundamentalen Veränderungen des internationalen Umfeldes noch nicht so eingestellt, dass sie ihre grundlegenden Interessen schützen können.

Die deutsche Politik sollte die zunehmend begrenzten Machtressourcen gezielt so nutzen, dass sie einen weiteren Verlust an Gestaltungsspielraum und Einfluss verhindert und durch Kooperationen neue Handlungsoptionen eröffnet. Ziel ist es, ein weiteres strategisches Déclassement zu verhindern: Deutschland sollte in zentralen Bereichen nicht die Ziele anderer übernehmen müssen, sondern sich in die Lage versetzen, seine eigenen Ziele zu definieren und durchzusetzen. Ebenso sollte es die Ziele seiner Partner unterstützen können, wenn es diese für wichtig hält.

Das Souveränitätsverständnis, das seit dem 19. Jahrhundert vor allem auf der Trennung von Innen- und Außenpolitik basiert, muss dafür weiterentwickelt werden. Vier Aufgaben bestehen dabei:

1. Ziele und Lösungen für politische Probleme bestimmen und politisch beschließen zu können.
2. Strukturen und Prozesse zu entwickeln, die eine Problemanalyse der inneren und äußeren Entwicklungen erleichtern und politische Entscheidungen und ihre Umsetzung ermöglichen.
3. Ressourcen, Fähigkeiten und Instrumente für die Umsetzung der Ziele bereitzustellen.
4. In den Bereichen Ziele, Strukturen und Ressourcen Kooperationsangebote an Partner zu machen.

Wie die Handlungsfelder und Probleme so sind auch die Lösungen interdependent und wirken in verschiedene Bereiche hinein. „Smart" bedeutet, dass die ergriffenen Maßnahmen und Aktionen nicht nur eine vergleichsweise große Wirksamkeit bei der Problemlösung in verschiedenen Feldern haben sollen, sondern auch geringe negative Effekte durch unbeabsichtigte Folgen. Dies ist ein Kriterium, das auf die Effizienz des Machteinsatzes achtet. Das zweite Kriterium ist die Suffizienz. Es gibt Maßnahmen, auf die nicht verzichtet werden kann, auch wenn man meint, mit gleichem Einsatz in anderen Bereichen mehr erreichen zu können. Diese Konkurrenz um Ressourcen trifft verstärkt die Sicherheitspolitik, zum Beispiel als Forderung, mehr Geld für Klimaschutz auszugeben und weniger für Verteidigung. Argumente dieser Art implizieren, es gäbe eine Wahl. Der Staat hat aber die Pflicht, in allen Bereichen existenzieller Bedrohung Sicherheitsvorsorge zu leisten.

Um die neuen Handlungsoptionen und den Einfluss zu entwickeln, die im Sinne smarter Souveränität erforderlich sind, muss die deutsche Bundespolitik den Konflikt, auch den systemischen Konflikt zwischen autoritären Staaten und Demokratien, als Grundton der internationalen Beziehungen für die nächste Dekade akzeptieren. Dennoch sollte sie versuchen, Konfliktaustragung zu begrenzen. Zudem muss sie es als ihre Aufgabe begreifen, in diesem Konfliktumfeld die deutschen und europäischen Interessen zu schützen und durchzusetzen. Und schließlich muss sie den dafür notwendigen internationalen Einfluss dadurch schaffen, dass sie klassische Mittel der Außenpolitik mit neuen Instrumenten verbindet und systematisch einsetzt.

Nr. 2: Eine finanzielle Dekade

Die sicherheitspolitischen Risiken werden vielfältiger und haben sich teilweise bereits als Krisen festgesetzt. Vor diesen Hintergrund erscheinen die bisherigen Anstrengungen im bestehenden, auch finanziellen, Rahmen als kurzatmig und nicht darauf angelegt, sicherheitspolitisch ausreichend Vorsorge betreiben zu können.

Es braucht wenig Fantasie, um sich vorzustellen, dass diese sicherheitspolitische Modernisierung einen besonderen finanziellen Aufwand erforderlich machen wird. Im Bereich der Verteidigung ist die Bedarfsschätzung vergleichsweise transparent. Die Beobachtung der Unterfinanzierung (Input) oder der schlechten Leistungsbilanz (Output) trifft aber auf viele Bereiche der Sicherheitsinstrumente und Infrastruktur zu, so auch für den Klimaschutz oder die Cybersicherheit. Dass die Lücke im Verteidigungsbereich vergleichsweise klar ist, liegt auch daran, dass es transparente Benchmarks gibt und der wesentliche Beitrag aus einem Bundeshalthalt kommt statt aus verschiedenen Länderhaushalten und ggf. auch noch privaten Quellen.

Um den Systemwechsel hin zu einem wieder funktionierenden Verteidigungssektor zu schaffen, müssten ca. 0,5 Prozent des Bruttoinlandsproduktes (BIP) zusätzlich ausgegeben werden. Für Klimaschutz dürfte die Summe ähnlich hoch sein.[80] Hinzu kommen weitere Bereiche wie die Digitalisierung sowie sicherheitsrelevante Infrastrukturen wie Schienen, Strom und Straßen.

Die erforderliche Investition mag sich auf etwa vier Prozent des BIP[81] aufsummieren: Deutschland müsste also ca. vier Prozent seines Wohlstandes über eine Dekade aufwenden, um die Herstellung eines umfassenden Schutzes seiner Bürgerinnen und Bürger und politischen Institutionen gewährleisten zu können. Die erforderlichen Summen aus den laufenden Haushalten zu erwirtschaften scheint unmöglich oder nur teilweise denkbar.

Die vier Prozent des BIP sind eine erste vorsichtige Annäherung. Es gibt keine belastbaren Schätzungen über den Finanzbedarf für ein sicheres Deutschland. Dies wäre eine erste Aufgabe, wenn eine solche Dekade angegangen würde. Ich nutze den Wert hier nur, um die Summen, die erforderlich sind, etwas greifbarer zu machen: Vier Prozent des BIP entsprachen im Jahr 2022 3870 Milliarden Euro. Die Summe aller öffentlichen Ausgaben (Bund, Länder, Gemeinden) betrug 1875 Milliarden Euro. Vier Prozent des BIP hätten 2022 ca. 155 Milliarden Euro bedeutet und die öffentlichen Ausgaben um gut acht Prozent erhöht.[82]

Deshalb wird man die sicherheitspolitische Dekade mit einer besonderen finanziellen Anstrengung verbinden müssen. Mit dem Ausrufen einer sicherheitspolitischen Dekade würde Deutschland den strategischen Rahmen neu definieren, der zugleich neue Ausgaben begründet und diesen einen erweiterten zeitlichen Horizont zuordnet. Dies wäre eine wichtige Orientierung für Akteure, die diese Ausgaben des Staates gestalten, betrachten und bewerten: Ministerien, aber auch für den Rechnungshof, den Bund der Steuerzahler, den Haushaltsausschuss und sonstige Expertinnen und Experten, die sich darum kümmern müssen, dass Steuergeld sinnvoll und effektiv ausgegeben wird.

Die Einnahmenseite: die notwendige Erhöhung der Einnahmen und damit die Belastung der Bürgerinnen und Bürger wird man zugleich lösen müssen. Die Antwort ist so einfach wie brisant: die Deutschen werden entweder höhere Abgaben oder höhere Schulden aufbringen müssen, oder eine Mischung von beidem. Während in der Sicherheitspolitik wenig Ideen gibt, wie das notwendige Geld erarbeitet werden soll, gibt es in einigen anderen Politikfeldern parallel eine Debatte um die Reorganisation öffentlicher Einnahmen und Ausgaben, weil auch hier die Effekte der Krisen zu Verwerfungen geführt haben. Es wäre sinnvoll, wenn diese Diskussionen zusammengeführt würden, und hieran auch die Expertinnen und Experten aus den privaten Bereichen teilnehmen könnten und auch jene Bereiche reflektiert werden, die in Zuständigkeit der Länder oder auch der EU und der NATO sind.

Gleichzeitig verspricht ein Ausgabenzeitraum von zehn Jahren auch die Möglichkeit, strategisch in (deutsche) Unternehmen oder Sektoren zu investieren, die danach zum Bruttosozialprodukt beitragen. Umgekehrt geht die höhere Unsicherheit und die Risiken die Deutschland bietet, sicher zu Lasten des Standortes Deutschland. Dann sinkt das BIP eher.

Politischer Hebel für eine interessierte Reform
Sobald eine so große Summe im Spiel ist (geschätzt 170 Milliarden Euro in 2024) stellt sich die Frage, wie dieses Geld sinnvoll und transparent ausgegeben werden kann. Diese Verbindung von Inhalt und Ressourcen richtig zu gestalten, ist die Aufgabe der gewählten Parlamentarierinnen und Parlamentarier in Bund, Ländern und Kommunen. Damit dürfte das Interesse an der Ausgestaltung der sicherheitspolitischen Dekade steigen. Vielleicht ergeben sich so auch neue Zusammenarbeitsformen zwischen den Ebenen des föderalen Deutschlands.

Startschuss mit der nächsten Legislatur
Als Grundlage sollte die Bundesregierung ein umfassendes sicherheitspolitisches Konzept erarbeiten, aus dem sich klare Prioritäten ableiten lassen. Es gilt zu vermeiden, dass eine Sicherheitsdimension gegen andere ausgespielt wird, also etwa die Klimapolitik gegen Verteidigung oder der Minderheitenschutz gegen die Energiesicherheit.

Erste Vorarbeiten zur sicherheitspolitischen Dekade und ihrer finanziellen Dimension sollten mit einer Taskforce noch in dieser Legislaturperiode angegangen werden. Dazu gehört auch ein Plan für die Neuaufstellung der öffentlichen Aufgabenfinanzierung, um Schocks und Krisen auf Dauer besser begegnen zu können als in der Vergangenheit. Ebenso eine Schätzung, wie verschiedene Arten der

Erhöhung öffentlicher Einnahmen sich auf Ökonomie, EU-Recht und die nationale Politik auswirken.

Politische Debatten sind notwendig

Klar ist auch, dass diese Finanzierungsdebatte ausufern wird. Denn Sicherheit ist kein Politikfeld, sondern der Zustand besonders schützenswerter Güter und Werte. Deshalb sind zwei Debatten schon jetzt absehbar: eine über Generationengerechtigkeit, die sich aus der Frage Schulden- oder Steuern zur Erhöhung der Einnahmen ergeben wird. Das nun auszugebende Geld, so könnte man argumentieren, ist in der Vergangenheit eingespart worden. Dies wurde immer wieder Friedensdividende genannt. Tatsächlich ist es aber weniger wichtig einen Streit über die Richtigkeit von Schritten in der Vergangenheit zu führen. Investitionen in die Sicherung der Zukunft der politischen Gemeinschaft sind unabweislich. Hier geht es um eine Verantwortungsperspektive unter und zwischen den Generationen und einen neuen Generationenvertrag.

Die andere Debatte ist die der Versicherheitlichung: Wenn durch die Sicherheitsperspektive besondere Ausgaben begründet werden, dann möchten viele an diesem Topf partizipieren – in der Folge werden viele Dinge für sicherheitsrelevant deklariert werden, die es nicht sind oder nur in geringem Maß. Die technische Seite solcher Fragen lässt sich oft einfach beantworten. Doch über diese Frage wird auch die gesellschaftliche politische Frage verhandelt, was Sicherheit für die Bürgerinnen und Bürger bedeutet. – Diese Debatte ist nicht nur unvermeidlich, sie ist sogar gewünscht. Man muss sich aber von der Vorstellung verabschieden, dass es, analog zu technischen Fragen hier eine abschließende eindeutig wahre oder falsche Antwort gibt.

Die Versicherheitlichung ist in der Vergangenheit immer wieder als eine schlechte Entwicklung dargestellt worden. Ich denke, man darf zwischen einer positiven und einer negativen Versicherheitlichung unterscheiden. Es gibt offensichtlich einen Nachholbedarf für eine positive oder begründbare Versicherheitlichung öffentlicher Probleme, also die Erweiterung der Bereiche, die für uns als existenziell gelten sollten: also etwa Verteidigung, Bevölkerungsschutz oder politische Institutionen. In diesem Zuge wird es in der Debatte, was existenziell ist, immer wieder Akteure geben, deren Argumente über das Ziel hinausschießen. Aber auch das gehört zu dem diskursiven Teil der sicherheitspolitischen Dekade dazu.

Nr. 3: Nachhaltiger Frieden

Das Ende des alten Friedensversprechens
Einfache Formeln wie: „Frieden schaffen ohne Waffen" haben ihren Zauber verloren. Kriege und systematische Gewalt rund um Deutschland – Syrien, Israel, Kaukasus, waren so weit weg, dass man sich der Gewaltfrage und vor allem der Konsequenz der eigenen Antwort für einen selbst nicht stellen musste. Auch die geografische Nähe des ersten Überfalls Russlands auf die Ukraine reichte nicht. Erst die massive Gewalt, ein Angriffskrieg, der nicht mehr zu leugnen und in die alten Glaubenssätze über den Frieden einzubauen war, ließ das alte, einfache Friedensversprechen zerbrechen – jenes Versprechen, mit dem es so einfach schien, deutsche Schuld und Verantwortung abzutragen: „Wir machen das nie wieder, sondern werden im Gegenteil zu Friedensvorreitern in der Welt."

Friedensvorreiter bleiben – Friedenskonzept erneuern
Deutschland sollte an dem Ziel festhalten, Friedensvorreiter zu sein – auch, weil die Verpflichtung zur Wahrnehmung der staatspolitischen Verantwortung für die Folgen der Nazi-Herrschaft nicht endet. Es muss aber seine Friedenspolitik anpassen. Das Wissen über das, was Frieden ist und wie man ihn erzielt, hat sich weiterentwickelt. Es ist deshalb nur richtig, wenn man die Zäsur des russischen Krieges in der Ukraine nutzt und seine Konzeption realitätsnäher macht.

Es bleibt dabei sehr legitim, mit einer Vision vom Frieden, einem normativen Ziel zu starten. Es ist nicht legitim, die Instrumente der Friedensschaffung nicht auf ihre Tauglichkeit hin zu hinterfragen. Deutschland und andere Länder haben eine reichhaltige Forschung und zahlreiche analytische Zugänge entwickelt. Die Friedensforschung kennt fortschrittliche Herangehensweisen an Krieg und Konflikt, etwa Dieter Senghaas' zivilisatorisches Hexagon[83]. Friede ist nach ihm gegeben, wenn die folgenden sechs Bedingungen gegeben sind:

1. Gewaltmonopol: Entprivatisierung von Gewalt und Herausbildung eines legitimen, staatlichen Gewaltmonopols,
2. Rechtsstaatlichkeit: Kontrolle des staatlichen Gewaltmonopols, faire Konfliktregelung nach rechtsstaatlichen Prinzipien,
3. demokratische Partizipation: Hohe Bereitschaft zur demokratischen Teilhabe ist unverzichtbar für politische Stabilität,
4. Interdependenzen und Affektkontrolle: menschliche Affektkontrolle (Emotion, Stimmung) als Grundlage für Gewaltverzicht, Toleranz und Kompromissfähigkeit,
5. soziale Gerechtigkeit: aktive Politik der Chancen- und Verteilungsgerechtigkeit und Sicherung der Grundbedürfnisse und
6. konstruktive Konfliktkultur: Entwicklung der positiven gesamtgesellschaftlichen Einstellung hinsichtlich der Auseinandersetzung mit Konflikten.

Dieses Modell ist anknüpfungsfähig an andere Ansätze, die sich nicht explizit in der Friedensforschung verorten. Arbeiten zum gerechten Frieden – vor allem zu den identifizierten Faktoren, die diesen Frieden repräsentieren – decken sich mit den Arbeiten zu Resilienz von Gesellschaften und zu erweiterter Abschreckung und jenen, die hybride Kriegsführung beschreiben, wie etwa in Mark Galeottis Buch *The Weaponisation of Everything*.[84] All das hat wenig bis nichts mit einer eindimensionalen und militärfixierten Herangehensweise zu tun.

Unfrieden als Normalfall

Neuere Ansätze zeigen auch, wie differenziert man Frieden und Unfrieden betrachten muss. Es geht weniger um den Gegensatz von Krieg und Frieden, sondern um den Raum dazwischen: das Ausmaß des Unfriedens. Frieden, so zeigt sich dann, ist leider ein rares Gut. Der Friede ist nicht erst verloren, wenn der Krieg da ist. Der Konflikt verändert oft lediglich sein Antlitz und wird mit anderen Mitteln ausgetragen. Krieg, also die organisierte Anwendung von physischer Gewalt zum Zweck politischer Ziele, ist nur ein Mittel unter vielen möglichen.

Startpunkt der Analyse muss der Konflikt sein, vor allem widerstrebende Interessen von Akteuren, die nicht ausgeglichen werden können. Geht es dabei um nicht teilbare Güter oder unvereinbare Ordnungsvorstellungen, ist man auf dem Weg in einen Konflikt über existenzielle Werte.

Die Praxisrelevanz der Unfriedensperspektive zeigt sich auch im Rückblick auf die Ukraine. Statt eines „Man konnte es nicht kommen sehen, der russische Überfall am 24. Februar 2022 war eine Überraschung" war der Konflikt bzw. der Unfrieden schon lange sichtbar und wurde von vielen Menschen auch beschrieben. Die Bedingungen für Frieden waren schon lange nicht mehr erfüllt und die Zeichen für steigenden Unfrieden nahmen stetig zu.

Die Zeitenwende in der Friedenspolitik muss gelingen

Deutschland sollte sich auf eine Zukunft einstellen, die noch mehr von Konflikten geprägt ist. Krieg wird immer wieder ein Teil davon sein. Die unbeschwerte Jugend, die viele meiner Generation erlebten, werden unsere Kinder wohl nicht mehr haben. Die zukünftige Friedensaufgabe beginnt daher mit diesen Ausgangfragen: Wie kann weniger Unfrieden geschaffen werden, wo müssen wir unseren Status quo erhalten gegen den Widerstand anderer, wo also sind existenzielle Konflikte zu erwarten?

An diesem Punkt aber ist die deutsche Friedenspolitik noch nicht. Die alten Vorstellungen sind noch sehr lebendig. Zwar wurden sie überrannt von der realen Entwicklung in der Ukraine und den Entscheidungen der Bundesregierung, vor allem aber ihrer Partner in EU und NATO. Die Reaktionen auf diese Entwicklungen aber bleiben die alten: „Kriegstreiberei", „Aufrüstung", „Militarisierung", „drohende Eskalation". Man arbeitet sich weiterhin mit alten Kategorien an neuen Entwicklungen und Konflikten ab.

Dies ist verständlich, all das ist friedenspolitisches Neuland. Hinzu kommt, dass es eine persönliche Zumutung ist für jene, die ihr persönliches Lebenswerk der alten Friedensvision gewidmet haben und die nun ausgerechnet Russland zerschlagen hat.

Mit der Zeitenwende erkennt die politische Führung Deutschlands an, dass sie mit ihrer Einschätzung der Welt fundamental falsch gelegen hat. Friedenspolitik kann in Zukunft nur erfolgreich sein, wenn die Bedingungen von Frieden und die Zustände von Unfrieden verstanden werden – nicht abstrakt, sondern für jeden einzelnen Konflikt. Wer den Frieden will, muss den Konflikt in- und auswendig kennen, nur dann kann Deutschland kompetent Frieden schaffen. Dazu gehört auch, den Krieg zu verstehen – man muss ihn dafür nicht mögen, man legitimiert ihn damit auch nicht.

Nr. 4: Neue Strukturen für das sicherheitspolitische Betriebssystem

Schwierig, aber notwendig wird es, die unterschiedlichen hier empfohlenen Veränderungen miteinander in eine sinnvolle Beziehung zu setzen. Nicht alles muss dabei zentral koordiniert werden. Aber damit die Reformen ihre größte Wirkung entfalten, gilt es sicherzustellen, dass sie nicht nur auf einem Blatt Papier ankommen, sondern auch gelebt werden – weil sie verstanden und angenommen werden. Diese, aber auch die Aufgabe der ständigen Modernisierung der Sicherheitspolitik müssen organisiert und mit Impulsen versehen werden.

Der logische Ausgangspunkt ist die NSS. Die Frage ist, was das Land nun daraus macht: Kritik wird die jetzige Strategie nicht mehr ändern. Es gilt nun die Zeit bis zur nächsten Bundestagswahl und zur nächsten NSS zu nutzen, um die wesentlichen Defizite deutscher Sicherheitspolitik anzugehen. Die Strategie ist nur ein Ausweis für ebendiese Defizite, kein eigenständiges Problem, aber auch keine Lösung. Die Defizite bestehen in drei Bereichen:

1. Politische Konzepte (sicherheitspolitische Kultur),
2. Institutionalisierung (Nationaler Sicherheitsrat oder andere Strukturen),

3. Ressourcenausstattung (Finanzierung der Sicherheitspolitik) (siehe Empfehlung Nr. 3, S. 143).

Mit Blick auf die NSS sollte die Bundesregierung mit der Strategie in der Hand in den Dialog treten mit Politik und Gesellschaft. Dieser Austausch sollte bereits auf ein neues Ziel zulaufen: ein Update der NSS zu Beginn der nächsten Legislaturperiode. Die Bundesregierung sollte für ihre Version der NSS werben, zugleich entstehen so Raum und auch Grund für Engagement – die Vorbereitung des Updates. Parallel dazu sollte die Bundesregierung ein Audit ihrer sicherheitspolitischen Handlungsfähigkeit durchführen, um in der nächsten Legislatur eine stärker evidenz- und fähigkeitsbasierte Strategie entwickeln zu können.

Eine Nationale Sicherheitsstrategie wird nur dann eine langfristige Wirkung haben und zur sicherheitspolitischen Debatte beitragen können, wenn sie Baustein einer größeren und stetigen sicherheitspolitischen Auseinandersetzung ist. Sie wird möglich, wenn Regierung, Parteien und Parlament eingeübte Argumentationen und Reflexe überwinden und stattdessen Positionen erklären und begründen müssen – sei es in einer sicherheitspolitischen Woche im Bundestag oder in Bürgerforen. Eine den Herausforderungen angemessene Sicherheitspolitik kann nur entstehen, wenn die Zivilgesellschaft sie versteht, akzeptiert und im besten Fall unterstützt.

Politische Konzepte: Sicherheit ins Zentrum

Die NSS ist verbunden mit einem Gesprächsangebot der Bundesregierung. Dies kann die Gelegenheit sein, die politischen Konzepte und Alternativen in der Sicherheitspolitik klarer zu machen – das öffentliche Verständnis zu erhöhen und Aufschluss darüber zu gewinnen, was weitgehend Konsens und was Priorität ist und worüber gestritten werden muss. Es gibt in der Fachdebatte wenige Wissensdefizite. Diese liegen höchstens in der Vernetzung der Wissensbereiche und an der Schnittstelle von Evidenz und politischen Lösungen von Dilemmata. Doch von außerhalb des politischen Betriebs vorgetragene Evidenzen, Plausibilitäten und daraus resultierende Handlungsoptionen werden von Teilen der Politik bisweilen als einschränkend empfunden. Wenn Sicherheit wirklich eine zentrale Rolle für Deutschland einnehmen soll, dann sind drei Dinge für den öffentlichen Diskurs und die nächste, verbesserte NSS von zentraler Bedeutung:

1. **Die eigene Ambition erklären:** Im öffentlichen Diskurs haben Beschreibungen dessen, wie sich Deutschland seine Rolle in der Welt vorstellt (Zivilmacht, Anlehnungsmacht, Mittelmacht), geholfen, das übergeordnete Ziel des Handelns und dessen Art und Weise zu charakterisieren und zu legitimieren. Diese Selbstbeschreibung mag in Zeiten des Krieges schwer sein – aber ohne dieses Selbstbild fehlt eine kommunizierbare Essenz.
2. **Zentrale Dilemmata realitätsnah zur Diskussion stellen:** Zu vielen praktischen Dilemmata kann ein Regierungsdokument keine Position beziehen, z. B. hinsichtlich der Frage, warum Autokratien Waffen aus Deutschland erhalten. Dennoch kann die Regierung helfen, diese Dilemmata und die schwierigen Entscheidungen nachvollziehbarer zu machen – in sicherheitspolitischen Sommercamps, Bürgerräten, Simulationen etc. All diese Maßnahmen sind in Ansätzen bereits vorhanden, doch die Angebote reichen nicht.
3. **Ökonomie und Sicherheit:** Nicht das derzeitige, aber das zukünftige Wohlstandsmodell, das Sicherheit nicht vernachlässigt, muss beschrieben und zwischen Gesellschaft, Politik und Wirtschaft im Trialog verhandelt werden.

Institutionalisierung: Nationaler oder föderaler Sicherheitsrat
Eng verbunden mit der Neufassung der NSS in der nächsten Legislatur wäre der Aufbau von Strukturen, die diese NSS konzeptionell auf ein neues Niveau heben und zugleich praktisch relevant und umsetzbar machen – vor allem mit Blick auf die Herausforderungen des Föderalismus.

Eine weitere Institutionalisierung der Sicherheitspolitik ist kein Patentrezept. Sie kann nur die Reibungen ausgleichen, die aufgrund des horizontalen Föderalismus bestehen, d. h. der starken Rolle, die einzelne Ministerien bei der Gestaltung der gesamten Regierungspolitik spielen. Der vertikale Föderalismus, d. h. die auf die Bundes-, Landes- und Stadtebene verteilten Zuständigkeiten, kann nicht einfach beseitigt werden. Hierfür wird es andere Lösungen geben müssen.

Föderalismus als Herausforderung (vertikal und horizontal)
Die Probleme in Bezug auf den Sicherheitsrat, aber auch die Kluft zwischen innerer und äußerer Sicherheit sind schwerwiegend, weil strukturell bedingt: Wesentliche Prinzipien sind im Grundgesetz verankert, die Grundordnung und die Strukturen sind nicht veränderbar (Ewigkeitsklausel) – dazu gehören die Zuständigkeiten von Bund, Ländern und Städten. Die Bonner Republik wurde auf der Idee aufgebaut, einen revolutionären Politikansatz aufgrund historischer Erfahrungen zu verhindern – dies wurde in die Berliner Republik übernommen.

Für eine Institutionalisierung spricht aber nicht nur, dass das Bewusstsein für Sicherheit in der täglichen Arbeit von Regierung und Parlament geschärft wird, sondern auch, dass sie politische Ad-hoc-Überreaktionen in Krisenzeiten verhindern kann. Deutschland musste auf viele Krisen ad hoc reagieren, was das System unter erheblichen Stress setzte und Fehlinterpretationen und Überreaktionen wahrscheinlicher machte. Eine Institutionalisierung würde auch die politische Macht einschränken.

Zwei Institutionalisierungen: Machtverschiebungen im horizontalen und vertikalen Föderalismus waren nicht zu erreichen. Ressortprinzip, Zuständigkeiten von Bund, Ländern, Gemeinden und das Verhältnis öffentlich/privat bleiben im Lichte der Herausforderungen unzureichend geregelt. Damit bleiben wichtige Ambitionen nicht erfüllbar, vor allem nicht die umfassende und integrierte Sicherheit. Schon das Weißbuch 2016 hat sehr zutreffend die wesentlichen Risiken beschrieben, die externer Herkunft sind, aber deren Schadenswirkung sich im Inneren entfaltet. Den wachsenden Risiken kann Deutschland nichts Neues entgegenbringen. Zudem häufen sich Extremereignisse, die die Bürgerinnen und Bürger täglich zu spüren (klimabedingte Wetterereignisse wie im Ahrtal, Corona,

149

Krieg in der Ukraine). Doch für diese womöglich neue Normalität haben die Regierungen bislang nur die Möglichkeit, ad hoc zu reagieren – es fehlt an einer vorausschauenden Politik.

Zukunft in den Blick nehmen mit einer Kommission „Zukünftige Sicherheit": Die Bundesregierung könnte sich auf das neue Normal von Krisen mit einer ständigen Kommission „Zukünftige Sicherheit" den Herausforderungen für gutes und reguliertes Handeln in Extremsituationen nähern. Derzeit laufen Foresightprozesse und Stresstests weitgehend getrennt zwischen Regierungen und Expertinnen und Experten aus dem öffentlichen und privaten Raum ab. Sie haben zudem wenig Einfluss auf die Vorbereitung des Staates auf Krisen. Eine stärkere und frühzeitige gegenseitige Einbeziehung in diese Aktivitäten würde helfen, das Verständnis nicht nur für das Panoptikum der Risiken, sondern auch für die abgesicherten, weil rechtlich verankerten Handlungsoptionen zu erweitern und diese dann auch in den öffentlichen Raum zu tragen.

Enquetekommission Föderale Sicherheit/Parlamentarischer Sicherheitsrat: Unabhängig von der Bundesregierung können sich der Bundestag und die Landtage über Sicherheitspolitik informieren. Eine Enquetekommission Nationale Sicherheit würde die Möglichkeit zum Austausch über die Ausschussarbeit hinweg erlauben, ein parlamentarischer Sicherheitsrat könnte diese Arbeit verstetigen. Ziel ist es, die eigenständige Analyse- und Bewertungsfähigkeit der Legislative zu erhöhen.

Nr. 5: Verteidigung – von der Schrecksekunde zur Wendedekade

Die Hürden für eine erfolgreiche Verteidigungspolitik waren wohl nie größer: Deutschlands Verteidigungsbereich stand seit 70 Jahren vor keinem breiteren Graben zwischen Anspruch und Wirklichkeit.[85] Dabei ist die langsame Aushöhlung der Streitkräfte in vielen Schriften dokumentiert, insbesondere in den Berichten der Wehrbeauftragten der letzten Jahre. Deutschlands Partnern war schon länger klar, dass die Bundesrepublik ein Trittbrettfahrer war – seine Sicherheit auf Kosten der anderen erhielt und im Zweifels- oder Kriegsfall ein unsicherer Kantonist. Deutschland wurde dieser Graben erst mit dem 24. Februar 2022 deutlich, als es für einen Schreckensmoment sogar so schien, als sei die Bundesrepublik selbst in Gefahr. Die politische Reaktion darauf, nämlich die militärische Ambition für die Bundeswehr seit 2022 zu erhöhen, bewirkt zunächst nur eine weitere Verbreiterung des Grabens. Dies beschreibt zugleich auch die Lücke zwischen deutscher Rhetorik und dem Vertrauen, das unsere Alliierten in Deutschlands Versprechen haben.

Staatsversagen

Man muss Deutschland Staatsversagen im Bereich der militärischen Sicherheit vorwerfen: Der Staat hat einen wesentlichen Auftrag mit Verfassungsrang wissentlich nicht erfüllt und kann ihn auch auf absehbare Zeit nicht erfüllen. Art 87a des GG verpflichtet den Bund, Streitkräfte zur Verteidigung aufzustellen. Regierungen und Parlamente haben seit dem Ende des Kalten Krieges zwar weiter Streitkräfte unterhalten, diese aber nicht zur Verteidigung befähigt. Damit reduzierten sie das Niveau der Sicherheitsvorsorge erheblich. Das gilt auch für Deutschlands Alliierte: Die NATO setzt bewusst auf gemeinsame Verteidigung – es zählt also die Summe aller Einzelbeiträge. Deutschland reißt hier seit Jahrzehnten eine Lücke zwischen Soll und Haben, die die Sicherheit aller reduziert. Dies erhöht, soweit man sich im Abschreckungsparadigma bewegt, sogar das Kriegsrisiko.

Mit dem zweiten russischen Angriff wollte die deutsche Politik schlagartig umschalten und mit einer „Zeitenwende" die bis dahin nicht als notwendig erachteten Änderungen im Verteidigungssektor angehen. Das scheitert bislang nicht nur, weil der Motor im Maschinenraum nicht funktionstüchtig und unterdimensioniert ist, sondern auch, weil niemand den Maschinenraum bedienen kann.

Der größte Krieg in Europa seit dem Zweiten Weltkrieg bringt einen historischen Entscheidungspunkt für die Bundesrepublik und in der Folge für Europa: In der jetzigen Phase entscheidet sich, ob Deutschland die politische und mentale Zeitenwende gelingt und es damit für die Sicherheit Europas auch militärisch eintritt oder ob es nach einer kurzen Schrecksekunde wieder seinen alten Kurs einschlägt. Die Entwicklung in die eine oder andere Richtung hätte erhebliche Effekte für Deutschlands Rolle in EU und NATO sowie global, und das in einer Phase, in der die europäische Sicherheitsordnung neu gestaltet wird.

Historische Anforderung

Zur Wende in der deutschen Verteidigungspolitik kommt es nur, wenn Deutschland die enorme Herausforderung der Rekonstitution seiner Armee annimmt. Die mit der Zeitenwende einhergehende Bestandsaufnahme der tatsächlichen militärischen Leistungsfähigkeit dokumentiert das Ausmaß des strukturellen Nichtkönnens. Zwar konnte die Bundeswehr ihre Auslandseinsätze noch bestreiten. Der Grund hierfür war aber, dass man dort die Mandate und damit die Anforderungen selbst bestimmen konnte. Schon die unvorhergesehene Evakuierung aus Afghanistan ab Herbst 2021 hat aber nicht nur die politischen, sondern auch die militärischen Grenzen gezeigt: Kontrolliert nicht Deutschland, sondern ein Gegner die Einsatzbedingungen, dann sinkt die tatsächliche Leistungsfähigkeit rapide. Der Aufbau des prioritären Bereichs, Bündnis- und Landesverteidigung, kann nur durch einen effektiven Beitrag zur NATO erfolgen. Und das wird über zehn bis 15 Jahre in Anspruch nehmen.

Trotz der verfassungsmäßigen Bedeutung der militärischen Sicherheitsvorsorge und der daraus resultierenden Rüstungsanstrengungen hat Deutschland eine dreißigjährige Phase erlebt, in der politisches Desinteresse und ein Übermaß an bürokratischen Vorschriften vorherrschten. Dies führte dazu, dass alle Prozesse strikt nach den Vorgaben durchgeführt wurden, jedoch letztlich keine bedeutende Stärkung der Verteidigungsfähigkeit erzielt wurde. Die Verkettung von Einzelproblemen bedeutet auch, dass es keine schnelle präsentable Insellösung gibt, die man sich nun als Einzelprojekt vornehmen könnte. Schnelle Erfolge kann es aber bei der Unterstützung der Ukraine und der Wiederaufnahme europäischer Kooperationsprojekte geben – eine Wette auf die Zukunft und deutsche Wandlungsfähigkeit, auch für die dafür notwendigen Partner.

Was die Bundeswehr können soll

Unabhängig davon bleibt der Zustand, der nach der Zeitenwende erreicht werden soll, noch zu unklar. Hier sind mittlerweile eine Reihe von Zielen durch die Politik vorgegeben worden. Keines davon ist falsch. Aus ihnen folgen aber unterschiedliche Pfade der Implementation. Derzeit stehen drei Ziele im Raum. Aufgrund der drastisch veränderten geostrategischen Lage soll die Bundeswehr

1. die schlagkräftigste konventionelle Armee Europas werden,
2. kaltstartfähig werden: also die Möglichkeit besitzen, sehr schnell eine hohe Kampfkraft bereitzustellen,
3. als gesamte Armee voll einsatzfähig sein, nicht nur einzelne Kontingente im Auslandseinsatz auf Kosten anderer Truppenteile.

Was das im Einzelnen für die Streitkräfte bedeutet, ist nicht so willkürlich entscheidbar, wie es innenpolitisch in den letzten Jahrzehnten vermittelt wurde. Die NATO-Staaten, also Deutschland und seine 30 Alliierten, haben gemeinsam sehr genau festgelegt, was es für eine gemeinsame effektive militärische Sicherheitsvorsorge braucht und wer welchen Anteil erbringt. Über diese gemeinsame NATO-Definition von militärischer Sicherheit ist auch die Leistungsfähigkeit der Bundeswehr weitgehend definiert.[86]

Diese internationalen Anforderungen wandeln sich regelmäßig – so auch in diesen Zeiten. Die infolge des neuen strategischen Konzeptes und der beim NATO-Gipfel in Madrid im Juni 2022 formulierten Ziele der NATO in Form des New Forces Model (NFM) und dessen Ausdifferenzierung im nächsten NATO-Fähigkeitsplanungsprozess werden wahrscheinlich noch ambitionierter ausfallen, als sie es heute bereits sind. Der Mix an Qualität und Masse, Technologie, schneller Verfügbarkeit, aber auch Streitkräfteorganisation und Resilienz ziviler Infrastruktur werden neu bewertet werden.[87]

Vor dem Hintergrund der Fähigkeiten, die Deutschland seinen Verbündeten in der NATO zugesagt hat – insbesondere die Kaltstartfähigkeit –, kann hier von einer ausgehöhlten Armee gesprochen werden. Das sind Streitkräfte, die auf dem Papier einsatzbereit erscheinen, allerdings bei genauerem Hinsehen Defizite in Personal, Ausrüstung, Einsatzbereitschaft oder Training aufweisen. Sowohl der Personalmangel als auch die Ausrüstungs- und Einsatzbereitschaftsdefizite in der Bundeswehr sind kein Geheimnis.

Reform im Spannungsfeld zwischen kurzfristiger Innenpolitik und Verteidigungsfähigkeit

Wie wird dieses Ziel von der Bundeswehr erreicht? Wie schon in Kapitel 6.3 erläutert, hat Deutschland bereits mehr als ein entscheidendes Jahr für die dringend notwendige Generalüberholung verloren. Gleichzeitig wurde eine erste politische Zielsetzung festgelegt: Die aktuelle Bundesregierung hat nur noch bis 2025 – bis zur nächsten Bundestagswahl – Zeit, um Erfolge zu erzielen, die das Vertrauen stärken und die Fortführung der Reform rechtfertigen.

Dieser Zeitrahmen steht im Konflikt mit der benötigten Zeitspanne, die erforderlich ist, um grundlegende Mängel zu beheben – etwa 15 Jahre für den Wandel bei Kultur, Prozessen und Materialbeschaffung. Während dieser Zeit kann jedoch der Wandel zumindest so weit vorangetrieben werden, dass er nicht mehr leicht rückgängig gemacht werden kann.

Es geht um nichts Geringeres als die Neugestaltung des gesamten Verteidigungssektors, also um das Zusammenwirken von Politik, Verwaltung, Streitkräften, Industrie und technologischer Basis. Dies ermöglicht letztendlich die Erzeugung der Verteidigungsfähigkeit als Ergebnis.

Deutschlands sicherheitspolitische Kultur braucht eine neue Balance zwischen Pazifismus und Verteidigung

Für viele Deutsche war es unvorstellbar, dass das, was Entscheidungsträgerinnen und Entscheidungsträger, Eliten oder sogenannte Intellektuelle wohl als militärische Logik beschreiben, nämlich militärische Macht durch Kriegsführung, den Grad des militärischen und politischen Erfolgs und damit auch die Entwicklung der Sicherheit in Europa bestimmen würde. Oder um es noch klarer zu sagen: dass militärische Macht und der Einsatz von Militär eine positive Rolle beim

Schutz des Völkerrechts und der Sicherheit Europas spielen könnten. In der Tat glaubte man weithin, dass die Anwendung von Gewalt durch Deutschland ein für alle Mal überwunden sei. Infolgedessen wurde das militärische Denken stigmatisiert und tabuisiert. So ist es für Deutschland schwer nachvollziehbar, dass Verhandlungen – die sowohl einer Friedenslogik als auch einem zivilen Ansatz folgen – so lange warten müssen, bis Russland und die Ukraine die dafür nötigen Grundlagen durch den Einsatz von Gewalt definiert haben.

Angesichts der deutschen Mentalität ist es nicht verwunderlich, dass Teile der Berliner Politik versucht sind, den anspruchsvollen Kurs der „Zeitenwende" zu verlassen. Es überrascht auch nicht, dass in der öffentlichen Debatte immer wieder pazifistische Stimmen laut werden, die eine schnelle Annäherung an Russland fordern.

Genau diese Spannung zwischen denjenigen, die ein altes Tabu aufgeben wollen, und denjenigen, die versuchen, es aufrechtzuerhalten, stellt die größte Herausforderung für die Zeitenwende dar. Ihr Erfolg wird nicht von großen Beschaffungsprojekten abhängen, sondern von der politisch-ideellen Grundlage der deutschen Sicherheits- und Verteidigungspolitik, der sicherheitspolitischen oder strategischen Kultur. Die Zeitenwende wirft also erneut die Frage auf, welche Werte für ein politisches Gemeinwesen am wichtigsten sind, welche Faktoren sie gefährden und vor allem: welche Mittel geeignet sind, diese Werte zu schützen? Im Zentrum der letztgenannten Frage stehen die Androhung und der Einsatz von militärischer Gewalt – also Abschreckung und Verteidigung.

Allianzen neu lernen

Und dies geht über Deutschlands Ansichten und Werte hinaus: Es bezieht die Allianzen mit ein, in die Deutschland sich eingebunden hat. Im militärischen Bereich ist dies vor allem die NATO. Auch die EU erkennt an, dass die Verteidigung des Allianzgebietes – also vor allem Europa – primär Aufgabe der NATO ist. Ganz praktisch spielt die EU in der klassischen Verteidigung nur eine unterstützende Rolle, keine als politisches Forum oder militärisches Rückgrat.

Die Veränderung der deutschen Verteidigungspolitik findet nicht im luftleeren Raum statt. Deutschland bleibt eingebunden in EU und NATO. Das hat unmittelbare Folgen für die Bandbreite an Entwicklungen: Die nationalen Pläne sind bis auf Weiteres eine Ableitung unserer Verpflichtungen, vor allem gegenüber der NATO bzw. unseren NATO-Alliierten. Diese verlassen sich darauf, dass Deutschland liefert, oder hoffen es zumindest sehr. Diese Einschränkung ist notwendig, weil Deutschland in der Vergangenheit oft ein unsicherer Partner war – vor allem, wenn es um die Beziehungen zu Russland ging.

Heute mehr denn je schauen viele NATO-Alliierte – vor allem die wichtigen – auf unsere Innenpolitik. Das führt aber in der jetzigen Lage nicht mehr zu verständnisvollem Nicken, sondern zu skeptischen Blicken: Hat Deutschland wenigstens dieses Mal verstanden, worum es geht? Was muss denn noch passieren, damit es Klick macht? Das fragen sich auch und vor allem die USA. Insbesondere, da der Kanzler sich und seine Entscheidungen sehr nah an die US-Position gerückt hat.

Allianz neu lernen bedeutet auch, dass es nicht nur um deutsche Interessen und Präferenzen allein geht. 30 Jahre Trittbrettfahrerei haben viele vergessen lassen, dass eine Allianz auch bedeutet, für andere einzustehen und Kompromisse zu finden, die deren Interessen ernst nehmen. Solche Bekenntnisse gab es in der Vergangenheit immer wieder – nur waren sie theoretischer Art und die diplomatischen Floskeln und schönen Konzepte über die deutsche Führungsrolle hatten keine Konsequenzen. Nun wird klar, dass Allianz und die Sicherheit, die sie schafft, nicht nur in der Dauerhaftigkeit der Abmachung liegt, sondern auch bedeutet, dass man den Inhalt der Abmachung, nämlich: Abschreckung und Verteidigung, auch ernst nimmt. Das aber heißt, ihn sich zu eigen zu machen, auch gegenüber der eigenen Innenpolitik und Gesellschaft. Diese Konsequenz ist neu für Deutschland. Denn in der Vergangenheit hat man sich gern bei militärischem Engagement damit herausgeredet, dass Deutschland ja das Engagement eigentlich nicht möchte, man aber von den Partnern – irgendwie – dazu gedrängt wurde. Das ist für einen souveränen Staat allerdings eine schwache Aussage.

Mentalitätswandel über die Berliner Elite hinaus

Für die Umsetzung der Zeitenwende, einschließlich ihrer revolutionären Beschlüsse, wird die deutsche Regierungskoalition einen Wandel in der sicherheitspolitischen und strategischen Kultur Deutschlands herbeiführen müssen. Ein solcher von Bundeskanzler Olaf Scholz und der Regierung eingeleiteter Mentalitätswandel kann jedoch nicht durch eine bloße Ankündigung und anschließende Auferlegung erfolgen.

Im Wesentlichen muss dieser Mentalitätswandel über die Eliten hinausgehen – insbesondere in Deutschland, einem föderalistischen Staat mit einer Vielzahl von politischen Kulturen und Diskursen in der Sicherheits- und Verteidigungspolitik. Die Idee der Zeitenwende muss im übertragenen Sinne jeden Küchentisch in diesem Land erreichen.

Das mag umständlich klingen und birgt das Risiko, dass die angestrebte Wende nicht erreicht wird. Aber es gab nie eine bessere Gelegenheit. Auf die Frage, wie die deutsche Verteidigungs- und Strategiekultur verändert werden kann, haben viele deutsche Experten geantwortet: „Um die deutsche Verteidigungsidentität zu ändern, bedarf es vielleicht eines weiteren Krieges." Dieser Krieg ist leider nun Realität.

Um den Diskurs über Deutschland und seine Sicherheit zu ermöglichen und zu erleichtern, ist es notwendig, die politische Landschaft entsprechend zu gestalten. Die Zeitenwende ist die Chance zu einem politischen Diskurs oder Streit, der weit über die Eliten in Berlin hinausgehen und jedes Dorf erreichen muss – und in dem umgekehrt die Meinung der Dörfer in der Politik gehört und aufgenommen wird. Andernfalls wird sich die institutionelle Repräsentation von Sicherheitspolitik und Verteidigungsidentität möglicherweise nicht ändern. Die Dörfer sind dabei nur ein Sinnbild für die demokratische Gesellschaft und das föderalistische politische System mit seiner sehr breiten Verteilung von Macht über viele Ebenen.

Dennoch muss die Regierung diesen Diskurs einleiten, indem sie anerkennt, dass militärische Gewalt ein Faktor in den internationalen Beziehungen ist und dass Berlin eine Verantwortung hat, Frieden und

Sicherheit in Europa zu erhalten. Sie sollte zudem klarstellen, dass dies die Androhung und den tatsächlichen Einsatz von Gewalt in der Zukunft miteinschließt. Auch wenn Deutschland den Einsatz militärischer Mittel ablehnt oder nur sehr eingeschränkt unterstützt, muss es anerkennen, dass andere Länder – namentlich Russland – militärische Macht zur Durchsetzung ihrer Interessen einsetzen und Krieg ihnen als Instrument zur Durchsetzung ihrer Ziele dient. Daher muss auch Deutschland militärische Mittel in Betracht ziehen, nicht um das Instrument des Krieges selbst zu nutzen, sondern um die Bedrohungen seiner Lebensweise abzuwenden.

Angesichts der historischen Ausgangssituation kann Deutschland seine Verteidigungsidentität anpassen und stärken. Die Regierung sollte daher einen Prozess einleiten, der schrittweise von den Akteuren durchgeführt wird, die eine Plattform für die Diskussion bieten. In diesem Sinne sollten die Regierungsparteien die neue Politik der deutschen Öffentlichkeit nicht nur erläutern, sondern aktiv dafür werben.

Deutschland hat es nach dem russischen Überfall in beeindruckender Geschwindigkeit geschafft, sich aus der Abhängigkeit von russischen Energielieferungen zu lösen. Diese Erfolgsgeschichte läuft unter dem Motto „Deutschland-Geschwindigkeit". Letztere bräuchte es auch im Verteidigungsbereich. Bislang schien dies jedoch keine Priorität zu sein, die Dringlichkeit schien nicht hoch genug und daher war auch die Bereitschaft, innovative Lösungen und Kosten in Kauf zu nehmen, nur gering ausgeprägt.

Reform im politisch-militärischen Maschinenraum

Aber natürlich reicht ein Wandel der Politik nicht aus – denn hier werden nur die Ziele definiert. Die Mittel zur Umsetzung schafft der Maschinenraum oder Verteidigungssektor. Der Begriff umfasst alle Akteure, Konzepte, Institutionen, Prozesse und Ressourcen, die Verteidigungsfähigkeit als Ergebnis produzieren. Dazu müssen vor allem die Akteure von Politik, Verwaltung, Streitkräften, Industrie und technologischer Basis ihre Zusammenarbeit verändern.

Die damit verbundenen ersten Schritte sind im Frühjahr 2023 durch das Verteidigungsministerium eingeleitet worden. Schon jetzt wird erkennbar, dass diese Reform durch mehrere Phasen gehen muss. Diese werden mehr einer politischen Logik von Mehrheiten und Wahlkämpfen folgen also einer „reinen Lehre der strategischen Deduktion".

Im Vordergrund der ersten Phase soll die Einsatzbereitschaft der Bundeswehr stehen. Schon dies ist eine politische Entscheidung: Es sollen vorzeigbare Erfolge geschaffen werden, damit das Parlament Zutrauen dazu fasst, dass die Bundeswehr mit dem Sondervermögen umgehen kann. Dabei ist klar, dass andere Ziele in den Hintergrund geraten oder sogar konterkariert werden. So wird derzeit das Sondervermögen nicht mehr dazu eingesetzt, spezielle Großprojekte zu fördern, sondern eben vor allem dazu, Ergebnisse zu produzieren. Man stopft damit derzeit die Lücke im allgemeinen Verteidigungshaushalt – hier werden Gelder verschoben, um die unzureichenden Mittel für Personalkosten und den alltäglichen Betrieb auszugleichen.

Eine solche Vorgehensweise ist keine dauerhafte Lösung. Eine neue Balance wird mehr Ausgleich zwischen innenpolitischer Logik und dem Schaffen einer soliden militärischen Basis finden müssen. Das wird Folgendes bedeuteten.

Im Bereich der Rüstung: Rüstungs- und Beschaffungsstrategie
Die Bundesregierung wird die deutsche Rüstungspolitik neu erfinden müssen. Das kann in vier Schritten gelingen. Es braucht zunächst einen Referenzpunkt: die Rüstungslandschaft heute, national und international. Dazu kommen zwei Skizzen: der zukünftige industriell-technologische Bedarf der eigenen und Partnerstreitkräfte und die zukünftige Gestalt des Rüstungssektors. Das entstehende Dreieck beschreibt den Raum, den eine Rüstungspolitik überhaupt gestalten kann.

Dann die Rüstungspolitik als nationale Aufgabe, bevor sie europäisch durchsetzbar wird. Was grässlich pathetisch klingt, hat handfeste Konsequenzen. Tatsächlich entsteht gute Rüstungspolitik aus der Mischung von Industrie und Technologiepolitik mit Verteidigungs- und Allianzpolitik. Deshalb müssten zunächst die relevanten Ministerien hinter der Zielsetzung einer aktiven deutschen Rüstungspolitik versammelt werden, und zwar in gemeinsamer Verantwortung. Nur so lässt sich dann auch über die erforderlichen zehn bis 15 Jahre der Kurs halten. Diese Zeit braucht es, um einen funktionierenden Rüstungssektor so aufzubauen, dass er auch europäische Wirkkraft entfaltet.

Der Regierungsverständigung müsste dann, in einem dritten Schritt, ein New Deal folgen: mit dem Parlament, dem Bundesrechnungshof, der Bundeswehr und auch mit Industrie- und Technologieunternehmen. Gegenstand wären ausgewogene, umsetzbare und erklärbare Zielsetzungen sowie eine Abschätzung der Kosten und Kooperationsoptionen und eine Zusage, dass Schlüsselbereiche in Zukunft gezielt gefördert werden.

Das Vertrauen, dass auch im Rüstungsbereich eine Zeitenwende kommt, kann durch frühe Zeichen hergestellt werden. Umgehend sollten Abnahmegarantien ausgesprochen werden für Ersatzteile und Munition, die man ohnehin braucht.

Konkreter wird es dann, viertens, mit einer Rüstungs- und Beschaffungsstrategie: Wie will die Bundesregierung das Finanzpotenzial und die politischen Ambitionen für ihre langfristigen Ziele nutzen? Der Kauf im Ausland kann bei manchen Produkten wie dem Kampfflugzeug Lockheed Martin F-35 oder möglichen Raketenabwehrsystemen, bei denen es an deutschen industriellen Fähigkeiten mangelt, durchaus Sinn machen. Dass solche Güter vor allem in den USA gekauft werden, ist zudem ein politisches Investment in die transatlantische Partnerschaft. Dennoch sollte vor jeder Kaufentscheidung berücksichtigt werden, in welchen Bereichen die Bundesregierung selbst industrielle und technologische Kapazitäten erhalten oder aufbauen will, auch wenn dies Zeit kostet. Gleichzeitig kann die Bundesregierung mit ihrem nun größeren Gewicht weitaus stärker die europäischen Rüstungsstrukturen gestalten, beispielsweise indem sie gemeinsam mit europäischen Partnern Panzer, Luftverteidigungssysteme und die nächste Generation von Kampfflugzeugen entwickelt oder kauft.

Um die Auswahl und Steuerung der konkreten Projekte steuern zu können, sollte die Bundesregierung eine Rüstungsstrategie vorlegen. Sie muss zeigen, mit welchen Maßnahmen und Projekten Versorgungssicherheit, technologische Leistungsfähigkeit und Kooperationsfähigkeit erreicht werden sollen.

Rüstungsindustrielle Rahmennation

Wie viele Generationen von Regierungen und Parlamenten vor ihr möchte auch diese Regierung die Zusammenarbeit der Armeen Europas stärken, unter anderem bei Fähigkeiten und Ausrüstung. Deshalb sollte Deutschland die einmalige Chance nutzen und sich als militärisches und industrielles Rückgrat der europäischen Verteidigung erweisen und Kooperation forcieren. Die Initiative kann auf drei Pfeilern ruhen: erstens militärische Anlehnungspartnerschaft, zweitens industrielle Versorgungsgarantien und drittens das Sondervermögen Bundeswehr.

Den militärisch-politischen Rahmen kann eine Neuauflage des sogenannten Rahmennationenkonzeptes bieten. Darin fungiert die Bundeswehr bereits als Anlehnungspartner für mittel- und osteuropäische Streitkräfte, um militärische Großverbände zu organisieren. Dieses Konzept sollte geografisch auf Nordeuropa, vor allem auf Schweden und Finnland, ausgedehnt werden. Bestehende bilaterale Kooperationen wie mit Ungarn sollten in den größeren Rahmen integriert werden.

Elemente einer weiterführenden Reform

Wie die Bundeswehr noch anspruchsvolleren Anforderungen gerecht werden soll, ist noch ungewiss, doch bereits jetzt lassen sich einige Faktoren ausmachen, die künftig bei der Bewältigung dieser Aufgabe eine entscheidende Rolle spielen werden:

a) Strukturelle Unterfinanzierung beenden

Ein Schlüssel für alle Bereiche ist Geld. In der Realität reichen die finanziellen Mittel nach wie vor nicht, um die strukturelle Unterfinanzierung der Streitkräfte zu beenden. Der Widerspruch zwischen den Zielen und den Mitteln, die Deutschland für die Bundeswehr vorgesehen hat, droht in den kommenden Jahren immer größer zu werden. Statt der oft gefürchteten Verschwendung durch zu viel bereitgestelltes Geld droht ein Verlust der Investitionen bereits ausgegebener oder verplanter Steuergelder, weil Projekte nicht wie geplant beendet werden können. Es droht der Rückfall in alte Routinen: Beschaffungspläne werden auf unbestimmte Zeit gestreckt, eine geringere Zahl von Einheiten für höhere Preise beschafft, oder es kommt sogar zum Abbruch oder dem Auslaufen von Projekten. Wenn sich allerdings die jetzt begonnenen Investitionen in dieser Weise als wenig nachhaltig herausstellen, beeinträchtigt das die militärische Leistungsfähigkeit der Bundeswehr und damit die Sicherheit Deutschlands und Europas.

Bei seiner Ankündigung klang das 100-Milliarden-Sondervermögen zwar nach einem großen Wurf. Doch gemessen an Deutschlands Ambitionen und Verpflichtungen in der NATO war der finanzielle Bedarf in allen Bereichen (Rüstung, Personal, täglicher Betrieb) schon damals höher, auch unabhängig von dem Zwei-Prozent-Ziel. Die 100 Milliarden Euro hätten nur einen Teil des Bedarfes decken können, und auch dies nur im Bereich der Rüstung. Deshalb war von vorneherein klar, dass Deutschland ohne Zuwachs im regulären Verteidigungshaushalt seine Verteidigungsfähigkeit nicht wiederherstellen kann. Heute reichen die 100 Milliarden Euro des Sondervermögens nicht einmal mehr aus, um die Fähigkeitslücken gegenüber der NATO zu schließen, für die die Summe gedacht war.

Zum Gesamtbild der finanziellen Ausstattung der Zeitenwende gehört auch, dass der Gesamthaushalt für Verteidigung in der Planung der nächsten Jahre auf 50,1 Milliarden Euro festgeschrieben wurde. Dieser mag sich um ein oder zwei Milliarden im Jahr erhöhen. Doch schon in normalen Zeiten verliert der Verteidigungshaushalt pro Jahr etwa zwei bis drei Prozent seiner Kaufkraft – das wären also bei 50 Milliarden eine bis anderthalb Milliarden Euro. Angesichts der hohen Inflation im Euroraum fällt der Kaufkraftverlust jedoch deutlich größer aus. Folge: Steigende Personalkosten und die Inflation der Betriebskosten fressen den Rüstungshaushalt auf, weil sie Vorrang vor neuen Rüstungsinvestitionen haben.

Selbst durch ein schnelles Ausgeben des Sondervermögens – das seiner Logik widersprechen würde – würde sich das Zwei-Prozent-Ziel nur auf Kosten der Verteidigungsausgaben der nächsten Legislaturperiode erreichen lassen.

Hinzu kommt, dass der finanzielle Spielraum des Bundeshaushaltes in den nächsten Jahren eher kleiner wird. Während jährliche

Erhöhungen des Verteidigungshaushaltes zwischen 2015 und 2022 in einer ökonomisch positiven Situation möglich waren, sind die politischen Hürden dafür in den nächsten Jahren um einiges höher, zumindest, wenn weiterhin die Schuldengrenze eingehalten werden soll. Das liegt vor allem daran, dass die Zinszahlungen für die Bundesschuld wesentlich höher ausfallen werden als bisher.

b) Kurzfristig: Sondervermögen flexibler einsetzen

Kurzfristig brauchen das Bundesverteidigungsministerium ebenso wie die ihm freundlich gesonnenen Abgeordneten im Bundestag noch in dieser Legislaturperiode vorzeigbare Erfolge, um überhaupt eine Chance zu haben, die Zeitenwende in der nächsten Legislaturperiode fortzusetzen und dafür zusätzliche Mittel zu erhalten.

Kurzfristig könnte ein Teil der Finanzierungsprobleme im Bereich der Verteidigung dadurch gelöst werden, dass ein Teil des Sondervermögens auch für die notwendigen kurzfristigen Ausgaben freigegeben wird. Damit diese Lösung keinen Dammbruch auslöst, sollte eine Zustimmung von der Einrichtung folgender „Firewall" abhängig gemacht werden: Während eines auf zwei Jahre begrenzten Zeitraums darf nur ein Anteil von maximal 20 Prozent des ursprünglichen Sondervermögens für kurzfristige Beschaffungen (wie Munition) und Betriebskosten (beispielsweise Übungen) ausgegeben werden.

c) Den jährlichen Haushalt anwachsen lassen

Auch wenn das Sondervermögen für kurze Zeit zur Finanzierung kleinerer Aufgaben herangezogen werden darf, muss der jährliche Verteidigungshaushalt steigen. Das ist notwendig, um reguläre Beschaffungen zu ermöglichen und nicht in wenigen Jahren wieder in die Situation zu geraten, dass nur noch Betrieb und Personal aus dem Haushalt bezahlt werden können. Der Ausfall von kleinen, aber wichtigen Beschaffungen gefährdet die Einsatzbereitschaft, die ja gerade erhöht werden soll.

Durch eine Erhöhung des Verteidigungshaushaltes würde auch verhindert, dass die Verteidigungsausgaben insgesamt nach dem Auslaufen des Sondervermögens abstürzen. Selbst bei einer möglichst schnellen Verausgabung fehlen bereits 2026 wieder ca. acht Milliarden Euro, um das Zwei-Prozent-Ziel zu erreichen, 2027 dann schon unvorstellbare 40 Milliarden. 2025 stehen zudem Bundestagswahlen an – eine möglicherweise neue politische Leitung im Bundesverteidigungsministerium stünde im ersten oder zweiten Jahr einer neuen Regierung vor kaum zu bewältigenden Aufgaben.

d) Rüstungsstrategie für eine verteidigungstechnologische und -industrielle Basis

Auf längere Sicht kommt angesichts der Mittelknappheit der Steuerung der Auswahl und Durchführung der konkreten Projekte besondere Bedeutung zu. Deswegen sollte die Bundesregierung eine Rüstungsstrategie erarbeiten. Diese sollte so orientiert sein, dass sie Aufbau und Erhalt einer verteidigungstechnologischen und -industriellen Basis als Teil der Versorgungssicherheit des deutschen Verteidigungssektors begreift und diese nicht nur als eine Industrie ansieht, die etwas liefert. Das bedeutet, dass geklärt werden muss, mit welchen Maßnahmen und Projekten Versorgungssicherheit, technologische Leistungsfähigkeit und Kooperationsfähigkeit erreicht werden sollen.

Dabei ist es essenziell, dass bei aller nötigen Beschleunigung der Materialbeschaffung mittel- und langfristige rüstungspolitische Ziele definiert und beachtet werden. So kann es sinnvoll sein, die drängendsten Fähigkeitslücken durch den Kauf fertiger Systeme („off-the-shelf") etwa aus den USA zu schließen, um langwierige Entwicklungs- und Produktionsprozesse zu vermeiden. Mittel- und langfristig sollten jedoch strategische Ziele wie die nationale oder europäische Souveränität nicht aus den Augen verloren werden.

Die Bundesregierung sollte anerkennen, dass sie über Beschaffungsentscheidungen auch Industrie- und Technologiepolitik betreibt, und sie sollte dies bewusst und gezielt tun. Dementsprechend müssen Zielkonflikte (beispielsweise zwischen verstärkter europäischer Kooperation und dem Erhalt von Produktionsfähigkeiten in Deutschland) benannt und lösungsorientiert bearbeitet werden.

Ein Hindernis für die europäische Rüstungskoordination ist der Schutz nationaler Schlüsseltechnologien. Allein aus Kostengründen ist Kooperation aber oft nötig; hinzu kommen Aspekte von Skaleneffekten und Interoperabilität. Bei den Schlüsseltechnologien gilt es also, mit Augenmaß zu bestimmen, welche ohne Sicherheitsverluste von europäischen Partnern bezogen oder gemeinsam entwickelt werden können.

e) Europäisierung und Effizienzsteigerungen

Solche Maßnahmen werden nur dann Unterstützung finden, wenn parallel dazu die Potenziale für mehr Effizienz genutzt werden. Für die nationale Ebene ist dies mit der Rüstungsstrategie beschrieben (s. o.). Es können aber auch Effizienzpotenziale auf europäischer Ebene gehoben werden. Ein wichtiger Hebel ist hierbei die europäische Rüstungskooperation. Diese verspricht enorme Vorteile für die beteiligten Staaten: Kostenreduktion durch gemeinsame Entwicklung, größere Skaleneffekte durch höhere Stückzahl, erhöhte Interoperabilität und Standardisierung sowie Reduktion von Überkapazitäten und Doppelungen auf Industrieseite.

Allerdings konnten bisherige Kooperationsprojekte wie das Militärtransportflugzeug des Typs A400M, der Eurofighter oder der Militärhubschrauber NH90 die in sie gesteckten Erwartungen kaum erfüllen. Denn statt europäischer Effizienz standen nationale Industrieinteressen oder die politische Symbolik im Vordergrund. Bei aktuellen Vorhaben wie dem Future Combat Air System (FCAS) deuten sich ähnliche Probleme an. Hier gilt es, eine neue Balance zwischen dem Schutz nationaler Industriestandorte und den übergeordneten Zielen einer effizienten Mittelverwendung und der Stärkung der gemeinsamen europäischen Verteidigung zu finden. Dabei gilt: Nationale Autonomie im militärischen Bereich ist für europäische Staaten eine Illusion. Selbst bei mittelfristig steigenden Haushalten wird es auch für große Volkswirtschaften wie Deutschland unmöglich sein, eigenständig zu operieren und die eigene Sicherheit autonom zu gewährleisten. Wenn Europa handlungsfähig bleiben will, geht dies nur im Verbund. Das wiederum erfordert jedoch eine viel stärkere vertikale Integration der europäischen Streitkräfte.

f) Veränderungen in der Führungs- und Streitkräftestruktur

Die generelle Zielvision ist benannt: Verteidigungs- und Bündnisfähigkeit mit all ihren Facetten wiederherstellen. Dies muss auch das inhaltliche Ziel der politischen Führung nach innen in das Bundesministerium der Verteidigung und die Streitkräfte hinein sein. Verteidigung ist dann aber nicht als Gebäude aus Säulen, sondern als ein Ökosystem zu denken. Dieses System ist eben genau nicht in sich geschlossen, sondern mit vielen anderen Bereichen von Sicherheit und öffentlichem Leben verbunden. Je geschlossener das System wirkt, desto mehr bleibt es eine Sonderorganisation und eine ominöse Black Box.

Die politische Leitung des Hauses muss in Zukunft ein Team sein statt die Verwalter unterschiedlicher Interessen im Mikrokosmos Verteidigung oder Partei, die sich zudem auch noch bekämpfen. Personen müssen sich gegenseitig ergänzen und schätzen können. Perfekt ist nur das Team, nicht die einzelne Person. Auf dieser Ebene sollte zudem ein Planungsstab hinzutreten, der institutionalisiert für eine zweite Meinung auf Leitungsebene sorgt – dieses Vorhaben ist bereits angestoßen. Zusätzlich sollte schnell die nächste und übernächste Generation an Führungskräften in verantwortungsvolle Positionen kommen und so ein Signal des Wandels und der Dynamisierung gegeben werden.

Dies wäre bereits der erste Schritt zu einer neuen Problemlösungs- und Fehlerkultur im Ministerium und in der Bundeswehr. Die über 265 000 Menschen sind die größte Chance für eine Umgestaltung des Verteidigungssektors. Ihr Wissen ist unverzichtbar. Das stoische Befolgen von Vorschriften ist hingegen Gift für die Organisation. Deshalb muss man sie ermutigen, sich wieder zu engagieren und sich mit ihren Vorschlägen einzubringen. Eine unabhängige Kontaktstelle, die uninteressiert an einzelnen Positionen oder Themen ist, könnte Vorschläge sammeln und diese anschließend ohne Wertung bereitstellen. Hier sollten sich auch Industrie und andere Akteure einbringen, die Verbesserungsvorschläge haben.

Die Führung wird noch effektiver, wenn man das Ministerium verkleinert und sich auf Kernaufgaben konzentriert. Egal für welche Aufgaben, durch Halbierung der Mitarbeiterinnen und Mitarbeiter und infolge der Schnittstellen und geteilten Zuständigkeiten kann das Ministerium leistungsfähiger werden.

Für die Streitkräftestrukturen muss ab sofort gelten, dass 120 Prozent die neuen 100 Prozent sind: Die Strukturen müssen redundant und flexibel statt auf Kante ausgelegt sein, damit sie in dieser volatilen Welt nicht beim nächsten Stresstest gleich wieder in die Knie gehen und damit die Reform diskreditieren. Im Zweifel stellt man weniger die Breite der Fähigkeiten auf, aber garantiert ausreichende Tiefe.

g) Personal – woher kommen die Menschen?

Bis heute unterbelichtet ist das wohl größte strukturelle Problem: Die Bundeswehr braucht mehr ziviles und militärisches Personal. Sie sind der Schlüssel – denn kein Panzer fährt und keine Entscheidung wird ohne Menschen getroffen. Mehr als 50 Prozent des Verteidigungshaushaltes gibt der Bund für Personal aus. Dabei geht es nicht um die reine Quantität von über 200 000 Soldaten, die man schon länger erreichen möchte. All das kann man nun noch nach Heer, Luftwaffe, Marine sowie nach Tätigkeitsfeldern differenzieren. Und darin, in der Differenzierung, mag ein erster Schlüssel liegen zum Erfolg bei der Rekrutierung und dem Halten von Mitarbeitern. Es gibt Tätigkeitsfelder, wie Köche, Kraftfahrer etc., für die keine extrem lange Ausbildung erforderlich ist – man kann das Personal auf dem normalen Arbeitsmarkt finden. Doch hier steht man in direkter Konkurrenz zu zivilen Arbeitgebern. Das betrifft das Gehalt (wobei die Bundeswehr hier oft wettbewerbsfähig ist), aber auch die Umstände des Dienstes (Umzüge, möglicher Einsatz im Krieg, Arbeitszeiten, Infrastruktur). Dann gibt es Berufe, die sind sehr speziell und nur bei der Bundeswehr anzutreffen und brauchen lange Ausbildungen, wie etwa Piloten, Schiffsbesatzungen, Stäbe etc. Auch für diese Menschen gilt die Attraktivität des Dienstes als wichtiges Kriterium. Eine weitere Gruppe sind die hochqualifizierten Zivilisten, darunter Informatiker und Juristen.

Sie unterstützen die Verwaltung der Bundeswehr – bzw. sind eigentlich sogar ihre Stütze. Auch sie sind heiß umkämpft auf dem Arbeitsmarkt, aber die Gehälter, die die Bundeswehr zahlen kann, sind oft nicht kompetitiv.

Ein weiterer Schlüssel liegt in der Möglichkeit, für einige Segmente Quereinstiege zu ermöglichen – aus dem zivilen Leben in die Bundeswehr, aber auch in die andere Richtung. So wie sich die Arbeitsgesellschaft insgesamt weiterentwickelt hat, kann die Bundeswehr nicht glauben, sie sei ein Biotop, das von diesen Umweltveränderungen nicht erfasst würde. Derzeit finden eine Reihe von Hilfskonstruktionen Anwendung, um neue Leute zu gewinnen und Arbeitsprofile zu besetzen. Aber das sind Ausnahmen von der Regel. Ein glücklicher Umstand ist, dass das Problem mit den starren Laufbahnkonzepten nicht nur die Bundeswehr trifft, sondern auch andere Bereiche des öffentlichen Dienstes – vor allem in den Ministerien. Denn eine Veränderung der Laufbahnen kann nicht nur für die Bundeswehr allein geschaffen werden. Vielmehr ginge es darum, insgesamt den Ein- und Ausstieg in den Staatsdienst einfacher zu gestalten und Gehälter wettbewerbsfähig zu machen.

Eine weitere Möglichkeit wäre es, den Pool der Interessierten auch auf Menschen aus anderen Staaten zu erweitern. Ein Zugang für Bürgerinnen und Bürger der EU wäre ein Zugewinn, nicht nur quantitativ, sondern auch für eine Organisation, die kulturell immer noch sehr konservativ aufgestellt ist.

Die oft angeführte Idee, wieder die Wehrpflicht einzuführen oder eine allgemeine Dienstpflicht, rührt von Argumenten aus der Vergangenheit her: Was im Kalten Krieg gelang – über einen Zwangsdienst Menschen in die Streitkräfte zu holen –, dürfte heute für die meisten Segmente wenig erfolgversprechend sein. Ob ein Zwangsdienst rechtlich wiedereinführbar ist, kann man bezweifeln. Und ob man, angesichts der veränderten Arbeitswelt, heute Menschen über Zwang gewinnen kann, die zugleich viele Angebote außerhalb der Bundeswehr erhalten, ebenso. Wahrscheinlich kann man am ehesten Kurzdienende finden und damit die unteren Lohnsegmente im zivilen und militärischen Bereich bedienen.

Damit gelangen wir auch zum wichtigsten Punkt: Die Bundeswehr ist ein attraktiver Arbeitgeber, nicht, weil sie schöne Arbeitsplätze hat, sondern weil die Arbeit in den Streitkräften sinnstiftend ist. Dies befinden nicht nur die Menschen, die bereits und schon lange bei der Bundeswehr arbeiten, sondern vor allem jene, die dazukommen sollen. Hier braucht es ebenfalls mehr Offenheit für die Fragen, was Sinn stiftet und was Streitkräfte bieten können, was kein anderer anbieten kann. Soweit das mit dem Soldatenberuf verbunden ist, muss dies im Einklang mit der gesellschaftlichen Grundstimmung formuliert werden. Wenn Verteidigung keinen Wert darstellt, dann wird die Bundeswehr eine Sonderorganisation mit abnehmender Rückbindung an die Gesellschaft bleiben. Hier schließt sich der Kreis zur sicherheitspolitischen Kultur des Landes.

h) Politische Zustimmung und Solidarität

Diese teilweise tiefgreifenden Schritte setzen die Zustimmung des Parlaments voraus, die für einen langfristigen Umbau der Bundeswehr und des Verteidigungssektors gewonnen werden muss. Die Parlamentarier tragen gemeinsam Verantwortung für den heutigen Zustand der Bundeswehr und für ihre Zukunft. Nur wenn eine Mehrheit der demokratischen Parteien – über die Grenzen der Regierungsparteien hinweg – sich auf diese Verantwortung und einen Umbau des Verteidigungssektors einlässt, können die notwendigen Ressourcen und damit Stabilität im Alltagsbetrieb gewährleistet werden. Nur so können Regierungen die strategische Ausrichtung langfristig auf Kurs halten.

Die Wiederherstellung der Verteidigungs- und Bündnisfähigkeit wird nur mit der Zustimmung anderer Ministerien glaubwürdig und durchführbar: etwa Wirtschaft, Finanzen, Innen, Außen. Hier liegen die Zuständigkeiten z. B. für Gehälter, Sicherheitsvorschriften oder internationale Kooperation. Insbesondere eine Rüstungs- und Beschaffungsstrategie kann nur im Gleichschritt mit allen Häusern gelingen. Hier warten die größten Baustellen. Will man sie erfolgreich fertigstellen, wird die Politik zusätzlich das Verhältnis des Staates zur privaten, nationalen und sehr diversen internationalen Verteidigungsindustrie neu justieren müssen.

Nr. 6: Europa, die EU und die europäische Ordnung

Europa, die EU und die Neuordnung Europas

Die nationale deutsche Perspektive und die darauf basierenden Entscheidungen sind auf vielfache Weise mit den europäischen verbunden und dies wiederum mit der Frage nach der Rolle Deutschlands bei der Gestaltung der europäischen und globalen Ordnung. Auch wenn im deutschen Verständnis oft EU und Europa gleichgesetzt werden, sie sind zwei sehr unterschiedliche Dinge. Die EU beinhaltet 27 Staaten, Europa 47. Durch das politische Europa laufen verschiedene Grenzen von Institutionen, in denen die Europäer sich organisiert haben: Euratom, EFTA, Europarat, OSZE. Im Sicherheitsbereich kommen noch NATO und UN hinzu sowie zahlreiche Verträge für Rüstungskontrolle, Terrorbekämpfung etc. Oft spricht man auch von einem Flickenteppich.

Die EU ist hier sicher die mächtigste Organisation, mit der Fähigkeit, verbindliches Recht für seine Mitglieder zu schaffen und Verträge mit anderen für sie zu verhandeln. Die Institutionen der EU und ihre Verfahren sind zahlreich: Europäisches Parlament, Europäischer Rat, Rat der Europäischen Union, Europäische Kommission, Gerichtshof der Europäischen Union (EuGH), Europäische Zentralbank (EZB), Europäischer Rechnungshof, Europäischer Auswärtiger Dienst (EAD), um nur einige zu nennen. Daher ist es auch sehr einfach, zu sagen, Europa oder die EU solle dies machen und sich bei jenem einigen – aber sehr schwer in der Praxis. Gründe dafür sind der Unterschied zwischen EU und dem Rest Europas und dass die EU intern vor allem den Charakter einer Mehrheits- oder Konsensmaschine hat: Sie ist ein riesiger Ausgleichs- und Verhandlungsapparat für die Interessen der Staaten der EU, der Institutionen und geltendem Recht. Nichts geschieht hier einfach über Nacht.

Interaktion Deutschlands und Europas

Wie Deutschland, so stehen auch die EU und Europa vor einem enormen Wandel. Nicht alle Gründe dafür liegen im russischen Angriffskrieg. Doch dieser hat eine neue Dynamik entfacht, durch die

Unterstützungsleistungen, die Sanktionen, aber auch durch die Beitrittsperspektive für die Ukraine und die Republik Moldau sowie das erneute Versprechen einer Beitrittsperspektive an die Balkanstaaten. All diese Entwicklungen haben Folgen, die unweigerlich den Weg Europas in die Zukunft bestimmen werden. Doch noch existiert kein Bauplan, wie diese neue Ordnung aussehen wird. Die Bausteine sind zwar bekannt, sie kommen aus den Bereichen Sicherheit und Verteidigung, Wirtschaft und Finanzen, Klima, Energie, Technologie und Demokratie. Zugleich ist auch klar, dass viele der bereits bestehenden Institutionen und Politiken wohl erhalten bleiben bzw. weiterentwickelt werden. Das beginnt auf der Makroebene: Europa ist viel größer als die EU als politische Institution in Europa.

Doch welche Rolle welche Bausteine zukünftig spielen sollten, bleibt zu bestimmen. Daraus eine belastbare Ordnung zu bauen, ist die Herausforderung, der sich Deutschland und Europa jetzt stellen müssen, statt diese Entwicklung sich selbst bzw. der Dynamik aus Brüsseler Bürokratie und verschiedenen politischen Impulsen aus den EU-Hauptstädten und anderen europäischen Staaten zu überlassen, die sich eher zu einer Kakophonie ergänzen dürften.

Mit der und während der Gestaltung der neuen europäischen Sicherheitsordnung wird auch eine Antwort auf die „Deutsche Frage" des 21. Jahrhunderts gegeben werden müssen: Steht Deutschland bereit, seine Macht zum Schutz Europas einzusetzen, statt mit seinem Verhalten zu dessen Schwächung beizutragen; und kann Deutschland glaubhaft machen, dass es Europa militärisch verteidigen wird?

Durch Deutschlands großes Gewicht in der EU und die Rolle der EU bei der Einbindung Deutschlands in Europa gibt es bei der Neuordnung Europas keine Hierarchie, sondern eine starke gegenseitige Abhängigkeit. Deutschland ist sicher zu wenig mächtig, um alle Länder der EU von seinem Kurs zu überzeugen. Es besitzt aber eine hohe Macht zur Blockade, in der EU und außerhalb.

Mit der Neuordnung Europas sind auch Veränderungen in diesen Beziehungen zu erwarten, die sich mit den folgenden drei Fragen zusammenfassen lassen, von denen keine ohne die anderen beiden beantwortet werden kann – oder eben nur unzureichend:

1. Wird Deutschland in Europa führen?
2. Welches Europa entsteht (und welche Rolle wird Deutschland darin haben)?
3. Welchen Einfluss wird Europa global haben?

Zwischen Geopolitik und Institutionenkunde

Die EU hat sich unter den Krisen der letzten Jahre erheblich weiterentwickelt. Sie hat neue Verantwortung für öffentliche Güter übernommen: z. B. bei der Beschaffung von Covid-19-Impfstoffen, bei Anleihen für den Wiederaufbaufonds, sie hat einen Rechtsstaatsmechanismus eingeführt. Zudem hat sich die EU, vor allem die Europäische Kommission unter EU-Kommissionspräsidentin Ursula von der Leyen, bemüht, die EU fit zu machen für den geopolitischen und ökonomischen Wettbewerb und dabei die großen Politikfelder Klima, Infrastruktur, Technologie und Industrie unter einen Hut zu bekommen. Hierzu gehören die Initiative Global Gateway als Alternative zu Chinas Seidenstraßenprojekt, der European Chips Act oder auch der europäische Green Deal.

Der russische Angriffskrieg verändert die Rolle der EU

Seit dem russischen Angriff auf die Ukraine hat die EU eine größere Verantwortung für die europäische Sicherheit übernommen. Sie finanziert Waffenlieferungen an die Ukraine mit, organisiert und verhängt bisher beispiellose Sanktionen im Finanzsektor und ist zentraler Akteur in der internationalen Koordination mit den USA, dem Vereinigten Königreich und anderen. Zudem strebt sie eine entscheidende Rolle bei der Diversifizierung im Energiebereich, gemeinsamen Gaskäufen und der Koordination beim Aufbau militärischer Kapazitäten an.[88]

Die größte Rolle steht ihr allerdings noch bevor, denn die EU soll zusätzliche Mitglieder aufnehmen: Die Ukraine, die Republik Moldau und Georgien haben Beitrittsanträge gestellt. Die Beitrittsprozesse für die sechs Staaten des westlichen Balkans sollen wiederbelebt werden. Die EU würde damit von derzeit 27 Mitgliedern auf 36 anwachsen.

Zudem wird die EU auch ihre Rolle zu jenen Staaten neu bestimmen müssen, die nicht Teil der EU werden, deren Stabilität für die EU und ihre Staaten aber besonders wichtig ist. Dabei geht es nicht nur um freundliche Beziehungen: Mit dem russischen Machtverlust in seiner Nachbarschaft suchen vor allem China und die Türkei nach mehr Einfluss auf die Nachbarstaaten Russlands – aber damit auch der EU. Es ist zu erwarten, dass sie versuchen werden, eigene Normen und Standards in diese Staaten zu exportieren – mit direkten Folgen für die EU. Deshalb ist die Frage, wie die EU deren Engagement in den Bereichen Sicherheit und Rechtsstaatlichkeit unterstützen und ihnen aber auch Zugang zum Binnenmarkt und zu Infrastrukturen ermöglichen kann.[89]

Der Luxus von zwei Sicherheitsorganisationen

Speziell für den Sicherheits- und Verteidigungsbereich kommt hinzu, dass Europa seit dem Ende des Zweiten Weltkrieges zwei Antworten auf die Frage hatte, wie militärische Sicherheit organisiert werden soll: die NATO und die Westeuropäische Union (WEU), die später in die EU integriert wurde. Diese Parallelität spiegelt zwei Antwortmöglichkeiten wider: Sicherheit mit den USA oder nur unter den Europäern? Dass beide Antwortoptionen bis heute bestehen, zeigt, dass Europas Staaten keine längerfristige Präferenz für EU oder NATO entwickelten oder zumindest die andere Organisation für ihre Ziele weiterhin nützlich war.

Es gab schon lange eine Art Arbeitsteilung: Die NATO ist für die Verteidigung und Abschreckung zuständig, und die EU für Auslandseinsätze – darüber hinaus liegt die Stärke der EU zum einen in der Fähigkeit, von Beginn an politikfeldübergreifend zu denken, und zum anderen in der Möglichkeit, auf einen viel breiteren Instrumentenkasten zugreifen zu können.

Russlands Angriffskrieg hat diese Arbeitsteilung verstärkt. Niemand würde heute der EU zutrauen, das EU-Territorium zu verteidigen. Zugleich ist klar, dass die USA immer weniger daran interessiert sind, als Sicherheitsgarant der Europäer aufzutreten. Washington erwartet mehr Leistung von Europa. Mit den US-Präsidentschaftswahlen in 2024 und einem neuen Präsidenten ab 2025 droht dieselbe Debatte um eigenständige europäische Handlungsfähigkeit wie bei der Machtübernahme von Trump 2016, ohne dass Europa heute viel besser dastünde.

Zurück ans Zeichenbrett

Diese inneren und äußeren Herausforderungen sind bereits heute vorhanden, die EU kann nicht mehr überlegen, ob sie sie annimmt, nur noch, wie sie darauf antwortet. Dennoch stellt die Summe aus der Erweiterung territorialer Grenzen, der Ausweitung der EU-Märkte und der zunehmenden Spannungen in der EU zwischen den 27 Mitgliedstaaten die Frage nach dem Verhältnis zwischen Erweiterung und Vertiefung der EU sowie die nach ihrer Aufnahmefähigkeit. Diese Frage mündet dann schnell im rechtlich-institutionellen Bereich: Kann die EU ihren Aufgaben mit den derzeitigen Verfahren nachkommen oder braucht es eine fundamentale Veränderung ihrer grundlegenden Verträge? Politisch lauten die Fragen: Wo ist die Grenze der EU als Gemeinschaft der Europäer und welche Größe und Heterogenität sind politisch verdaubar?

Diese Fragen sind nicht neu. Mit jedem Wachstumsschritt der EU kam die Frage auf, ob Erweiterung oder Vertiefung im Vordergrund stünde. Natürlich waren das teilweise konstruierte Gegensätze. Aber sie machten immer wieder klar, wofür oder worüber man entschied. So ist es heute auch wieder. Eine Union mit 36 Mitgliedern (nach Erweiterung) träfe auf eine bereits mit 27 Mitgliedern stark überlastete institutionelle Struktur, mit Problemen, die Rechtsstaatlichkeit durchzusetzen, und gleichzeitig wirft die ungleichmäßige Integration der Politikfelder immer wieder Effektivitätsprobleme auf, gerade dann wenn es um Maßnahmen geht, in denen Politikfelder kombiniert werden müssen, etwa Technologie und Verteidigung oder Klima und Migration.

Doch weil die EU größere Reformen in den letzten Jahren vermieden hat – oder einige wenige sie ausbremsten –, trifft sie nun quasi mit ihrem eigenen Reformstau auf die besonderen Herausforderungen der Neuordnung Europas. Hinzu kommt die stark strapazierte politisch-demokratische Legitimität der EU und ihrer Aktivitäten, vor allem in der Zeit der Corona-Pandemie.

Um all diese komplexen Anforderungen in einer neuen EU und ihren Beziehungen zu bündeln, die dann auch noch eine stabile Ordnung bilden und gestalten soll, würde es sich lohnen, einen Schritt zurückzutreten und die grundsätzlichen Modelle der EU noch einmal zu begutachten.

Hier finden sich zwei unterschiedliche Lösungen, die auch nun wieder zur Diskussion stehen: einerseits eine gleichmäßig erweiterte, aber zugleich institutionell verbesserte Union, in der alle Mitglieder die gleichen Rechte, Zugänge und Pflichten haben; andererseits eine Union der konzentrischen Kreise oder unterschiedlichen Geschwindigkeiten, die Abstufungen unter den Mitgliedschaften erlaubt. Jene, die weiter oder schneller vorangehen möchten bei der Schaffung gemeinsamer Politiken, können diese nächsten Integrationsschritte gehen. Andere können zunächst nur in einige Teile der EU aufgenommen werden.

Elemente einer belastbaren Vision

Beide Lösungen haben unterschiedliche Vor- und Nachteile. Reformen in der EU wären in jedem Fall erforderlich. Doch insbesondere für eine EU mit einheitlichen Regeln und ohne besondere Gruppen der tieferen Integration bräuchte es eine überzeugende, mitreißende Vision, wie diese EU der Zukunft aussehen könnte.

Die Frage „Welches Europa und wofür?" stellt sich in dieser Phase der Entwicklung der EU immer wieder. Und auch ohne Krieg sorgt sie für wachsende Uneinigkeit. Zudem hat der russische Angriffskrieg das deutsche Narrativ vom Friedensprojekt als untauglich abgestempelt und damit auch gezeigt, dass diese Vorstellungen immer auf die Wirkung der EU nach innen beschränkt waren. Nun erfordert die Neuordnung Europas eine Vision, die Europa und die EU in einen globalen Kontext stellt.

Eine belastbare Vision, die nicht nur die Menschen mitreißt, sondern auch die Aufgabe eines Bauplans übernehmen kann, würde sich an den folgenden drei Fragen orientieren:

Wie sieht eine gute europäische Ordnung aus, die europäische öffentliche Güter wie Sicherheit, Wohlfahrt und demokratische Entscheidungsfindung bereitstellt und schützt?

Wie kann sie gebaut werden und auf welche Widerstände wird sie treffen?

Wie kann sie aufrechterhalten werden?

Jüngere Versuche, ein solches geopolitisches Narrativ zu entwickeln, gab es nur vom französischen Präsidenten Emmanuel Macron. Er hatte 2017 in seiner viel beachteten Sorbonne-Rede *Initiative für Europa* das Konzept der „strategischen Autonomie" für Europa in die Welt gesetzt.[90] Die Vision eines Europa, das mehr Unabhängigkeit genießt in seinen Entscheidungen, war ein Produkt seiner Zeit: Donald Trump übernahm das Weiße Haus, Großbritannien hatte den Brexit beschlossen und die politisch-wirtschaftliche Konkurrenz zu China wurde immer deutlicher. Doch die Vision teilten viele andere in der EU nicht, weil sie dahinter vor allem eine Schwächung der Beziehungen zu den USA sahen.[91] Heute stehen Macron und seine Idee der strategischen Autonomie weitgehend isoliert.

Macron hat aber auch die Idee der variablen Geometrie aufgenommen und eine Art Vororganisation für die Beitrittskandidaten vorgeschlagen: die European Political Community. Sie könnte eine Art Einbindung für die sehr unterschiedlichen Kandidaten bieten und diese dadurch schon einmal von anderen Staaten absetzen und zugleich gemeinsam mit ihnen erste Projekte in den Bereichen Infrastruktur, Rechtsstaatlichkeit und Energiesicherheit initiieren.

Von deutscher Seite sind bislang keine Visionen in ähnlicher Art zu hören gewesen. Es ist ein politisches Problem, wenn die Vision nur von einem Staat entwickelt wird, der zudem eines der alten Gründungsmitglieder ist und nun auch noch in Streit über diese Vision mit den anderen Staaten gerät. Zugleich kann man nur wenigen anderen Akteuren als Frankreich eine politisch relevante Vision zutrauen. Eine Neugestaltung Europas ohne Vision, dann stärker entlang technokratischer Arbeitsstränge, ist denkbar. Das ließe aber eine Leerstelle für andere Visionen von Europa. Die Rolle einer Vision oder eines Narrativs ist jedoch nicht zu unterschätzen: Sie bieten eine Erklärung für die sonst trockenen und oft undurchsichtigen Abläufe der Bürokratien und der Verhandler – sie erklären, worum es im Kern geht auf eine Weise, die Europas Bürgerinnen und Bürger begeistern kann oder der diese wenigstens zustimmen können.

Souveränität weiterentwickeln zur Handlungsfähigkeit als
Schlüsselkriterium
Dennoch war Macrons Gedanke zur Autonomie nicht grundlegend falsch. Eine Möglichkeit, die Idee Macrons zu nutzen und sie akzeptabler zu machen, wäre, eine breitere Gruppe von Staaten zu versammeln, die den Ansatz unter anderem Titel erneut aufnimmt und mit der Idee der politischen Gemeinschaften verbindet – und damit auch die Beitrittskandidaten einbindet. Dabei kann offenbleiben, welches Verhältnis zwischen den Staaten der EU und den EU-Institutionen bestehen sollte. Es muss zunächst nur klar werden, dass eine stärkere Fokussierung und verbesserte europäische Zusammenarbeit nicht auf die Schwächung des Nationalstaats abzielen. In einigen Bereichen wird der Staat sogar mehr gestalten müssen, etwa in der Digitalisierung und der Klimapolitik. Es gilt, mit anderen Regierungen eng zu kooperieren, um die Durchsetzungskraft auf der entscheidenden internationalen Ebene zu erhöhen. Der frühere Ansatz der Trennung von Innen- und Außenpolitik beeinflusst zwar oft noch die politische Debatte, wie es sich in den vergangenen Jahren etwa im Slogan der Brexiteers: „Take back control" zeigte. Doch der Wirklichkeit entspricht das heute nicht mehr.

Deshalb muss sich das Souveränitätsverständnis weiterentwickeln: Das Ziel der EU und ihrer Staaten ist Handlungsfähigkeit, die sowohl unter heutigen als auch zukünftigen Bedingungen Sicherheit, Wohlfahrt und demokratische Ordnung sicherstellt. In vielen Bereichen kann diese Handlungsfähigkeit nur gemeinsam mit anderen Staaten erreicht werden. Die EU spielt dabei aus deutscher Sicht eine entscheidende Rolle. Doch ihr allein diese Handlungsfähigkeit als Aufgabe anzutragen und dies gleichzusetzen mit der Notwendigkeit zur Distanzierung oder sogar Trennung von den USA, wie es immer wieder in der Debatte um strategische Autonomie und europäische Souveränität anklingt, geht zu weit und ist kontraproduktiv. Nach heutigem Verständnis sind Akteure dann politisch souverän, wenn sie die politischen Probleme jener Menschen lösen, die ihnen ihre Macht übertragen haben.

Deutschland: führen oder warten?

Insgesamt muss Deutschland versuchen, kluge Strategien zu formulieren, sie mit Gleichgesinnten innerhalb und außerhalb der EU abzustimmen und dann gemeinsam durchzusetzen. Eine zentrale neue Herausforderung ist es, die globale Transformation in den Bereichen Klima und Digitalisierung ausreichend schnell und zugleich inklusiv, innerhalb liberaler, multilateraler Strukturen zu gestalten. Gleichzeitig sollte Deutschland den Zusammenhalt in der EU stärken. Sowohl abweichende rechtsstaatliche Standards als auch Hürden bei der außen- und sicherheitspolitischen Entscheidungsfindung sollten auf der Agenda der nächsten Bundesregierung stehen. Denn Europas Handlungsfähigkeit nach außen ist direkt an die Handlungsfähigkeit im Inneren gekoppelt.

Nr. 7: Klimasicherheit – Lebensgrundlagen in Gefahr

Das Dilemma mit der Klimasicherheit

Klimasicherheit ist eine essenzielle Bedingung für Frieden und Sicherheit, auf individueller, nationaler, regionaler und globaler Ebene. Die Klimakrise ist die größte Sicherheitsbedrohung. Doch die Vielfalt und Varianz ihrer Effekte und dass diese Effekte zusammengenommen unser aller Leben nun doch so umfassend negativ beeinflussen, bedeutet, dass wir uns alle umstellen müssen – diese Einsicht scheint schmerzhaft. Und die Konsequenzen, die zu ziehen sind, noch schmerzhafter.

So scheint weniger die mangelnde Evidenz als die gesellschaftliche und politische Akzeptanz eines solchen Gamechangers die effektive Weichenstellung national und in Europa zu verlangsamen. Gleichzeitig hat der russische Angriffskrieg die politische Aufmerksamkeit, aber auch materielle Ressourcen von der Bearbeitung der Klimasicherheit abgezogen. Damit steigt das Risiko, das Sicherheitsbedürfnisse oder Politikfelder gegeneinander ausgespielt werden. Gerade im Bereich Klimasicherheit ist der Anreiz groß: Hohe Investitionen sollen getätigt werden, die sich lange nicht sichtbar auszahlen. Direkte Sichtbarkeit – wie fast immer bei Prävention – gibt es vor allem bei der Nachsorge und dem Krisenmanagement: also den Resilienzmaßnahmen.

Die fünfte Abhängigkeit

Ich habe im Kapitel 5 vier essenzielle Abhängigkeiten Deutschlands beschrieben, die von den USA, von China, von Russland und von der EU. Es ist sinnvoll, eine fünfte hinzuzufügen und sie zugleich hier getrennt zu behandeln, um ihr besondere Aufmerksamkeit zu verleihen. Unter dem Begriff Klima wird diese fünfte Abhängigkeit beschrieben und verweist damit auf die essenziellen Lebensbedingungen der Menschen als physische Wesen, auf Luft, Wasser, Nahrung (öffentliche Güter), sowie auf die Umwelt oder das Ökosystem von Erd- und Klimasubsystemen, die diese öffentlichen Güter generieren.

Weil das Umweltsystem, allen voran das Klimasystem immer stärker durch menschlichen Einfluss verändert wird, sind die Lebensbedingungen für uns in Gefahr – wie auch für alle anderen Menschen. Doch so global die Verschlechterung, so unterschiedlich kann die Art der Folgen lokal und regional sein.

Die sicherheitspolitischen Folgen sind im Wesentlichen zwei aufeinander aufbauende. Die Verschlechterung der öffentlichen Güter und des Ökosystems haben existenzielle Folgen für Menschen. Diese Folgen oder vielmehr Symptome der Ökosystemzerstörung, Dürren, Hochwasser, Stürme, entziehen Menschen und Gesellschaften die Lebensgrundlagen und damit ihre Sicherheit in der grundlegendsten Bedeutung des Begriffs – ihre Überlebenssicherheit. Die Folgen sind Konflikte um diese Lebensgrundlagen und um Lebensräume, also jene Bereiche, in denen das Ökosystem noch ausreichende öffentliche Güter bereitstellt. Deshalb ist ein sich konstant verschlechterndes Klima eine steigende sicherheitspolitische Bedrohung, und das auf globaler Ebene!

In der internationalen Debatte um das Verhältnis von Klimaveränderung und Konflikt dominiert die Einschätzung der Klimakrise als *threat multiplier*.[92] „Der Klimawandel wird weithin als Bedrohungsmultiplikator für Sicherheitsprobleme anerkannt, da er Folgen zweiter und dritter Ordnung mit sich bringt, darunter Hungersnöte und Dürren, die zum Verlust von Land und Lebensgrundlagen führen, sowie gesundheitliche und demografische Herausforderungen. Im Gegenzug kann er bestehende Spannungen verschärfen und Konflikte innerhalb und zwischen Staaten auslösen."[93]

Veränderungen des Klimas können sowohl existierende Konflikte befeuern, unterschwellige Spannungen zum Konflikt eskalieren lassen als auch zur Entwicklung neuer Konfliktursachen beitragen. Ein häufig zitiertes Beispiel ist hier die Konfrontation in der Region Darfur im Sudan, die als erster hauptsächlich durch den Klimawandel verursachter Konflikt gilt.[94] Nicht als Hauptursache, aber zumindest als Konflikttreiber wird eine mehrjährige Dürre im Syrienkrieg und für den Aufstieg der Terrormiliz Islamischer Staat betrachtet.[95] Vermehrt auftretende Extremwetterereignisse, der Anstieg des Meeresspiegels, Bodendegradation und sich verknappende Ressourcen führen u. a. zu:[96]

- zunehmenden Konflikten um Ressourcen (Energie, Nahrung und Wasser),
- wirtschaftlichen Schäden (z. B. Hurrikan Sandy, der nicht nur das Leben der Menschen, sondern auch die Industrie in Mitleidenschaft gezogen hat),
- der Gefährdung von Küstenbewohnern und Infrastruktur (durch Überschwemmungen und den Anstieg des Meeresspiegels),
- dem Verlust von Territorium und Grenzstreitigkeiten,
- verstärkter umweltbedingter Migration,
- der weiteren Schwächung vulnerabler Staaten, was zu verstärkter Radikalisierung führen kann (wie z. B. in Somalia und Mali),
- Spannungen um Energieversorgung und -sicherheit (z. B. Algerien, Somalia und Piraterie in Westafrika).

Zudem wird die Schwächung internationaler Governance-Strukturen befürchtet. Insgesamt ist bei weiterem Fortschreiten der Klimakrise mit einer sich verschlechternden sicherheitspolitischen Lage insbesondere in bereits instabilen Regionen zu rechnen.

Gesellschaftspolitische Dimension in Deutschland

In Deutschland gehört das Thema Klimasicherheit in der allgemeinen Wahrnehmung zu den größten Bedrohungen. Die Dringlichkeit und die herausragende Bedeutung des Klimaschutzes sind, auch aufgrund anhaltender sozialer Mobilisierung, inzwischen auch in der Politik weitgehend erkannt worden. So stufte die ehemalige Bundeskanzlerin Angela Merkel die Klimakrise als „Menschheitsherausforderung"[97] ein. Auch der russische Angriffskrieg konnte dies nicht ändern.[98]

Gleichzeitig erlebt das Thema Klimasicherheit eine besonders starke Politisierung in der innenpolitischen Debatte. Vorangegangen war ein Urteil des Bundesverfassungsgerichts, welches das Klimaschutzgesetz der Bundesregierung von 2019 für teilweise verfassungswidrig erklärte. Das Gesetz, so lautete die Argumentation der Richter, verschiebe die Lasten des Klimaschutzes auf unverhältnismäßige Weise in die Zukunft und beschneide so die Freiheitsrechte zukünftiger Generationen. Klimaschutz ist damit Generationengerechtigkeit – und das nicht nur auf Plakaten von Fridays for Future, sondern auch aus Sicht der Verfassungshüter. Das Urteil erlegt dem Staat auf, alle Bereiche seines Handelns auf Klimakonformität hin zu überprüfen.

Doch seit 2022 hat sich der gesellschaftliche Diskurs verschärft. Zu Fridays for Future trat die Letzte Generation, mit stärkeren Thesen und Aktionen. Gleichzeitig wurden die Maßnahmen der Bundesregierung als Aufweichung der Versprechen des Koalitionsvertrages gesehen.

Was tun?

Da die Klimakrise weitreichende, negative Folgen für sämtliche Bereiche des gesellschaftlichen Zusammenlebens mit sich bringt, sollten umfassende Gegenmaßnahmen ergriffen werden. Das gilt auch für die Sicherheitspolitik. Diese Maßnahmen lassen sich in zwei Bereiche einteilen: erstens die Vorbereitung auf die schon heute nicht mehr vermeidbaren Folgen des Klimawandels, national und international, sowie zweitens die Reduktion der klimaschädlichen Emissionen und damit die langfristige Vermeidung der Klimaschäden.

Klimadiplomatie und -außenpolitik unter Bedingungen des systemischen Konfliktes sehen

Beim Klima und dem Erdsystem muss in globalen Dimensionen gedacht werden, wenn es darum geht, Lösungen zu entwickeln.[99] Zwar mögen die Folgen derzeit auf der Erde noch unterschiedlich stark ausgeprägt sein. Das ist aber ein schwacher Trost, wenn klar ist, dass die Folgen für einen selbst zunehmen, und die Reaktionen jener, die bereits schwerer betroffen sind, auch bereits heute uns betreffen und in Zukunft noch intensiver.

Die bisher unternommenen Anstrengungen sind nicht ausreichend. Hinzu kommt, dass sich Deutschland auf nationaler Ebene bei den Maßnahmen zwar umfassend auf Klimafolgen vorbereitet, bei der Reduktion der Emissionen jedoch alle aufeinander angewiesen sind. Weil Deutschlands Emissionen nur ca. zwei Prozent der globalen Summe ausmachen, braucht es eine aktive Klimadiplomatie und -außenpolitik. Es gilt andere Akteure von den Folgen des Klimawandels zu überzeugen und gemeinsam Lösungen zu entwickeln.

Diese Aufgabe ist ungleich schwerer geworden. Bringt man diese Notwendigkeit oder gar Abhängigkeit zusammen mit dem in diesem Buch immer wieder hervorgehobenen systemischen Konflikt, auf den wir uns einstellen müssen, dann wird die Herausforderung klar: Deutschland muss Klimapolitik viel stärker im Kontext dieses Wettbewerbes sehen. Damit wird Klimaschutz eines der Austragungsfelder dieses Wettbewerbes oder Konfliktes.

Der Hinweis, Klimawandel sei ein globales Problem und treffe damit auch andere, und diese würden deshalb ein eigenes Interesse an gemeinsamem Schutz des Klimas haben, geht über wichtige Unterschiede hinweg: Staaten und Gesellschaften sind unterschiedlich stark und zu unterschiedlichen Zeitpunkten betroffen. Der Problemdruck ist also unterschiedlich hoch. Zudem sichern gleiche Probleme nicht gleiche Lösungen. Autokratische oder diktatorische Regime werden weniger dadurch angefochten, dass Menschen in ihrem Land durch Klimawandel sterben. Sie müssen auch bei den Lösungen also weniger Rücksicht auf Fragen von sozialer Gerechtigkeit und Ausgleich von Maßnahmen legen.

Die bisherigen politischen Empfehlungen zur internationalen Klimapolitik scheinen mir diese konfliktive Dynamik bei ihren Lösungsansätzen zu selten mitzudenken. Hier wird sich die Forschung und Beratung noch stärker mit Klimaschutz in einer Konfliktordnung auseinandersetzen müssen: Wie kann Klimaschutz dennoch stattfinden und welche Verschlechterungen in den Ergebnissen sind zu erwarten?

In diesem Umfeld verlieren internationale Organisationen wie die UN und ihre Instrumente an Durchschlagskraft. Klima in der Krisenprävention und -bewältigung mitzudenken bleibt eine zentrale Empfehlung – ohne dass man hier einen baldigen Konsens unter Zustimmung etwa Russlands erwarten sollte. Regionale Regime mögen hier eine Alternative eröffnen.

Klimafolgen-Resilienz

Maßnahmen in diesem Bereich auf nationaler und EU-Ebene sind im wesentlichen Maßnahmen des Bevölkerungs- und Katastrophenschutzes. Dabei sollte ein Augenmerk auf die Kostendynamik liegen. Bislang haben Bund und Länder viel zu wenig in die Schutzdimension investiert. Das hatte bislang keine Folgen: Fehlende Kapazität für Management und Resilienz gegenüber klimabedingten Großschadenslagen wie dem Ahrtal-Unglück ziehen erhebliche Kosten nach sich. Die Wahrscheinlichkeit dieser Ereignisse steigt. Dies kommt noch zu der Vorbereitung auf andere Schadensauslöser wie große Industrieunfälle hinzu – es steigt also auch der Bedarf an Quantitäten bei den Fähigkeiten des Bevölkerungsschutzes. Hier sollte dringend eine Rechnung über Kosten in den Bundesländern und beim Bund gegenüber den Folgekosten von Großschäden und ihres suboptimalen Managements skizziert werden.

Gesellschaftliche Akzeptanz und Aufklärung: Klima-Utopie

Wesentlicher Teil der gesellschaftlichen Dimension sollte nicht nur der Hinweis auf die Folgen sein. Eine positive Vision, in welcher Welt wir leben können, wenn alle Anstrengungen getan sind, wäre ein wichtiges Bild vor dem inneren Auge. Die sehr umfassenden und tiefgreifenden Anforderungen an weite Teile der Gesellschaft brauchen einen greifbaren Ort des Besseren nach den Mühen und dem Verzicht. Sonst wird es schwieriger, die politische Mehrheit und gesellschaftliche Kräfte zu mobilisieren, die bereit sind, in die Generation nach ihnen zu investieren.

Nr. 8: Der Klima-Geoökonomie-Geopolitik-Technologie-Komplex

Diese vier Themen können als Komplex verstanden werden, da sie in der Praxis an vielen Stellen interagieren.[100] Seltene Erden und Rohstoffe bezogen Deutschland und die EU aus China und Russland. Sie sind wichtig für die Energiewende und für grüne Technologien, aber auch für den Fahrzeugbau und die Rüstung. Gleichzeitig hat China damit einen Hebel in der Hand, unsere Politikziele bei ihrer Durchsetzung zu beeinflussen oder uns mehr für diese Stoffe bezahlen zu lassen. Damit sind bereits einige Verschränkungen beschrieben, die wir zuvor als Megatrends analysiert haben. Ökonomische Abhängigkeit wird auch für politische Ziele genutzt, statt nur über eine Monopolposition mehr Einnahmen zu generieren.

Deutschland allein kann diese Trends nicht beeinflussen – es ist auch nicht allein betroffen. Es geht eher um die Frage, wie Deutschland – im Geflecht der EU – Chancen der Entwicklungen nutzen und Risiken abwehren oder zumindest reduzieren kann.

Gleichzeitig demonstrieren die ökonomischen und politischen Kosten, die Europa durch die Abhängigkeit von Russland entstanden sind, welche politischen Bomben in den EU-Staaten mit Blick auf China schlummern. Besonders greifbar wird dieses enorme Risiko bei einem Krieg in Asien, wie etwa um Taiwan (siehe Kapitel 2.3). Dabei beschreiben die dort angegebenen Summen der Schäden nur die direkten Kosten und nicht die Folgekosten. Ebenso muss der Verlust von Gestaltungskraft der Europäer für ihre Sicherheitsordnung und für den Wiederaufbau der Ukraine bedacht werden.

Deshalb ist Risikominimierung das große Schlagwort, und weil die Abhängigkeit von China für viele und wichtige Staaten so groß ist, steht China im Zentrum der Risikominimierung. Hinzu kommen die Politikziele Chinas und daraus folgende Aktivitäten: Es ist auch nach jüngsten Aussagen der dortigen Parteiführung davon auszugehen, dass China die EU weiterhin dazu nutzen möchte, um einen Keil zwischen die Europäer und die USA zu treiben. Die strategische Priorität ist dabei der multidimensionale Konflikt mit den USA. Deshalb ist es das Ziel Chinas, die EU-Staaten davon abzubringen, die US-Politiken im Bereich Technologiekontrolle stärker zu unterstützen oder auch eine eigenständige, kritische China-Politik zu betreiben. Kooperation ist nicht das Ziel – höchstens das Mittel, um mehr Handlungsoptionen gegenüber den USA zu erhalten.

EU-China-Beziehungen – strategische Divergenzen

Das bedeutet nicht, dass Europa nicht seine eigenen Probleme mit China hätte – die politischen Beziehungen sind durch verschiedene Punkte belastet: Markt- und Wettbewerbsverzerrungen, die sich bereits in WTO-Verfahren niederschlagen, sicherheitspolitische Risiken durch Chinas geopolitisches Engagement und seine Einkäufe – über Staatsunternehmen – in die kritischen Infrastrukturen europäischer Staaten, Menschenrechtsfragen, die Gängelung Litauens.

Russlands Krieg in der Ukraine und die daraus resultierende Energiekrise haben die europäische Wirtschaft schwer getroffen, sodass die Beseitigung der Spannungen mit China und die Stabilisierung der wirtschaftlichen Beziehungen ihren Reiz haben. Doch genau die chinesische Haltung zu Russland in diesem Konflikt zeigt, dass die strategischen Divergenzen zwischen der EU und China weiter bestehen. China unterscheidet nicht zwischen Aggressor und Opfer, unterstützt die Position Russlands und glaubt, dass die NATO-Erweiterung die Invasion verursacht hat. Hinzu kommen unterschiedliche Positionen bei Wettbewerb, der Einfluss der Kommunistischen Partei Chinas auf den Staat und der konfrontative Wettbewerb mit den Vereinigten Staaten.

Paradigmenwechsel für Deutschland: von der ökonomischen zur
sicherheitspolitischen Priorität

Wie in den anderen Bereichen, in denen Deutschland sich zentrale
Abhängigkeiten geschaffen hat, wird der Wandel in der Sicherheitspolitik kostspielig. Gerade in diesem Themenkomplex geht es um
den Wandel von der ökonomischen zur sicherheitspolitischen Priorität. De-Risking ist das neue Schlagwort – vor allem mit Blick auf die
Wirtschaftsbeziehungen zu China. Die dahinterstehenden Maßnahmen sind schon länger im Gespräch. Die EU ist dabei Schlüssel und
Knoten zugleich: Schlüsselfragen von Klima, Umwelt, Wettbewerb,
Handel etc. werden durch die EU, teilweise durch Rechtsetzung geregelt. Zugleich sind die EU-Staaten sich in vielen Punkten der Politik
nicht einig – insbesondere, wenn es um den Umgang mit China geht.
Zwar wächst der Wunsch, die große Bandbreite an Abhängigkeiten
von China und die damit einhergehenden Risiken für die EU zu reduzieren, um nicht erpressbar oder Opfer eines Kurswechsels in Peking
zu sein. Doch viele scheuen die kurzfristigen Konsequenzen und Kosten, auch Deutschlands Regierung.

So kommen eine ganze Reihe an Maßnahmen zusammen, auf
nationaler und europäischer Ebene, die zudem in ihren Wirkungen
interagieren – der oben erwähnte Klima-Geoökonomie-Geopolitik-Technologie-Komplex. Die folgenden Vorschläge sind dabei nur
Ausschnitte eines viel umfassenderen Gesamtkataloges von wirtschaftlichen Maßnahmen. Es laufen zudem bereits verschiedene Anstrengungen auf EU- und nationaler Ebene. Die gute Nachricht ist
also, dass bereits einiges passiert.[101] Doch die Qualität der notwendigen Anstrengung ist gewaltig. Zudem lässt China Europas Aktionen
sicher nicht unbeantwortet. Es wird die Abhängigkeiten nutzen, wie
andere Länder auch. Darauf gilt es sich einzustellen.

Gerade im ökonomischen Bereich stellt sich bei vielen Maßnahmen die Frage, ob der Staat oder die Unternehmen und andere private Akteure in der Pflicht sind, Vorsorge für Risiken wie Ausfälle
oder politische Veränderungen zu treffen. Im bisherigen wirtschaftlichen Paradigma war Vorsorge mit Kosten verbunden. Es braucht also
ökonomisch solide Überzeugungsarbeit, um Unternehmen davon zu

überzeugen, in Widerstandsfähigkeit zu investieren, weil die Unternehmen sie brauchen werden. Doch allein lassen kann der Staat die Unternehmen nicht. Andere Vorschriften und Gesetze können Bedingungen verändern und so Anreize schaffen. Zudem hat der Staat im Rahmen seiner Daseinsvorsorgepflicht ein Interesse an einer funktionierenden Wirtschaft und speziellen, systemrelevanten Unternehmen.

Bei all dem wird es in diesem Komplex keine einzelne und einfache Maßnahme geben, die alles regelt. Die Maßnahmen können zudem keine Garantie bieten, für alle Situationen zu wappnen. Will man keine massiven ökonomischen und politischen Kosten hinnehmen, um das sozio-ökonomische Modell komplett zu verändern, wird man Unsicherheit in der Wirtschaft weiterhin akzeptieren müssen.

China Politik – Koordination

Eng verknüpft oder sogar spiegelbildlich ist die Chance einer gemeinsamen oder zumindest koordinierten Politik der EU und ihrer Staaten gegenüber China mit der Frage, welches Europa die Ordnung definieren soll. Wesentliches Problem eines EU-Ansatzes ist, dass die EU-Staaten sehr unterschiedliche Interessen haben, wie auch Abhängigkeiten.[102] Um jedoch eine Antwort zu finden, bleibt allerdings nicht allzu viel Zeit – Experten drängen darauf, dass die Zeit davonläuft. Ein Grund ist, dass andere Akteure ihre Politik bereits festgelegt haben, allen voran die USA. Sie geben in einigen Bereichen damit die Grundrichtung vor, etwa bei der Technologiepolitik und Exportkontrolle.

Brüssel hat bereits begonnen, eine Reihe an Maßnahmen zu ergreifen. Die jüngste ist die European Economic Security Strategy.[103] Sie spiegelt den Ansatz der EU wider, Schutzmaßnahmen und die Minimierung der Risiken, die sich aus Wirtschaftsströmen vor dem Hintergrund zunehmender geopolitischer Spannungen und eines beschleunigten technologischen Wandels ergeben, in Einklang zu bringen mit wirtschaftlicher Offenheit. Sie umfasst vier Bereiche:

1. Risiken für die Widerstandsfähigkeit der Versorgungsketten, einschließlich Energie
2. Risiken für die kritischen Infrastrukturen

3. Risiken im Zusammenhang mit der Sicherheit von Technologien und unerlaubter Weitergabe
4. Risiken im Zusammenhang mit der Instrumentalisierung von wirtschaftlichen Abhängigkeiten oder mit wirtschaftlichem Zwang

Diese Themen decken sich mit der Agenda vieler anderer Staaten. Doch bislang haben die Maßnahmen noch keine ausreichende Kohärenz und damit Durchschlagskraft, um politisch oder ökonomisch Einfluss nehmen zu können.

Hier gilt es für Deutschland, sich nicht nur zu dieser Agenda zu bekennen, sondern sie auch mit neuen Impulsen zur Harmonisierung der nationalen Politiken voranzutreiben. Das gilt nicht nur, weil Deutschland das wichtigste Land in der EU ist, sondern auch, weil es bislang durch seine eigene nationale Politik mit Blick auf China wirtschaftlich erheblich mehr von China profitiert hat als andere. Gleichzeitig bleibt die EU der wichtigste Markt und der zentrale politische Rahmen.

Deshalb sendet Deutschlands China-Strategie vom Sommer 2023 wichtige Signale für andere Staaten und hilft so, den Konsens zu skizzieren, vor allem für jene Staaten, die ihre Prioritäten in Bezug auf China erst noch festlegen. Daher ist die kohärente Umsetzung der nationalen und der EU-Strategie ein Mittel, die Schlagkraft der EU zu erhöhen und gleichzeitig die Sicherheit Deutschlands.

Eigene Technologiepolitik
Die EU braucht eine eigene Tech-Politik gegenüber China – gleichzeitig dafür aber auch den innovationspolitischen Unterbau, um eigenständig handeln und Innovationen generieren zu können. Sonst sitzt man künftig zwischen China und den USA – beide können Angebote machen und Europa hat keine eigenen interessanten Optionen, wird also zum Spielball. Die USA haben eine deutliche Politik gegenüber China und verschärfen diese: Technologiekontrollen sollen langfristig den Innovationspfad Chinas gegenüber den USA absenken und so die USA wettbewerbsfähiger machen. Dabei geht es nicht um eine politische Äquidistanz Europas zu den USA und China, sondern um die Möglichkeit, in Zukunftsmärkten – vor allem den Bereichen der Emer-

ging Technologies – wettbewerbsfähig zu bleiben. Das bedeutet auch, nicht auf chinesische Angebote bei Technologieexporten und Kooperation eingehen zu müssen. Die Optionen werden geringer, weil China immer stärker über Hightech-Macht verfügt und den globalen Innovationswettlauf um wichtige neue Technologien zunehmend anführt.

Diese Politik könnte auf zwei Pfeilern stehen: nach innen in Zusammenarbeit mit den wesentlichen Unternehmen und Forschungszentren die Bedarfe an Forschung und Innovation klären und nach außen gezielte und begrenzte Kooperation anbieten, etwa Klimatechnologien, Biotechnologie und Künstliche Intelligenz (KI). Dazu gehört auch, die Bedingungen der Kooperation festzulegen. Dazu gehört aber auch ein Plan B – wie damit umgehen, wenn die Kooperation so nicht akzeptiert oder später unterlaufen wird? Die EU muss sich aber auch darüber klar werden, was sie parallel oder in Abstimmung mit Washington erreichen will und was nicht. Die USA warten nicht auf die EU – sie haben ihre eigene politische Agenda.

Der geopolitische Instrumentenkasten der EU: weitere Abhängigkeiten vermeiden

In den letzten Jahren hat die EU erhebliche Fortschritte bei der Entwicklung einer gemeinsamen Bewertung der von China ausgehenden Herausforderungen und eines gemeinsamen Instrumentariums dagegen gemacht. Dabei geht es nicht nur um die ökonomische Dimension, sondern auch um die Gefährdung der Demokratie in Europa. Der Vorteil des Instrumentenkastens ist, dass er nicht nur auf die derzeitigen Probleme mit China zugeschnitten ist, sondern im Prinzip auch andere Herausforderungen entdecken und managen soll. Dennoch müssen diese Maßnahmen ausgebaut werden. Hierzu liefert die Umsetzung der Europäischen Strategie für wirtschaftliche Sicherheit nun die Gelegenheit:

- Screening ausländischer Direktinvestitionen in Europa und europäischer Investitionen in Ländern wie China;
- Mechanismen zur Verhinderung von Nötigung und Maßnahmen gegen Verzerrungen des EU-Binnenmarktes durch Subventionen aus Drittländern;

- verschärfte Exportkontrollen für kritische Zukunftstechnologien und solche mit doppeltem Verwendungszweck;
- EU-weite und weitgehend einheitliche Richtlinien für Forschung und Wissenssicherheit im Hochschulbereich;
- Fähigkeiten zur Informationsmanipulation und Einmischung in die Politik anderer Länder zu detektieren und auf sie zu reagieren;
- eine umfassende Bestandsaufnahme der Risiko-Landschaft, um die Bereiche zu ermitteln, die neue Instrumente erfordern.

Bestehende Abhängigkeiten abbauen

Deutschlands und Europas Abhängigkeiten von anderen Ländern, allen voran China, für die Produkte ihrer eigenen Volkswirtschaften sind erheblich. Gerade Deutschlands Wohlfahrt hängt maßgeblich vom globalen Handel ab. In den letzten Jahren hat diese Vernetzung für Deutschland sogar noch zugenommen.[104]

Gegenwärtig liefert China über 90 Prozent der Seltenen Erden, die die EU für die Entwicklung grüner Technologieprodukte benötigt. Diese Abhängigkeit wird auch die Kosten für die grüne Transformation erheblich in die Höhe treiben. Die beiden Schätzungen des Sachverständigenrat zur Begutachtung der gesamtwirtschaftlichen Entwicklung (zur Steigerung des Rohstoffbedarfs durch den Ausbau der erneuerbaren Energien Windkraft und Photovoltaik bis 2030) zeigen, wie notwendige Klimaziele zugleich Spielräume in anderen Bereichen einschränken. Dabei geht die Rechnung jedoch von einem ökonomischen und nicht von einem politischen Preis aus. Ein politischer Preis würde bedeuten, dass China und andere die Abhängigkeit zur Erpressung nutzen würden.[105]

Diversifizierung

Eine erste Maßnahme in der Lieferkette wäre die Diversifizierung der Bezugsquellen von Rohstoffen und Vorprodukten. So lassen sich Schocks abfedern und die Wirtschaft kann sich schneller erholen. Helfen kann der Staat, indem er mit anderen Ländern Rohstoffabkommen schließt und zugleich zu Hause oder in der EU wirtschaftliche Rahmenbedingungen für Produktionsansiedlung schafft. Insbesondere für Produkte, bei denen Zertifizierungen im Prozess erforderlich sind, sollte der Staat diese beschleunigen, auch bei internationalen Lieferketten. Lieferketten sollten zudem überwacht werden mit Blick auf Schwankungen und sich ändernde Besitz- und Einflussverhältnisse.

Ein weiterer Baustein findet sich unter dem Stichwort **strategische Allianzen**: Hier sollen die EU-Staaten Handelsabkommen mit Ländern und Regionen beschleunigt schließen. Verbunden wird damit der Wunsch nach größerer Marktmacht und eine Bandbreite, die über die drängendsten Themen hinweg bereits allgemeine Handelsbeziehungen in den Blick nimmt, und zudem die Entwicklung der Partnerländer unterstützt. Damit diese Beziehungen belastbar werden, müssen sie überwacht werden, und bei Problemen muss schnell reagiert werden – sonst werden sie aus Sicht der Risikominimierung eher ein Risiko. Eine weitere Möglichkeit, die Diversifizierung voranzutreiben, sind staatliche Garantien und Kredite, die für entsprechende Projekte genutzt werden. Diese bestehen bereits, z. B. bei Rohstoffgewinnung. Sie ließen sich womöglich auch auf andere Bereiche, die besonders wichtig sind, ausdehnen.

Kritische Rohstoffe in der EU abzubauen, zu recyceln und zu verarbeiten wäre ebenso ein Baustein: Der Abbau von Rohstoffen in Europa ist ökonomisch unattraktiv geworden. Das ändert sich aber mit den steigenden Kosten für kritische Rohstoffe. Damit kann neben dem Abbau bekannter Quellen auch die Erkundung neuer Quellen angestoßen werden. Obwohl Umweltschutzaspekte dagegensprechen mögen, gäbe der heimische Abbau die Möglichkeit, die Einhaltung von Sozial- und Umweltstandards zu gewährleisten. Dennoch müssten hier und bei anderen Vorschriften Änderungen zügig angegangen werden. Hinzu tritt die Notwendigkeit, für die Akzeptanz dieser Maßnahmen zu werben. Das können nicht nur sicherheitspolitische, sondern auch ökonomische Argumente sein. Recycling gelingt auf nationaler Ebene derzeit nur sehr bedingt. Die Qualität der gewonnenen Stoffe ist oft nicht hoch genug. Die Option kann nur ausgebaut werden, wenn mehr Forschung in der Aufbereitung stattfindet. Die EU müsste eine Recyclingstrategie aber zunächst erst einmal entwickeln.

Produktions- und Lagerkapazitäten aufbauen

„Just in time" war eine Formel der Globalisierung. Nun wird es wohl „secure and in time" sein: Die ökonomischen Bedingungen von Produktion und Handel können zwar nicht ausgetauscht, aber angepasst werden. Das primäre Paradigma ist dabei die Widerstandsfähigkeit der Produktion gegen Ausfälle aus politischen, ökonomischen oder logistischen Gründen. Dazu kann gehören, wieder Lagerhaltung bei wichtigen Rohstoffen und Komponenten anzugehen, um Lieferausfälle zu bewältigen. Das ist primär eine Aufgabe der Unternehmen. Der Staat kann hier unterstützen oder Entwicklungen begünstigen, indem er z. B. Steuernachteile für Lagerung und Rohstoffkauf abbaut. Denkbar wäre auch, dass der Staat strategische Reserven anlegt. Dies würde aber der Wirtschaftsordnung widersprechen. Besser wäre es, sicherzustellen, dass die Brüchigkeit der Lieferketten weiterhin im Blick auch der Unternehmen bleibt und diese Vorkehrungen treffen.

Damit ist bereits das **Reshoring oder Friendshoring** angesprochen, also die Rückverlagerung von Produktion nach Deutschland oder in sichere Partnerländer, vor allem in der EU. Je nach Ausmaß würde dies negative Effekte haben können, weil es einen graduellen Rückzug aus den globalen Strukturen bedeutet. Dabei wird das sogenannte Friendshoring, also das Produzieren in befreundeten Ländern, sicher nicht in jedem Fall eine machbare Lösung sein. Es wäre aber politisch auch nicht wünschenswert. Partnerschaften mit Drittstaaten sind wünschenswert, um sie im offenen System des globalen Austauschens von Gütern und Dienstleistungen zu halten. Gleichzeitig ist dies eine wichtige Achse einer globalen Strategie im Konkurrenzkampf um die zukünftige Ordnung. Zudem werden diese Staaten für globale, entgrenzte Probleme ohnehin immer wieder erforderlich sein: bei der Lösung der Klimakrise, Gesundheit, Proliferationsrisiken von Waffen, Cybersicherheit. Von der direkten Demokratisierungswirkung wirtschaftlicher Verflechtung sollte man sich allerdings verabschieden.

Sich auf einen (Taiwan-)Konflikt vorbereiten

Die EU und Deutschland sollten einen Konflikt in Asien und dessen politische, wirtschaftliche und militärisch-industrielle Folgen konkreter in den Blick nehmen. Seit 2022 wird intensiver als je zuvor ein Konflikt um Taiwan diskutiert. Allein die direkten Kosten wären gigantisch. Zu den direkten wirtschaftlichen Verlusten kämen Kosten für humanitäre Folgen und vor allem die Effekte, die in Reaktion auf eine Blockade entstehen würden. Hierfür, aber auch für andere Szenarien sollte die EU Eventualplanungen angehen. In diese sollten auch die Unternehmen und sonstigen Akteure, die von einem Konflikt in der Region betroffen wären, miteinbezogen werden, und sie sollten um Input gebeten werden. Die Ziele wären abgestuft:

- Verhinderung eines Konfliktes auch durch Abschreckung, also das Skizzieren der Folgekosten für die Konfliktparteien, insbesondere die Angreifer
- Stärkung möglicher Angriffsziele – also z. B. der taiwanesischen Gesellschaft und Politik
- Regelmäßiger Dialog mit Alliierten, Partnern und möglichen Kontrahenten
- Widerstandsfähigkeit der eigenen Wirtschaft im Falle eines Konfliktes
- Umgang mit den humanitären und politischen Folgen des Konfliktes
- Einbindung von Partnern in die Maßnahmen – insbesondere der Globale Süden würde schwer getroffen werden

Deutschland: Unternehmen, Wissenschaft und Gesellschaft sensibilisieren

Deutschlands Chinapolitik hat einen langen Weg der Desillusionierung hinter sich. China ist seit der Machtübernahme von Xi Jinping autoritärer geworden. Es hat sich nicht in die internationale Gemeinschaft der Staaten integriert. Es zeigt kein Interesse an der Gestaltung einer gemeinsamen internationalen Ordnung, sondern baut gezielt nach seinen Vorstellungen Alternativen auf, etwa die Seidenstraße oder die Asiatische Infrastrukturinvestmentbank, aber auch feinteiliger, wenn es um technische Standards geht, die den Schlüssel zur Marktteilnahme bedeuten – oder eben den Ausschluss davon. China hat sich zudem als hochgradig innovationsfähig erwiesen. Deshalb konkurrieren wir nun um die gleichen Märkte. Die Annahme war, dass China diese Innovationsfähigkeit nicht hat, weil es keine offene Gesellschaft darstellt. Allerdings sind die Bedingungen ungleich: In China sind Staat oder Partei und Unternehmen nicht voneinander getrennt wie in Europa oder in anderen Teilen der Welt.

Bei den Abhängigkeiten Deutschlands von internationalen Lieferketten dominieren die Risiken mit Blick auf die chinesischen Lieferketten.[106] Vor allem die hohen wirtschaftlichen Abhängigkeiten stellen für Deutschland Sicherheitsprobleme dar. Zum Teil versucht die Nationale Sicherheitsstrategie und die Chinastrategie der Bundesregierung darauf zu reagieren.

Deutschland muss seine kritische Infrastrukturen härten: Im Bereich der nationalen Sicherheit ist China bereits Teil kritischer Infrastrukturen. Dies zu stoppen oder sogar zurückzudrehen wird eine zukünftige Aufgabe sein. Besonderes Augenmerk liegt dabei auf den digitalen Komponenten, die deutsche Akteure bereits verbaut haben. Sie können Spionage in den Bereichen Wirtschaft und Politik ermöglichen, aber auch massenhaft Daten über das Verhalten von sozialen Gruppen liefern. Deutschland ist bei der Digitalisierung ein Nachzügler. Beim künftigen Ausbau der Netze und Dienstleistungen muss neben ökonomischen Aspekten auch der Sicherheit des Netzes und der Daten gegenüber dem Zugriff anderer Priorität eingeräumt werden.

Informationsarbeit über Risiken auf dem sub-föderalen Level ausbauen: Ein Problem der Strategien der Bundesregierung ist, dass sie Länder und Kommunen, aber auch andere Entitäten wie Universitäten, Sozialversicherungen oder Krankenkassen nicht einfach mit erfassen können – hier sind wir wieder in der fragmentierten Zuständigkeitslandschaft für innere Sicherheit in Deutschland. Jedoch sind die Verquickungen in diesen Bereichen offensichtlich erheblich. Aber die genaue Risikostruktur entzieht sich dem Wissen der Innenministerien und Geheimdienste, weil es keine systematische Zusammenarbeit gibt.[107]

Eine föderale Strategie zum Umgang mit China wäre das primäre Ziel deutscher Maßnahmen für Deutschland. Hier dürften sich jedoch die Probleme der Sicherheitsstrategie und des Sicherheitsrates spiegeln (siehe Kapitel 8.2). Gibt es dafür eine Lösung, dürfte China ganz oben auf der Agenda stehen. Sollte es nicht gelingen, Bund, Länder und Gemeinden sowie andere an einen Tisch zu bringen, dann sollte die Bundesregierung eine Form von Informationsarbeit in enger Abstimmung mit den Ländern und Gemeinden zu den Risiken beginnen. Hier sollten gezielt Informations-, Beratungs- und Bildungsangebote erarbeitet und über Ansprechpartner und Büros aktiv Kontakt zu gefährdeten Akteursgruppen gesucht werden.[108] Dazu gehören Unternehmen und kommunale Verwaltungen, die mit Angeboten chinesischer Investitionen konfrontiert sind.

Ein besonderes Augenmerk sollten Universitäten und private Forschungseinrichtungen erhalten. Sie sind immer wieder Quellen für Wissens- und Technologieabfluss. Dabei geht es auch um Technologien mit doppeltem Verwendungszweck, also zivile Technologien, die militärisch oder im Sicherheitsapparat Chinas genutzt werden können.[109]

Deutsche Unternehmen, die systemrelevant sind, weil sie entweder relevante Volumina zur deutschen Volkswirtschaft beitragen oder kritische Produkte herstellen, sollten bei Abhängigkeiten von China Pläne entwickeln müssen, um mit einer Reihe politischer Schocks und kurzfristiger Richtungsänderungen durch Europa, die USA oder China umgehen zu können. Dabei geht es nicht nur um Lieferketten, sondern auch um Produktion in China oder für den chinesischen Markt. Der offensichtlichste Schock wäre ein Krieg um Taiwan, es gibt aber auch die gegenteilige Option der langsamen Eintrübung der Beziehungen auf politischer Ebene, bei der Peking aber immer wieder relativ attraktive Angebote für Unternehmen bietet. Zudem sollten diese Szenarien der Unternehmen über China hinaus auch Veränderungen der Unternehmensbeziehungen zu anderen Ländern oder Störungen der Transportwege, im Zahlungsverkehr etc. in Betracht ziehen – und hierbei auch das parallele Auftreten von Problemen und Schocks.

Nr. 9: Gesamtverteidigung und Resilienz

Der russische Angriffskrieg hat den Blick auf die Ukraine und die eigenen Verteidigungsapparate geschärft. Es zeigt sich, dass Verteidigungsfähigkeit nicht nur von Soldaten, sondern von der Widerstandsfähigkeit und der Widerstandsbereitschaft der gesamten Bevölkerung abhängt. Fähigkeit und Bereitschaft wiederum brauchen Infrastrukturen, die Energie, Digitale Dienste bereitstellen und Güter, Menschen, Geld und Dienstleistungen bewegen. Dies gilt nicht nur für ein enges Kriegsszenario. Analog zur erwartbaren Ausweitung von Konflikten auf Schwachpunkte von politisch-gesellschaftlichen Gesamtsystemen werden auch bei einem nicht-kinetischen Konflikt Gesellschaften und ihre Infrastrukturen unter Druck geraten, ebenso wie ihre wirtschaftliche Leistungsfähigkeit.[110]

Diese Erkenntnis ist allerdings nicht neu. Zuletzt gewann unter dem Stichwort Resilienz dieser umfassendere Ansatz nach dem ersten russischen Angriff und der damit sichtbar gewordenen, hybriden Kriegsführung an Bedeutung: Diese hybriden Bedrohungen bedeuten den Einsatz ziviler Mittel in gewaltsamen Konflikten. Die Vorstellung vom Krieg nur als Kampf zwischen zwei Armeen greift nicht. Folglich sind militärische Reaktionen auch nicht das erste und wichtigste sicherheitspolitische Mittel. Die irregulären Maßnahmen sollen den Konflikt in Bereiche tragen, in denen die (militärischen) Fähigkeiten des Gegners weniger entscheidend sind und in denen man selbst Vorteile hat. Der Graubereich zwischen Krieg und Frieden dehnt sich aus, in dem zwar Gewalt eingesetzt wird, sie aber weder eindeutig einer Konfliktpartei zugeordnet werden kann noch einen klaren militärischen Charakter hat. Dies erschwert eine geschlossene Reaktion der internationalen Gemeinschaft und höhlt das völkerrechtliche Gewaltverbot aus.

Man nutzt so die Schwächen des Gegners, vor allem die Verwundbarkeit von Gesellschaften. Weil westliche Gesellschaften durch ihre Offenheit und Vernetzung gekennzeichnet sind, kann man keine „Schutzmauer" um sie ziehen. Stattdessen gilt es, einen Angriff auf ihre Werte und die „Lebensart" verkraftbar zu machen. Die Terrorangriffe in London und Paris haben gezeigt, dass Europa sehr wohl widerstandsfähig ist und sich kollektiv von solchen Anschlägen erholen kann. Diese Fähigkeiten gilt es zu verbessern. Voraussetzungen sind einerseits die Stärkung der sozialen Einheit in Vielfalt: Migrations- und Integrationspolitiken sollten kulturelle Vielfalt als schützenswerte Grundvoraussetzung sehen und so Radikalisierung weniger möglich machen. Auch entsprechend angelegte Wirtschafts-, Bildungs- und Sozialpolitiken können langfristig Resilienz steigern durch den Ausgleich von zu großen sozialen oder wirtschaftlichen Unterschieden. Besser zu schützen ist die kritische Infrastruktur. Resilienz kann z. B. bedeuten, Puffer und Dopplungen bei Versorgungswegen gezielt aufzubauen. Dabei geht es um die Fähigkeit, vorausschauend Strukturen, Prozesse oder Routinen neuen Verwundbarkeiten anpassen zu können. Hier sollen Lernen aus vergangenen Krisen und Antizipieren neuer Risiken helfen.

Resilienz und Gesamtverteidigung als Pfeiler der sicherheitspolitischen Dekade

Deshalb gehört zu einer sicherheitspolitischen Dekade Deutschlands auch der Aufbau der Fähigkeit zu Resilienz und Gesamtverteidigung. Beide Begriffe liegen nah beieinander – je nach Auslegung überschneiden sie sich sogar. Insgesamt geht es um ein hohes Maß an Bereitschaft sowohl des Staates als auch der Gesellschaft, im Falle von großen und langen Schadensereignissen wie Krieg, Krisen oder Naturkatastrophen mit den Folgen umzugehen, und zwar so, dass ein öffentliches Leben so weit wie möglich aufrechterhalten wird. In sehr umfassenden Konzeptionen geht es darum, im Krieg oder Notstand alle gesellschaftlichen Institutionen wie Armee, Polizei, Bevölkerungsschutz, Parlament, Regierung und ihre Behörden, lokale Behörden, das Gesundheitssystem, Organisationen der Zivilgesellschaft, aber auch Unternehmen und Einzelpersonen zur Verteidigung des Staates bzw. Abwehr der Gefahr zu mobilisieren.

Gleichzeitig gibt es keinen hundertprozentigen Schutz. Deshalb beinhaltet das Konzept der Resilienz nicht nur den Umgang mit einem Schadensereignis, sondern auch mit dem Verlust von Menschen.

Es geht um die Fähigkeit einer Gesellschaft, nach dem Eindruck von Vernichtung, Verletzbarkeit und Verlust einen Sinn in der Zukunft zu sehen. Darüber hinaus geht es bei der Resilienz auch um die Fähigkeit einer Gesellschaft, sich an neue Herausforderungen anzupassen.

Deutschland hinter der Kurve
Doch wichtiger als die konzeptionellen Feinheiten ist, dass diese Anstrengung in Deutschland seit langem unterentwickelt ist. Ein Fingerzeig: Das bis heute gültige Konzept zur Gesamtverteidigung stammt vom Januar 1989. Viel wichtiger noch ist, dass das Konzept seitdem in Vergessenheit geraten und wesentliche Strukturen abgebaut wurden. Erst mit der Nationalen Sicherheitsstrategie 2023 wurde eine Neufassung angestoßen – was nichts über die Erfolgsaussichten und die politische Ambition sagt, die mit diesem Auftrag verbunden ist.

Deutschland steht vor einem Wiederaufbau und einer Modernisierung seiner Widerstandsbereitschaft und Gesamtverteidigung. Damit diese erfolgreich sind, müssen drei grundlegende Herausforderungen gemeistert werden:

- Eine besondere Herausforderung ist die **föderale Kompetenzverteilung**. Auch in diesem Feld haben Bund und Länder eigene und gemeinsame Zuständigkeiten – sind zur Koordination gezwungen, wenn es im Ernstfall gelingen soll. Mangelnde Übung sowie politische Rangeleien und fehlende Ressourcen machen diese Aufgabe in Friedenszeiten zu einer schweren Pflicht. Damit wird auch das Dilemma bei der Umsetzung des Auftrages klar: Wer fühlt sich verantwortlich und treibt diese Neuaufstellung zu einem Erfolg, an dessen Ende nicht nur eine neu geschriebene Richtlinie, sondern vor allem eine Praxis der Gesamtverteidigung steht, die den Herausforderungen zukünftiger Konflikte entspricht.
- Hinzu kommt ein dreifaches **Souveränitätsdefizit**: Ohne die Bürgerinnen und Bürger aktiv einzubinden, wird Deutschland diese Aufgabe nicht bewältigen können – der Staat kann also seiner Aufgabe derzeit nicht effektiv nachkommen. Dabei geht es nicht um die Menschen, die in professioneller oder ehrenamtlicher Funk-

tion in Hilfsorganisationen bereits sensibilisiert sind – es geht um die große Mehrheit, die derzeit kein Wissen und keine Kompetenzen hat. Auf die Resilienz und Verteidigungsfähigkeit dieser großen Gruppe wird es aber in einer Krise oder einem Konflikt ankommen. In Deutschland werden diese Fragen bislang sehr aus einer Fürsorge-Position heraus diskutiert: Theoretisch ist der Staat verantwortlich. Praktisch aber kann er die Sicherheit seiner Bürgerinnen und Bürger nicht leisten. Wenn diese selbst unsicher oder Ziel von Angriffen sind, dann müsste der Staat seinen Regelungsanspruch anpassen und seine Bürgerinnen und Bürger empowern – sie systematisch in die Lage versetzen, mit Krisen und Konflikten umzugehen und ihre Rolle darin zu kennen und auch einnehmen zu können. Dies bedeutet aber ein weiteres Eingeständnis der Grenzen staatlicher Souveränität. Die andere Grenze liegt im potenziell internationalen Charakter des Konfliktes und seiner Folgen – Frieren für Frankreich? Wäre eine sehr griffige Formel für die Herausforderung: Wären deutsche Bürgerinnen und Bürger bereit, Verluste hinzunehmen für Bürgerinnen und Bürger, mit denen wir seit Jahrzehnten in einer politischen, kulturellen und wirtschaftlichen Gemeinschaft leben? Drittens braucht es für eine entsprechende Resilienz die Einbindung der Wirtschaft – ihrer Unternehmen, aber auch der Kompetenzen, Produktionsprozesse umzustellen und Lieferketten anzupassen.

- Eine dritte Herausforderung dürften die **politischen und finanziellen Implikationen** sein. Die Erfahrungen, die Europa mit dem ersten russischen Angriff, Cyberattacken und durch eigene Übungen und Simulationen sammeln konnte, zeigen, dass es bei Resilienz und Gesamtverteidigung nicht nur darauf ankommt, sich auf einen klassischen Krieg gegen Deutschland in der Zukunft vorzubereiten – das ist das viel unwahrscheinlichere Szenario. Plausibler scheint ein Konflikt, bei dem ein Gegner deutsche oder alliierte politische Institutionen, Gesellschaften oder Teile der Wirtschaft angreift oder als Geisel nimmt, um damit politische Entscheidungen zu erpressen. Die Besonderheit liegt in dem Herausführen dieses Angriffs aus dem klassischen Kriegsszenario: Es wird ein

Test der nationalen Abwehrbereitschaft und der Bereitschaft, für die Strukturen und Institutionen unserer Partner einzustehen mit eigenen Verlusten. Finanziell ist der Aufbau eines modernen Gesamtverteidigungssystems derzeit schwer abschätzbar.

Europäische und globale Beispiele – auch für den Umgang mit systemischen Konflikten

Demgegenüber haben andere europäische und außereuropäische Staaten ihre Konzepte beibehalten und kontinuierlich angepasst oder neu aufgebaut: z. B. Österreich, Dänemark, Finnland, Indonesien, Norwegen, Russland, Singapur, Schweden, Schweiz, Taiwan, Litauen, USA. Damit stehen viele unterschiedliche Modelle und Erfahrungen zur Verfügung, aus denen für den eigenen Aufbau geschöpft werden kann, wenn die notwendige politische und fachliche Offenheit bei deutschen Stellen vorhanden ist.

Resilienz und Gesamtverteidigung, wie sie Taiwan, aber auch Litauen betreiben, bietet dabei auch Schutz vor den Effekten von systemischen Konflikten, falls diese heiß werden sollten: Das geschilderte Taiwanszenario (siehe Kapitel 2.3) – ein sehr klassischer Konflikt – hätte massive Auswirkungen auf die deutsche Bevölkerung. Derzeit dürfte Deutschland sowohl in der Politik als auch im Wirtschaftsbereich ohne große Handlungsoptionen oder Resilienz dastehen, geschweige denn dafür gewappnet sein, einen Angriff Chinas oder anderer Kräfte auf deutsche Schwachstellen auszuhalten oder abzuwehren.

Der Anspruch an ein deutsches Konzept müsste also sein:

- **Ein integrativer Sicherheitsansatz**, der alle Bereiche des gesellschaftlichen Lebens umfasst. Jede Bürgerin und jeder Bürger sowie jede Institution spielen eine Rolle bei der Verteidigung und der Krisenbewältigung. Es geht darum, die Bevölkerung zu sensibilisieren und zu mobilisieren, damit sie aktiv zur Verteidigung des Landes und der Gesellschaft beitragen kann.
- **Zusammenarbeit und Koordination:** Resilienz und Gesamtverteidigung erfordern gerade in Deutschland eine enge Zusammenarbeit und Koordination zwischen verschiedenen staatlichen Stel-

len, Sicherheitskräften, der Privatwirtschaft, der Zivilgesellschaft und internationalen Partnern. Der Austausch von Informationen, das Teilen von Ressourcen und die kooperative Reaktion auf Sicherheitsbedrohungen sind entscheidend. Jedoch gibt es unterschiedliche Formen, diese Zusammenarbeit zu organisieren. Aufgrund der unterschiedlichen Erfahrungen anderer Länder und der eigenen Vergangenheit sollte hier Offenheit für neue Modelle bestehen.

- **Frühwarnsysteme und Risikomanagement:** Resiliente Sicherheitspolitik umfasst auch die Prävention durch Frühwarnsysteme, und bereits ausgearbeitete Grundstrategien, um Bedrohungen frühzeitig zu erkennen und angemessen zu reagieren. So lassen sich Risiken minimieren und Angriffe vereiteln, weil die Erfolgsaussichten des Gegners geringer werden.

- **Resilienz als Anpassung und Lernen:** Eng verbunden mit dem Risikomanagement ist die Fähigkeit zur Anpassung an sich ändernde Risiken und Bedrohungen durch die Verbesserung von Sicherheitsstrategien. Dies beinhaltet das Lernen aus vergangenen Ereignissen, das Anpassen von Vorgehensweisen und die Integration neuer Technologien.

- **Internationale und europäische Partnerschaften:** Deutschland ist über Infrastrukturen, aber auch Lieferketten mit vielen Ländern verbunden. Diese beeinflussen unsere Resilienz und Verteidigungsfähigkeit. Eine besondere Gruppe stellen die EU-Staaten dar, denn ihnen gegenüber ist moralisch jede Unterstützung geboten – dies ist auch rechtlich in den EU-Verträgen kodifiziert. Ähnliches gilt über den NATO-Vertrag.

- **Vorbereitung auf ein breites Spektrum an Krisen:** Über Informationsangebote für jede und jeden, die gezielte Ansprache durch den Staat bis hin zu jährlichen praktischen Übungstagen in Deutschland und international gilt es die Menschen für die Vielzahl von modernen Risiken zu sensibilisieren und praktisch darauf vorzubereiten: seien es terroristische Anschläge, Naturkatastrophen, Cyberangriffe, hybride Bedrohungen oder andere Sicherheitsrisiken. Die Zivilbevölkerung wird einbezogen, indem sie über Notfallmaßnahmen und Selbstschutz geschult wird. Dies kann Evakuierungspläne, Schutzräume und Anweisungen für die Bevölkerung im Krisenfall beinhalten, aber auch aktive Rollen: über die Zivilgesellschaft, gemeinnützige Organisationen und Freiwillige in der Krisenbewältigung und -hilfe. Die Fähigkeit, im Ernstfall vorbereitet zu sein, spielt eine entscheidende Rolle bei der Sicherung der Gesellschaft.

- **Funktionierende militärische Verteidigung:** Natürlich gehört auch die traditionelle Verteidigung in dieses Konzept und das Wissen aller Akteure um deren Grundzüge sowie das Vertrauen, dass auch diese Dimension von Gesamtverteidigung funktioniert.

- **Wirtschaftliche und infrastrukturelle Resilienz:** Eine Aufgabe, die vor allem die Wirtschaft mit einbezieht: Erhöhung der Widerstandsfähigkeit etwa durch Diversifizierung von Rohstoffquellen, Sicherung kritischer Infrastrukturen und Aufbau strategischer Reserven, aber auch Umstellungspläne für die Produktion. Dies kann auch den Einsatz verschiedener Energiequellen und den Aufbau einer diversifizierten Wirtschaft umfassen. Ebenso geht es um eine verstärkte Sicherung und den Schutz kritischer Infrastrukturen wie Energieversorgung, Kommunikationsnetze, Verkehr, Gesundheitswesen und Wasserressourcen, um deren Funktionsfähigkeit in Krisenzeiten sicherzustellen.

- **Information und Kommunikation:** Staat und Gesellschaft müssen sich um die Bereitstellung von verlässlichen Informationen und die Förderung von Medienkompetenz bemühen. In Krisen und Konflikten ist mit der massiven Verbreitung von Fehlinformationen oder Propaganda zu rechnen. Die Öffentlichkeit muss die Möglichkeit erhalten, sich eigenständig in Krisenzeiten schnell und richtig informieren zu können

Besondere Beachtung verdient im deutschen Kontext die Breite des Konzeptes, die hineinreicht in die Frage, wie in einem tatsächlichen Kriegsfall mit einem teilweisen Verlust der Regierungskontrolle umzugehen wäre, denn dann greifen Konzepte von Widerstand und irregulärer Kriegsführung. Schon allein diese Vorstellung, und weniger deren praktische Implikationen, dürfte Deutschland endgültig aus seiner Komfortzone herausführen.

Nr. 10: Wir müssen reden

Man könnte fast sagen, der sicherheitspolitische Wandel wird herbeigeredet. Was dann so negativ klingt, ist aber nicht nur ein Ausgangspunkt dieses Buches: einen Beitrag für die Diskussion zu leisten. Es findet sich auch in fast jeder Empfehlung in diesem Buch bereits ein Aspekt, der mit der Vermittlung und der notwendigen Diskussion der sicherheitspolitischen Veränderungen in Politik und Gesellschaft zu tun hat. Denn schließlich ist es das Wesen unserer Demokratien, dass der Wandel in der Politik im besten Fall gesellschaftlich verhandelt wird, bevor oder während er zu Politik in Form von Gesetzen und Handlungen wird. Regierungen, die innenpolitisch führen müssen gegen die Skepsis oder gar den Widerwillen der Mehrheit der Bevölkerung, schaffen einen politisch teuren Wandel, denn er kostet politisches Vertrauen. Und einen womöglich fragilen Wandel: Er wird bei nächster Gelegenheit wieder rückabgewickelt.

Drei Themen habe ich bereits umfassend mit Blick auf die notwendigen Diskussionen erwähnt:

- Verteidigung
- Frieden
- Wirtschaftliche Abhängigkeit

Diese möchte ich hier nicht noch einmal wiederholen. Ich sehe jedoch drei weitere Themen, die wichtige Bausteine für das Gelingen einer neuen Sicherheitspolitik werden können:

Sicherheit und ich: Resilienz als Schlüssel und Zugang
Resilienz könnte als ein besonderer Zugang zur sicherheitspolitischen Debatte genutzt werden: Die Maßnahmen brauchen die Unterstüt-

zung aller Teile der Bevölkerung, sei es bei der Umsetzung, die oft lokal und stark kontextabhängig ist, sei es bei den allgemeinen Schutzmaßnahmen, die alle für sich ergreifen müssen, wie Vorräte oder Cybersicherheit sicherstellen. Bislang haben die Bundesregierungen, aber auch die Bundesländer und relevanten Organisationen eine breite öffentliche Kampagne vermieden. Doch dies wäre sicher ein zentrales Element der Sensibilisierung: Was hat Sicherheit mit mir zu tun? Wie kann ich nicht nur Beobachter oder Ziel von Sicherheitspolitik sein, sondern wie kann ich aktiv werden und warum muss ich das sogar? Viele Länder um den Globus haben entweder eine solche Resilienzkultur schon lange entwickelt (Finnland) oder haben sie neu entwickelt (Singapur). Dies zeigt: So eine Umstellung kann gelingen und Resilienz oder Gesamtverteidigung wird tagtäglich gelebt – in unserer Nähe.

Die Vergangenheit mit Russland und der Sowjetunion

Deutschland wird seine Vergangenheit und seine Geschichtswahrnehmung mit Russland und der Sowjetunion ein zweites Mal aufarbeiten müssen. Dies wird für die sicherheitspolitische Neuordnung Europas essenziel: Deutschland wird seine Geschichte mit der Region Osteuropa, mit der Sowjetunion und mit Russland neu aufarbeiten müssen. Der deutsche Diskurs seit Beginn des Krieges hat ein erstaunliches Geschichtsverständnis offenbart, aus dem bis heute erschreckende Schlüsse für den russischen Angriffskrieg abgeleitet werden. Die Ukraine und Russland haben nach dem Ende der Sowjetunion gleiche Ausgangspunkte und Probleme. Doch in Deutschland findet sich 2023 eine relativ breite Unterstützung für einen autokratischen Terrorstaat und viel Skepsis und Missgunst für einen Staat, der sich demokratisiert hat über eine starke und aktive Zivilgesellschaft.

Die Bereitschaft vieler Deutscher, über die Verbrechen Russlands hinwegzusehen und zu meinen, dies sei Teil unserer historischen Schuld, vergisst oder verdrängt wichtige Aspekte: Russland war ein Teil der Sowjetunion, wie die Ukraine, Belarus oder die baltischen Staaten. Polen und viele andere Länder zur Zeit des Warschauer Paktes waren Diktaturen unter der weitgehenden Kontrolle des Kremls. Ukrainer, aber auch Belarussen haben Deutschland von den Nazis befreit, als Teil der Roten Armee, nicht nur Russen. Deutschlands Kriege haben auch nicht nur Russen getötet, sondern Sowjetbürger und viele andere Staatsangehörige in Osteuropa. Osteuropa hat neben dem deutschen den stalinistischen Terror gesehen, insbesondere die von Stalin ausgelöste Hungersnot in der Ukraine mit ca. 3 500 000 Toten.

In der politischen Aussöhnung und Entspannungspolitik Deutschlands gibt es drei große Pole in Europa: Frankreich, Polen und die Sowjetunion/Russland. Viele andere Verantwortungen im Baltikum und auf dem Balkan sind nur etwas für Expertendiskussionen. Doch diese Geschichtsvergessenheit könnte eine neue Achillesferse der deutschen Politik nach dem Krieg werden: Deutschland wird kein Vertrauen bei Partnern finden, wenn es keine neue eigenständige Perspektive auf all die Länder Osteuropas findet, mit denen es eine Geschichte hat – allen voran mit der Ukraine. Dazu gehört unweigerlich, das bisherige Bild von Russland zu korrigieren.

Die Zukunft mit der Ukraine

Diese erneute Vergangenheitsbewältigung sollte es möglich machen, über die deutsche Verantwortung für die Zukunft der Ukraine zu sprechen – wie auch darüber, welche Vorteile es für Deutschland haben kann, diese Zukunft mitzugestalten. Dabei geht es weniger um Schuld gegenüber der Ukraine für die Fehler und Gräueltaten Deutschlands in der Vergangenheit oder die zögerliche, bisweilen unstrategische Unterstützung im Abwehrkampf gegen Russland. Es geht um die Chancen, die mit dem Wiederaufbau der Ukraine für Deutschland und Europa entstehen. Der Wiederaufbau wird riesige Summen an Kapital in Bewegung setzen. Dies wird Effekte auf Deutschlands Wohlstand haben und später auf die Handlungsfähigkeit Europas. Es gibt also ein großes Interesse, dass Deutschland diese Entwicklungen mitgestalten kann und so die politische Ausrichtung der Investitionen im Sinne deutscher Prioritäten beeinflussen kann. Dabei lassen sich drei Prioritäten beschreiben: ein EU-europäischer Rahmen für die Investitionen, die schrittweise Integration der Ukraine in den westlichen Verteidigungs- und Rüstungssektor, die Beteiligung deutscher Unternehmen in Bereichen, in denen sie führend sind.

Das Wichtigste ist jedoch, diese Zukunft mit der Ukraine zu planen und so in eine positive Partnerschaft zu kommen.[111] Dies sollte keine Angelegenheit für Fachkreise allein bleiben. Die große Solidarität mit der Ukraine in der deutschen Bevölkerung sollten die Regierung und das Parlament sich zunutze machen, um eine positiv wahrgenommene und gern gewollte Zukunft zu gestalten. Dafür muss es ein bewusster Gegenstand der öffentlichen Diskussion um Sicherheit und Frieden in Europa werden.

Kapitel 9
Die Chance auf das sicherheitspolitische Erwachsenwerden Deutschlands

Deutschlands Sicherheit steht auf einem fragilen Fundament. Das äußere Sicherheitsumfeld war schon länger einem Wandel unterworfen. Russlands Angriffskrieg treibt den Zerfallsprozess der alten Sicherheitsordnung und seine Neuordnung schnell und tiefgreifend voran. Für Deutschland selbst verdeutlicht Russlands Invasion, dass sich weite Teile von Politik und Gesellschaft bis heute falschen Annahmen über Krieg und Frieden hingeben und deshalb das Land und Europa erpressbar und verwundbar sind. Krieg in Europa mit dem Ziel, einen souveränen Staat auszulöschen, ist möglich.

Krieg und seine Abwehr allein beschreiben aber nur unzureichend die Bandbreite an Herausforderungen, die sich uns stellen. Weitere Risiken sind schon heute sichtbar. Sie sind eng verknüpft mit unseren sicherheitspolitischen Abhängigkeiten. Wir können sie nicht einfach abschütteln:

• Russlands Krieg wird unsere Sicherheit auf lange Zeit negativ beeinflussen. Die russische Diktatur, an der Grenze zur NATO und zur EU, wird Europa bis weit in die Zukunft herausfordern.
• Die USA haben die Sicherheit Deutschlands und Europas bis heute positiv beeinflusst – durch ihre Sicherheitsgarantie. Die Kehrseite dieser Garantie ist die militärische Abhängigkeit, in die sich allen voran Deutschland begeben hat. Diese Abhängigkeit war lange kein Problem oder sogar politisch gewollt, um Europa und die USA aneinander zu binden. Doch schon mit dem Ende des US-Wahlkampfes 2024 könnte sie rasant zu mehr Unsicherheit führen: Wie verlässlich ist die militärische Sicherheitsgarantie der NATO mit einem US-Präsidenten oder einer Präsidentin, die

Europa nicht mehr gewogen ist? Noch scheint Deutschland keine guten Antworten darauf zu haben, weder politisch noch geostrategisch noch militärisch.

* Auch ohne das Extrem eines Krieges um Taiwan ist ein zunehmender Konflikt zwischen China und Deutschland bzw. Europa, zum Beispiel beim Handel mit Hochtechnologien und waffenfähigen Technologien, wahrscheinlich. Durch unsere Abhängigkeit von China und von Lieferketten, die von dem Konflikt betroffen wären, würde sich die Sicherheit für uns verringern, ebenso wie unser Wohlstand.

* Der Europäischen Union steht ein massiver Wandlungsprozess bevor, während die Konflikte unter den Mitgliedern wachsen. In einer EU, die keinen politischen Konsens mehr unter ihren Mitgliedern herstellen und damit Stabilität und Rechtssicherheit nicht mehr dauerhaft erhalten kann, würde sich auch die deutsche Frage wieder stellen. Deutschlands wichtigstes politisches Koordinatensystem würde verblassen und die EU als ökonomischer Kraftverstärker ausfallen.

* Die Zerstörung unserer biologisch-physiologischen Lebensgrundlagen schreitet voran. Da das Problem nicht an Grenzen haltmacht, gibt es eine globale Abhängigkeit von globalen Lösungen. Doch die Klimaschäden treffen Menschen und Staaten zeitlich versetzt. Zudem sind einige Regierungen bereit, größere Schäden hinzunehmen. Das schafft kurzfristig ungleiche Abhängigkeiten von Kooperation und Lösungen, und erhöht die Anfälligkeit für Konflikte. Aber auch in Deutschland führen die Folgen des Klimawandels bereits jetzt zu tiefen Gräben in Politik und Gesellschaft.

Dies sind nur die wichtigsten absehbaren Risiken, die sich direkt aus den großen Trends ableiten. Viele weitere sind im Buch angesprochen, andere bleiben hier unbehandelt.

Diesen Risiken steht eine Chance gegenüber: das sicherheitspolitische Erwachsenwerden Deutschlands. Es geht dabei einerseits um das Überwinden der eigenen deutschen Unerfahrenheit und Unbeholfenheit, was den Umgang mit Krieg und Konflikt betrifft. Das heißt nicht, Krieg gutzuheißen, sondern damit umgehen zu können, wenn andere Akteure Deutschland mit militärischer Gewalt konfrontieren.

Doch das allein wäre ein reaktiver und eindimensionaler Ansatz von Sicherheit. Er würde bedeuten, andere Sicherheitsrisiken, die heute schon bestehen, nicht anzugehen und die übergeordnete Lehre des Kriegs in der Ukraine auszublenden: Auch wenn wir uns etwas nicht vorstellen können (oder wollen) – es kann dennoch passieren.

Deshalb muss es andererseits darum gehen, eigene Souveränität und Handlungsfähigkeit zu entwickeln, um in allen Bereichen, die entscheidend sind für unsere Sicherheit, selbst entscheiden zu können, wie wir leben wollen. Diese Handlungsfähigkeit baut Deutschland nicht über Nacht auf – es braucht eine sicherheitspolitische Dekade, in der zehn Ziele konsequent verfolgt werden:

1. massive finanzielle Investitionen, die die materiellen Voraussetzungen für unsere Sicherheit schaffen;
2. ein neues sicherheitspolitisches Betriebssystem in Form einer überarbeiteten nationalen Sicherheitsstrategie;
3. ein Verständnis von Frieden, das sich nicht mit der Abwesenheit von militärischer Gewalt zufriedengibt;
4. neue Strukturen in der Verbindung von Staat, Wirtschaft und Gesellschaft, die die Verbindung von innerer und äußerer Sicherheit und die Abstimmung unter den vielen wichtigen Akteuren vereinfacht und effizienter machen;
5. eine glaubhafte Verteidigungsfähigkeit, die den eigenen Ansprüchen und akzeptierten Anforderungen gerecht wird;
6. eine neue Vision von Europa und der EU, die die europäische Sicherheit ins Zentrum stellt;
7. eine Klimasicherheitspolitik, die auch unter Bedingungen des systemischen Konfliktes noch effektiv sein kann;
8. ein Maßnahmenpaket, das den Klima-Geoökonomie-Geopolitik-Technologie-Komplex umfassend statt in isolierten Lösungen adressiert;
9. die Steigerung von Resilienz und die Entwicklung einer Gesamtverteidigung, weil unsere Gesellschaften das zentrale schätzens-

werte Gut und zugleich Hauptangriffspunkt von Herausforderern und Gegnern sein werden;

10. Vermittlung und Dialog zu jedem der genannten Bereiche, auch um die Vergangenheit mit Russland und die Zukunft mit der Ukraine gesellschaftlich neu zu verhandeln.

Deutschland soll keinen nationalen Sonderweg einschlagen. Die positiven oder negativen Abhängigkeiten, die ich identifiziert habe, bedeuten unweigerlich, dass wir uns mit Partnern zusammentun und neue Partner finden müssen. Dies bedeutet aber auch, alte Partnerschaften zu transformieren, aufzugeben oder zu begrenzen auf das, was uns in einer sicherheitspolitischen Gesamtschau näher an unsere Ziele bringt. Der richtige Weg ist, diese Abhängigkeiten bewusst einzugehen und den Wert und ihre Grenzen zu verstehen.

Eine neue Politik mit gesellschaftlich akzeptierten und zugleich effektiven Lösungen setzt voraus, dass sich die deutsche Gesellschaft und Politik auf eine Auseinandersetzung mit der eigenen Vergangenheit einlassen. Neue Politik entsteht nicht ohne Bezug auf alte Politik – nur mit der Akzeptanz, dass die alte Politik nicht mehr angemessen und eine neue Politik notwendig ist. Damit liegt ein langer Weg vor Deutschland. Doch gibt es keinen Grund, länger zu warten – im Gegenteil: Die Chancen, eine gute Zukunft für Deutschland und Europa zu schaffen, werden nicht besser werden.

Deshalb sollte die sicherheitspolitische Dekade heute beginnen.

Anmerkungen

[1] Major, Claudia/Mölling, Christian, Über die Zeitenwende hinaus. Für eine neue deutsche Sicherheitspolitik, in: Aus Politik und Zeitgeschichte 17(2023), S. 22–27.

[2] Die Bundesregierung, Regierungserklärung von Bundeskanzler Olaf Scholz am 27. Februar 2022, 27.2.2022, https://www.bundesregierung.de/breg-de/aktuelles/regierungserklaerung-von-bundeskanzler-olaf-scholz-am-27-februar-2022-2008356.

[3] Im folgenden Beitrag habe ich die Rolle der Trends und Struktur der folgenden Argumentation zum ersten Mal entwickelt: Mölling, Christian, Die Zukunft der deutschen militärischen Luft- und Raumfahrt. Herausforderungen und Handlungsoptionen, in: Hanns-Seidel-Stiftung (Hg.), aktuelle analysen 91 (2021), S. 21–27.

[4] Mölling, Christian u. a., Zeitenwende für Europas Sicherheitsordnung. Entwicklungsoptionen in drei Skizzen, DGAP Policy Brief Nr. 9, April 2022.

[5] Bronk, Justin, Russian and Chinese Combat Air Trends. Current Capabilities and Future Threat Outlook, RUSI Whitehall Report 3–20, Oktober 2020, S. 6.; Müller, Matthias, Chinas wirtschaftlicher Aufstieg sucht seinesgleichen. Doch nun steht das Land vor schmerzhaften Reformen, in: Neue Zürcher Zeitung, 18.12.2018; Airbus/Frauenhofer-Institut, Protokoll AG Technikverantwortung, 02.10.2020.

[6] Kramp-Karrenbauer, Annegret/Zorn, Eberhard, Positionspapier. Gedanken zur Bundeswehr der Zukunft, Berlin 2021.

[7] Baer, Daniel B., The Thaw on Russia's Periphery Has Already Started. All around a war-weakened Russia, there is a giant geopolitical sucking sound, in: Foreign Policy, 14.10.2022, https://foreignpolicy.com/2022/10/14/russia-ukraine-war-caucasus-georgia-armenia-azerbaijan-moldova-balkans-periphery-geopolitics-power-vacuum/; Mölling, Christian u. a., Zeitenwende für Europas Sicherheitsordnung. Entwicklungsoptionen in drei Skizzen, DGAP Policy Brief Nr. 9, April 2022.

[8] Parkes, Roderick/Kirch, Anna-Lena/Dinkel, Serafine, Building European Resilience and Capacity to Act. Lessons for 2030, DGAP Report Nr. 13, Juli 2021, S. 24.

[9] Barbieri, Paolo u. a., What can we learn about reshoring after Covid-19?, in: Operations Management Research 3–4/13 (2020), S. 132.

[10] Ebd., S. 133–134.

[11] The Economist, The steam has gone out of globalisation. A new pattern of world commerce is becoming clearer – as are its costs, 24.1.2019, https://www.economist.com/leaders/2019/01/24/the-steam-has-gone-out-of-globalisation.

[12] Überblick: Garicano, Luis/Rohner, Dominic/Weder di Mauro, Beatrice, Global Economic Consequences of the War in Ukraine. Introduction, in: Dies. (Hg.), Global Economic Consequences of the War in Ukraine. Sanctions, Supply Chains and Sustainability, CEPR Press, London 2022, https://cepr.org/chapters/global-economic-consequences-war-ukraine-introduction.

[13] Mölling, Christian, Die Zukunft der deutschen militärischen Luft- und Raumfahrt. Herausforderungen und Handlungsoptionen, in: Hanns-Seidel-Stiftung (Hg.), aktuelle analysen 91 (2021), S. 27.

[14] NATO Science & Technology Organization, Science & Technology Trends 2020–2040. Exploring the S & T Edge, Brüssel 2020, S. vii.

[15] Mölling, Christian u. a., Zeitenwende für Europas Sicherheitsordnung. Entwicklungsoptionen in drei Skizzen, DGAP Policy Brief Nr. 9, April 2022.

[16] Mölling, Christian/Hellmonds, Sören/Winter, Theresa Caroline (Hg.), European Defense in A New Age (EDINA). Geostrategic Changes and European Responses Shaping the Defense Ecosystem, DGAP Report Nr. 6 (2023), https://dgap.org/en/research/publications/european-defense-new-age-edina.

[17] European External Action Service, Climate Change and Defence Roadmap, Brüssel 2020, S. 3; Causevic, Amar/Al-Marashi, Ibrahim, Can NATO evolve into a climate alliance treaty organization in the Middle East?, in: Bulletin of the Atomic Scientists 2/76 (2020), S. 98; Webersik, Christian, Securitizing Climate Change. The United Nations Security Council Debate, in: Gallagher, Deborah Rigling (Hg.), Environmental Leadership. A Reference Handbook, Los Angeles u. a. 2020, S. 550.

[18] European Defence Agency, Military Green 2013. Climate, Environmental and Energy Security. From Strategy to Action, Brüssel 2013, S. 8.

[19] Weitere Informationen zur Kategorisierung von Krisen: Seabrooke, Leonard/Tsingou, Eleni, Europe's fast- and slow-burning crises, in: Journal of European Public Policy 26/3 (2019), S. 468–481.

20 Webersik, Christian, Securitizing Climate Change. The United Nations Security Council Debate, in: Gallagher, Deborah Rigling (Hg.), Environmental Leadership. A Reference Handbook, Los Angeles u. a. 2020, S. 550.

21 Das folgende Beispiel habe ich zuerst veröffentlicht unter folgendem Link: https://portascapital.com/aktuelles/158/geopolitik-und-systemische-konflikte.

22 Anderlini, Jamil/Caulcutt, Clea, Europe must resist pressure to become ‚America's followers', says Macron, in: Politico, 9.4.2023, https://www.politico.eu/article/emmanuel-macron-china-america-pressure-interview/.

23 Bundesministerium der Verteidigung, NATO-Artikel 3. Resilienz aufbauen zur Stärkung der Verteidigungsfähigkeit, 6.3.2023, https://www.bmvg.de/de/aktuelles/artikel-3-im-nato-vertrag-resilienz-staerken-5578376.

24 Berzina, Ieva, From ‚total' to ‚comprehensive' national defence. The development of the concept in Europe, in: Journal on Baltic Security 6.2 (2020), S. 1–9; Die Bundesregierung, Nationale Sicherheitsstrategie. Wehrhaft. Resilient. Nachhaltig. Integrierte Sicherheit für Deutschland, Berlin 2023, https://www.bundesregierung.de/breg-de/service/publikationen/nationale-sicherheitsstrategie-2197780.

25 Blackwill, Robert/Fontaine, Richard, Ukraine War Should Slow but not Stop the U.S. Pivot to Asia, Council on Foreign Relations, 14.3.2022, https://www.cfr.org/article/ukraine-war-should-slow-not-stop-us-pivot-asia.

26 The World Bank, Press Release. Update Ukraine Recovery and Reconstruction Needs Assessment, 23.3.2023, https://www.worldbank.org/en/news/press-release/2023/03/23/updated-ukraine-recovery-and-reconstruction-needs-assessment.

27 Scholz, Olaf/von der Leyen, Ursula, Ein Marshallplan für Europa, in: FAZ, 23.10.2022, https://www.faz.net/aktuell/politik/ausland/ukraine-wiederaufbau-scholz-und-von-der-leyen-wollen-marshallplan-18408678.html.

28 Deutsche Welle, „Ukraine-Krieg hat uns schon 100 Milliarden gekostet", 20.2.2023, https://www.dw.com/de/ukraine-krieg-hat-uns-schon-100-milliarden-gekostet/a-64761359.

29 Die Bundesregierung, Wir entlasten Deutschland, 2023, https://www.bundesregierung.de/breg-de/themen/entlastung-fuer-deutschland.

30 IFW Kiel, Regierungshilfen an die Ukraine. Art der Unterstützung, in € Milliarden, Kiel 2023, https://www.ifw-kiel.de/de/themendossiers/krieg-gegen-die-ukraine/ukraine-support-tracker/.

[31] Siehe NATO 2022 Strategic Concept. Adopted by Heads of State and Government at the NATO Summit in Madrid, 29.6.2022, www.nato.int/strategic-concept/.

[32] Hanisch, Michael, Vorwärts, Resilienz!, BAKS Arbeitspapier Sicherheitspolitik 16 (2017), https://www.baks.bund.de/de/arbeitspapiere/2017/vorwaerts-resilienz-vorschlaege-zum-resilienzausbau-in-deutschland.

[33] Vogler, Anselm/Webeler, Martin, Klimasicherheit und Europa. Welche direkten und indirekten Folgen hat der Klimawandel?, Friedrich-Ebert-Stiftung, Mai 2022, https://library.fes.de/pdf-files/bueros/wien/19273.pdf.

[34] Tagesschau, Warum der Expertenrat mahnt, 17.4.2023, https://www.tagesschau.de/inland/innenpolitik/expertenrat-klima-103.html.

[35] Hellmonds, Sören, Neues von der Klimafront, in: Internationale Politik, Special vom 2. März 2023, S. 50–55.

[36] Stern, Bund plant 2022 fast 40 Milliarden Euro zusätzliche Schulden, 25.4.2022, https://www.stern.de/politik/deutschland/bund-plant-2022-fast-40-milliarden-euro-zusaetzliche-schulden-31805464.html.

[37] Campbell, Charlie, U.S. General's Prediction of War With China ‚in 2025' Risks Turning Worst Fears Into Reality, in: Time, 30.1.2023, https://time.com/6251419/us-china-general-war-2025/.

[38] Robbins, Neal E., How Would a Chinese Invasion of Taiwan Play Out? War-gamers plan for Taiwan's D-Day, Foreign Policy, 23.12.2022, https://foreignpolicy.com/2022/12/23/taiwan-invasion-china-us-military-war-game/.

[39] Vest, Charlie/Kratz, Agatha/Goujon, Reva, The Global Economic Disruptions from a Taiwan Conflict, Rhodes Group Notes, 14.12.2022, https://rhg.com/research/taiwan-economic-disruptions/.

[40] Ebd.

[41] Di Pane, James/Miller, Octavian, U.S. Military Forces Cannot Fight on 2 Fronts, in: Heritage Foundation, 29.3.2022, https://www.heritage.org/defense/commentary/us-military-forces-cannot-fight-2-fronts.

[42] Baldwin, David A., The Concept of Security, in: Review of International Studies 23/1 (1997), S. 5–26.

[43] Daase, Christopher, Wandel der Sicherheitskultur, in: Aus Politik und Zeitgeschichte 50 (2010), S. 9–16.

[44] Langewiesche, Dieter, Der gewaltsame Lehrer. Europas Kriege in der Moderne, München 2019; MacMillan, Margaret, War. How Conflict Shaped

Us, London 2021; Echternkamp, Jörg, Der Krieg in europäischen „Erinnerungskulturen", Bundeszentrale für politische Bildung, 30.4.2015, https://www.bpb.de/themen/nationalsozialismus-zweiter-weltkrieg/der-zweite-weltkrieg/199414/der-krieg-in-europaeischen-erinnerungskulturen/.

[45] In dieser Rückschau fehlen drei entscheidende Ereignisse: die Irak-Invasion 2003, die Afghanistan-Invasion 2001 und die Balkankriege der 1990er Jahre. Sie alle hatten massive Auswirkungen auf das Konzept von Interventionen, für den Ruf des Westens und für die heutige Sicherheitslage. Ich habe auf die Aufnahme verzichtet, weil die Ausleuchtung der Auswirkungen den Rahmen dieses Buches gesprengt hätte.

[46] Major, Claudia/Mölling, Christian: Europas neue (Un-)Sicherheit. Von der Friedens- zur Konfliktordnung, in: Aus Politik und Zeitgeschichte 72 (2022), 28–29, S. 10–15; Major, Claudia/Mölling, Christian, Zusammen mit Russland, das geht nicht mehr, in: ZEIT Online, 24.3.2022, https://www.zeit.de/politik/ausland/2022-03/russland-kooperative-sicherheitsordnung-krieg-ukraine-deutschland.

[47] Klein, Margarete/Richter, Solveig, Russland und die euro-atlantische Sicherheitsordnung. Defizite und Handlungsoptionen, in: Stiftung Wissenschaft und Politik, Studie 34 (2011) Berlin, S. 7–12.

[48] Brössler, Daniel, Spuren der Gewalt, in: Süddeutsche Zeitung, 21.8.2021, https://www.sueddeutsche.de/politik/russland-opposition-mordfaelle-gift-1.5005085.

[49] Görtemaker, Manfred, Die deutsche Frage in der internationalen Politik, in: Informationen zur politischen Bildung, 250 (2009), https://www.bpb.de/themen/deutsche-einheit/deutsche-teilung-deutsche-einheit/43750/die-deutsche-frage-in-der-internationalen-politik/.

[50] Europäische Gemeinschaft für Kohle und Stahl (EGKS). Hier wurden die kriegswichtigen Sektoren Kohle und Stahl einer gemeinsamen Kontrolle europäischer Staaten unterstellt.

[51] Bagger, Thomas, The World According to Germany: Reassessing 1989, in: Atlantik-Brücke, 2019, https://www.atlantik-bruecke.org/the-world-according-to-germany-reassessing-1989/.

[52] Ebd.

[53] Von Bredow, Wilfried, Sicherheit, Sicherheitspolitik und Militär. Deutschland seit der Vereinigung, Wiesbaden 2015, S. 221–234.

[54] Mölling, Christian, Keine Gewalt ist keine Lösung, in: Internationale Politik 4, Juli/August 2022, S. 71–76.

55 Werkner, Ines-Jacqueline, Gerechter Frieden. Im Spannungsfeld zwischen ziviler Konfliktbearbeitung und rechtserhaltender Gewalt, Wiesbaden 2021.

56 Stiftung Wissenschaft und Politik/German Marshall Fund of the United States, Neue Macht. Neue Verantwortung. Elemente einer deutschen Außen- und Sicherheitspolitik für eine Welt im Umbruch, Berlin/Washington, D. C. 2013, https://www.swp-berlin.org/publikation/neue-macht-neue-verantwortung-neue-aussenpolitik.

57 Gauck, Joachim, Eröffnung der 50. Münchner Sicherheitskonferenz. Deutschlands Rolle in der Welt. Anmerkungen zu Verantwortung, Normen und Bündnissen. Rede des Bundespräsidenten der Bundesrepublik Deutschland, 31.1.2014, www.bundespraesident.de/SharedDocs/Reden/DE/Joachim-Gauck/Reden/2014/01/140131-Muenchner-Sicherheitskonferenz.html.; Steinmeier, Frank-Walter, Rede von Außenminister Frank-Walter Steinmeier anlässlich der 50. Münchner Sicherheitskonferenz, 1.2.2014, www.tallinn.diplo.de/contentblob/4121464/Daten/3891113/DLDMunchnerSiKonf14RedeBMSteinmeier.pdf; von der Leyen, Ursula, Rede der Bundesministerin der Verteidigung. Dr. Ursula von der Leyen, anlässlich der 50. Münchner Sicherheitskonferenz, 31.1.2014, www.securityconference.de/fileadmin/MSC_/2014/Reden/2014-01-31_Rede_BMin_von_der_Leyen_MSC_2014.pdf/.

58 Major, Claudia/Mölling, Christian, Germany, in: Brustlein, Corentin (Hg.), Collective Collapse or Resilience? European Defense Priorities in the Pandemic Era, Ifri, Focus stratégique 103, Februar 2021, https://www.ifri.org/sites/default/files/atoms/files/brustlein_ed_collective_collapse_or_resilience_2021.pdf.

59 Mölling, Christian u. a., Smarte Souveränität. 10 Aktionspläne für die neue Bundesregierung. Ideenwerkstatt Deutsche Außenpolitik, DGAP Bericht 16, September 2021, https://dgap.org/sites/default/files/article_pdfs/smarte_souveraenitaet-ideenwerkstatt_aussenpolitik-final.pdf.

60 Ebd., S. 6.

61 Major, Claudia/Mölling, Christian, Deutschland in der Ukraine-Krise 2022. Der Kaltstart der neuen Regierung in heiße Konflikte, DGAP-Kommentar, 31.1.2022, https://dgap.org/en/research/publications/germany-2022-ukraine-crisis.

62 SPD/Bündnis 90/Die Grünen/FDP, Mehr Fortschritt wagen. Bündnis für Freiheit, Gerechtigkeit und Nachhaltigkeit. Koalitionsvertrag zwischen SPD, Bündnis 90/Die Grünen und FDP, 2021, https://www.bundesregierung.de/breg-de/service/gesetzesvorhaben/koalitionsvertrag-2021-1990800.

[63] Major, Claudia/Mölling, Christian, Deutschland in der Ukraine-Krise 2022. Der Kaltstart der neuen Regierung in heiße Konflikte, DGAP-Kommentar, 31.1.2022, https://dgap.org/en/research/publications/germany-2022-ukraine-crisis.

[64] Amann, Melanie u. a., Um kurz nach drei liegt der Bündnisfall auf dem Tisch. Deutschlands sicherheitspolitische Wende, in: Der Spiegel, 1.3.2022, https://www.spiegel.de/politik/deutschland-und-der-ukraine-krieg-wie-es-zur-sicherheitspolitischen-wende-kam-a-3f5a5000-452d-49db-a5c1-15701dc66808.

[65] Deutscher Bundestag: Regierungserklärung, Bundeskanzler Olaf Scholz, Wir erleben eine Zeitenwende, 27.2.2022, https://www.bundestag.de/dokumente/textarchiv/2022/kw08-sondersitzung-882198.

[66] Diese Unterkapitel basieren auf: Mölling, Christian, Vom Flickenteppich deutscher Sicherheitspolitik, in: Internationale Politik 5, September/Oktober 2020, S. 79–83.

[67] Die folgenden Absätze wurden bereits hier abgedruckt: Mölling, Christian: Keine Gewalt ist keine Lösung, in: Internationale Politik 4, Juli/August 2022, S. 71–76.

[68] Stelzenmüller, Constanze, Die Wiederkehr des Feindes. Die Debatte um einen ukrainischen Kompromissfrieden und die Denklücken der Sicherheitspolitik, in: Kursbuch 59: 214, 2023, S. 117–131.

[69] Dieses Kapitel basiert auf: Major, Claudia/Mölling, Christian: Europas neue (Un-)Sicherheit. Von der Friedens- zur Konfliktordnung, in: Aus Politik und Zeitgeschichte 72 (2022), S. 28 f., S. 10–15.

[70] Die Bundesregierung, Regierungserklärung von Bundeskanzler Olaf Scholz am 27. Februar 2022, 27.2.2022, https://www.bundesregierung.de/breg-de/suche/regierungserklaerung-von-bundeskanzler-olaf-scholz-am-27-februar-2022-2008356.

[71] Bundesministerium der Verteidigung, Deutscher Bundestag verabschiedet das Sondervermögen Bundeswehr, 3.6.2022, https://www.bmvg.de/de/presse/deutscher-bundestag-verabschiedet-sondervermoegen-bundeswehr-5441248.

[72] Mölling, Christian/Schütz, Torben, Zeitenwende in der Verteidigungspolitik. Bundeswehr-Sondervermögen effektiv und nachhaltig ausgeben, DGAP Policy Brief 16/2022, Mai 2022, S. 5, https://dgap.org/de/forschung/publikationen/zeitenwende-der-verteidigungspolitik.

[73] Die folgenden Überlegungen stammen aus: Mölling, Christian/Keohane, Daniel, Conservative, Comprehensive, Ambitious, or Realistic? Assessing

EU Defence Strategy Approaches, in: GMF Policy Brief Nr. 41, 2016, https://www.jstor.org/stable/resrep18831; Major, Claudia/Mölling, Christian, Hurra, eine Strategie! Aber: welche? Und wie?, in: Internationale Politik 2, März/April 2022, S. 64–69, https://internationalepolitik. de/de/endlich-eine-strategie-aber-welche-und-wie.

[74] Die Bundesregierung, Nationale Sicherheitsstrategie. Wehrhaft. Resilient. Nachhaltig. Integrierte Sicherheit für Deutschland, Berlin 2023, https:// www.bundesregierung.de/breg-de/service/publikationen/nationale-sicherheitsstrategie-2197780.

[75] Diese Idee des Verhältnisses von Staat und Individuum stammt von Thomas Hobbes (1588–1679) und ist u. a. in seinem Buch *Leviathan* niedergelegt, das in unzähligen Ausgaben und Sprachen erschienen ist.

[76] Dieses Unterkapitel beruht auf: Major, Claudia/Mölling, Christian, Zum Zaudern keine Zeit, in: Internationale Politik Special vom 2. März 2023, S. 4–11, https://internationalepolitik.de/de/zum-zaudern-keine-zeit.

[77] Vertiefend zur Begründung und Ausgestaltung der vier Bereiche von Handlungsfähigkeit: Mölling, Christian, German Zeitenwende and the Emerging European Security Order. The Role of Partners, Hanns-Seidel-Stiftung, Paris 2022.

[78] NATO Science & Technology Organization, Science & Technology Trends 2020–2040. Exploring the S&T Edge, Brüssel 2020, S. vii.

[79] Die folgenden Passagen stammen aus: Mölling, Christian u. a., Smarte Souveränität. 10 Aktionspläne für die neue Bundesregierung. Ideenwerkstatt Deutsche Außenpolitik, DGAP Bericht 16. September 2021, https://dgap.org/sites/default/files/article_pdfs/smarte_souveraenitaet-ideenwerkstatt_aussenpolitik-final.pdf.

[80] Mölling, Christian/Schütz, Torben/Hellmonds, Sören, Zeitschleife statt Zeitenwende. Die Bundeswehr bleibt in der strukturellen Unterfinanzierung, DGAP Policy Brief Nr. 15, Juni 2023, https://dgap.org/de/forschung/publikationen/zeitschleife-statt-zeitenwende.

[81] Diese Zahl ist rein hypothetisch – es gibt keine belastbaren Schätzungen.

[82] Schätzung des Bundesministeriums für Wirtschaft und Klima, 2023: https://www.bmwk.de/Redaktion/DE/Artikel/Wirtschaft/Projektionen-der-Bundesregierung/projektionen-der-bundesregierung-fruehjahr-2023.html.

[83] Senghaas, Dieter, Frieden – ein mehrfaches Komplexprogramm, in: ders. (Hg.), Frieden machen, Frankfurt am Main 1997, S. 573.

84 Galeotti, Mark, The Weaponisation of Everything. A Field Guide to the New Way of War, New Haven 2022.

85 Dieses Unterkapitel greift zurück auf: Mölling, Christian, Zehn Punkte für den neuen Verteidigungsminister, in: FAZ, 17.1.2023, https://www.faz. net/aktuell/politik/inland/bundeswehr-zehn-punkte-fuer-verteidigungs-minister-boris-pistorius-18607797/christian-moelling-ist-17866639; Mölling, Christian/Schütz, Torben/Hellmonds, Sören, Zeitschleife statt Zeitenwende. Die Bundeswehr bleibt in der strukturellen Unterfinanzierung, DGAP Policy Brief Nr. 15, Juni 2023, https://dgap.org/de/forschung/publikationen/zeitschleife-statt-zeitenwende; Mölling, Christian/ Hellmonds, Sören/Winter, Theresa Caroline (Hg.), European Defense in A New Age (EDINA). Geostrategic Changes and European Responses Shaping the Defense Ecosystem, 2023, https://dgap.org/en/research/publications/european-defense-new-age-edina.

86 Diese Ziele decken sich weitgehend mit denen der EU.

87 Die Bundesregierung, Rede von Bundeskanzler Scholz bei der Bundeswehrtagung am 16. September 2022, 16.9.2022, https://www.bundesregierung.de/breg-de/suche/rede-von-bundeskanzler-scholz-bei-der-bundeswehrtagung-am-16-september-2022-2127078.

88 Von Ondarza, Nicolai/Ålander, Minna, Von der Zukunftskonferenz zur Reform der EU. Vier Lehren für eine Union, die wieder mit der Balance von Vertiefung und Erweiterung konfrontiert ist, SWP-Aktuell 2022/A 44, 19.7.2022, https://www.swp-berlin.org/publikation/von-der-zukunftskonferenz-zur-reform-der-eu.

89 Meister, Stefan, Russlands Krieg gegen die Ukraine: Neugestaltung der östlichen EU-Nachbarschaftspolitik, Heinrich-Böll-Stiftung, 18.1.2023, https://www.boell.de/de/2023/01/18/russlands-krieg-gegen-die-ukraine-neugestaltung-der-oestlichen-eu-nachbarschaftspolitik.

90 Macron, Emmanuel, Initiative für Europa, Französische Botschaft, 26.9.2017, https://www.diplomatie.gouv.fr/de/aussenpolitik-frankreichs/frankreich-und-europa/staatsprasident-macron-initiative-fur-europa/.

91 Mölling, Christian/Major, Claudia, „Strategische Autonomie" Europas. Toxische Wortklauberei, in: Der Spiegel, 29.11.2020, https://www.spiegel.de/ausland/eu-und-die-strategische-autonomie-toxische-wortklauberei-a-77a58db9-6dac-48c9-8aa0-8073215234f2.

92 Causevic, Amar/Al-Marashi, Ibrahim, Can NATO evolve into a climate alliance treaty organization in the Middle East?, in: Bulletin of the Atomic Scientist 76/2, 2020, S. 98; European External Action Service, Climate Change and Defence Roadmap, Brüssel 2020, S. 3, https://data.consi-

lium.europa.eu/doc/document/ST-12741-2020-INIT/en/pdf; Webersik, Christian, Securitizing Climate Change: The United Nations Security Council Debate, in: Gallagher, Deborah Rigling (Hg.), Environmental Leadership. A Reference Handbook, New York 2012, S. 500.

93 NATO, Environment, climate change and security, 24.7.2023, https://www.nato.int/cps/en/natohq/topics_91048.htm.

94 Mazo, Jeffrey, Climate Conflict: How Global Warming Threatens Security and What to Do About It, London 2010, S. 73–86.

95 Cole, Juan, Did ISIL Arise Partly Because of Climate Change?, in: The Nation, 24.6.2015, https://www.thenation.com/article/archive/did-isil-arise-partly-because-of-climate-change/.

96 European Defence Agency, Military Green 2013: Climate, Environmental and Energy Security. From Strategy to Action. Report from Workshop Series, 3.7.2013, S. 8, https://eda.europa.eu/docs/default-source/documents/military-green-2013-report.pdf.

97 Presse- und Informationsamt der Bundesregierung, Kanzlerin Merkel zum Klimaschutz. Der Menschheitsherausforderung mit klugen Antworten begegnen, Pressemitteilung 308, 14.9.2019, https://www.bundeskanzlerin.de/bkin-de/aktuelles/kanzlerin-merkel-zum-klimaschutz-der-menschheitsherausforderung-mit-klugen-antworten-begegnen-1671018.

98 Graf, Timo, Zeitenwende im sicherheits- und verteidigungspolitischen Meinungsbild. Ergebnisse der ZMSBw-Bevölkerungsbefragung 2022, Zentrum für Militärgeschichte und Sozialwissenschaften der Bundeswehr (ZMSBw), Forschungsbericht 133, August 2022, https://zms.bundeswehr.de/resource/blob/5497510/ca157e2dc842f3f72f698e0397bbe005/download-bevbefr-2022-data.pdf; Graf, Timo u. a., Sicherheits- und verteidigungspolitisches Meinungsbild in der Bundesrepublik Deutschland. Ergebnisse und Analysen der Bevölkerungsbefragung 2021, ZMSBw Forschungsbericht 131, April 2022, https://zms.bundeswehr.de/resource/blob/5399778/eb95a351931c130bdfd542832bd53091/download-bevbefr-2021-forschungsbericht-data.pdf.

99 Bei den Empfehlungen stütze ich mich auf die Arbeiten meiner Kollegen: Vinke, Kira/Bosch, Tim, Klimapolitik in der Nationalen Sicherheitsstrategie. Wie die Bundesregierung trotz Russlands Angriffskrieg Kurs halten kann, DGAP Policy Brief 31, Oktober 2022, S. 8–10, https://dgap.org/de/forschung/publikationen/klimapolitik-der-nationalen-sicherheitsstrategie; Vinke, Kira/Bosch, Tim/Campbell, Loyle, Emissions Mitigation as a National Security Investment, DGAP Policy Brief Nr. 22, Juli 2023, https://dgap.org/en/research/publications/emissions-mitigation-national-security-investment.

100 Dieses Kapitel hat besonders von folgenden Inputs profitiert: Sachverständigenrat zur Begutachtung der gesamtwirtschaftlichen Entwicklung: Siebtes Kapitel. Wettbewerbsfähigkeit in Zeiten geopolitischer Veränderungen, in: Sachverständigenrat: Jahresgutachten 2022/23. Energiekrise solidarisch bewältigen, neue Realität gestalten, Dezember 2022; Rühlig, Tim, Action Plan for China and Foreign Policy. What Germany Must Do to Hold Its Own in the Systemic Competition with China, in: Mölling, Christian/Schwarzer, Daniela (Hg.), Smart Sovereignty. 10 Actions Plans for Germany's New Federal Government, DGAP Ideenwerkstatt Deutsche Außenpolitik, Januar 2022, S. 45–54, https://dgap.org/sites/default/files/article_pdfs/smart-sovereignty_ideenwerkstatt-aussenpolitik_en-final.pdf; Zenglein, Max J., Mapping and recalibrating Europe's economic interdependence with China, MERICS China Monitor, 18.11.2020, https://merics.org/en/report/mapping-and-recalibrating-europes-economic-interdependence-china. Rühlig, Tim, Germany's new China strategy: a step forward, no breakthrough, 2023, https://timruhlig.eu/blog/china-strategy-germany.

101 Huotari, Mikko/Stec, Grzegorz, Six priorities for „de-risking" EU relations with China, MERICS Comment, 21.4.2023, https://merics.org/en/comment/six-priorities-de-risking-eu-relations-china.

102 Bartsch, Bernhard/Wessling, Claudia (Hg.), From a China strategy to no strategy at all. Exploring the diversity of European approaches. A Report by the European Think-tank Network on China (ETNC), Juli 2023, https://merics.org/en/report/china-strategy-no-strategy-all-exploring-diversity-european-approaches.

103 Europäische Kommission, Ein EU-Konzept zur Verbesserung der wirtschaftlichen Sicherheit, Pressemitteilung, 20.6.2023, https://ec.europa.eu/commission/presscorner/detail/de/IP_23_3358.

104 Sachverständigenrat zur Begutachtung der gesamtwirtschaftlichen Entwicklung: Siebtes Kapitel. Wettbewerbsfähigkeit in Zeiten geopolitischer Veränderungen, in: Sachverständigenrat: Jahresgutachten 2022/23. Energiekrise solidarisch bewältigen, neue Realität gestalten, Dezember 2022, S. 358–424, https://www.sachverstaendigenrat-wirtschaft.de/fileadmin/dateiablage/gutachten/jg202223/JG202223_Kapitel_7.pdf.

105 Sachverständigenrat zur Begutachtung der gesamtwirtschaftlichen Entwicklung: Abbildung 75: Verteuerung der Rohstoffe erhöht die Kosten beim Ausbau von erneuerbaren Energien, in: Sachverständigenrat: Jahresgutachten 2022/23. Energiekrise solidarisch bewältigen, neue Realität gestalten, Dezember 2022, S. 224, https://www.sachverstaendigenrat-wirtschaft.de/jahresgutachten-2022.html.

[106] Sachverständigenrat zur Begutachtung der gesamtwirtschaftlichen Entwicklung: Tabelle 22: China dominiert Anteil am deutschen Gesamtimport der Produkte mit den stärksten Importabhängigkeiten, in: Sachverständigenrat: Jahresgutachten 2022/23. Energiekrise solidarisch bewältigen, neue Realität gestalten, Dezember 2022, S. 376, https://www.sachverstaendigenrat-wirtschaft.de/fileadmin/dateiablage/gutachten/jg202223/JG202223_Kapitel_7.pdf.

[107] Kefferpütz, Roderick, Stadt, Land, Fluss im Blick Beijings. Chinas subnationale Diplomatie in Deutschland, MERICS China Monitor, November 2021, https://merics.org/de/studie/stadt-land-fluss-im-blick-beijings-chinas-subnationale-diplomatie-deutschland.

[108] Rühlig, Tim, Action Plan for China and Foreign Policy. What Germany Must Do to Hold Its Own in the Systemic Competition with China, in: Mölling, Christian/Schwarzer, Daniela (Hg.), Smart Sovereignty. 10 Actions Plans for Germany's New Federal Government, DGAP Ideenwerkstatt Deutsche Außenpolitik, Januar 2022, S. 45–54, https://dgap.org/sites/default/files/article_pdfs/smart-sovereignty_ideenwerkstatt-aussenpolitik_en-final.pdf.

[109] Shen, Puma/Lai, Yu-Fen, Chinas Einfluss in Deutschland. Wissenschaft und Medien sind die Achillesferse, in: Friedrich-Naumann-Stiftung, 3.8.2022, https://www.freiheit.org/de/chinas-einfluss-deutschland-wissenschaft-und-medien-sind-die-achillesferse.

[110] Dieses Kapitel hat sehr von folgenden Beiträgen profitiert: Lange, Philipp, Gesamtverteidigung 2.0. Wie sollte Landes- und Bündnisverteidigung gesamtstaatlich umgesetzt werden?, BAKS Arbeitspapier Sicherheitspolitik Nr. 2 (2018), https://www.baks.bund.de/de/arbeitspapiere/2018/gesamtverteidigung-20-wie-sollte-landes-und-buendnisverteidigung-gesamtstaatlich; Wither, James Kenneth, Back to the future? Nordic total defence concepts, in: Defence Studies 20:1 (2020), S. 61–81; Roepke, Wolf-Diether/Thankey, Hasit, Resilience. The first line of defence, NATO Review, 27.2.2019, https://www.nato.int/docu/review/articles/2019/02/27/resilience-the-first-line-of-defence/index.html; Zdanavičius, Liudas/Statkus, Nortautas, Strengthening Resilience of Lithuania in an Era of Great Power Competition. The Case for Total Defence, in: Journal on Baltic Security 6:2 (2020), S. 1–21; Deutscher Bundestag, Unterrichtung durch die Bundesregierung. Bericht zur Risikoanalyse im Bevölkerungsschutz 2020 bis 2022, Drucksache 20/6300, Berlin, 3.5.2023, https://dserver.bundestag.de/btd/20/063/2006300.pdf.

[111] Viele Details des Wiederaufbaus werden parallel zum Erscheinen dieses Buches verhandelt. Ich gehe hier nicht in die Tiefe, um nicht bereits bei Veröffentlichung von den Entwicklungen überholt worden zu sein.